pela estrada do
Perdão

pela estrada do Perdão

Pelo espírito
MARCUS VINÍCIUS

Psicografia de
TANIA QUEIROZ

(COLABORAÇÃO: GENI HENRIQUE PALAZZI — *IN MEMORIAN*)

LÚMEN
EDITORIAL

Pela estrada do perdão
pelo espírito Marcus Vinícius
psicografia de Tania Queiroz
Copyright © 2012 by
Lúmen Editorial Ltda.

2ª edição – março de 2013

Direção editorial: *Celso Maiellari*
Direção comercial: *Ricardo Carrijo*
Coordenação editorial: *Fernanda Rizzo Sanchez*
Revisão: *Alessandra Miranda de Sá*
Projeto gráfico e arte da capa: *Ricardo Brito / Designdolivro.com*
Imagem da capa: *Alexandra Statsenko / Dreamstime.com*
Impressão e acabamento: *Orgrafic Gráfica*

Dados Internacionais de Catalogação na Publicação (CIP)
(Câmara Brasileira do Livro, SP, Brasil)

Vinícius, Marcus (Espírito).
  Pela estrada do perdão / pelo espírito Marcus Vinícius ; psicografia de Tania Queiroz. – São Paulo : Lúmen Editorial, 2012.

  ISBN 978-85-7813-063-3

  1. Espiritismo 2. Psicografia 3. Romance espírita I. Queiroz, Tania. II. Título.

12-01464   CDD-133.9

Índice para catálogo sistemático:
1. Romances espíritas : Espiritismo   133.9

Rua Javari, 668
São Paulo – SP
CEP 03112-100
Tel./Fax (0xx11) 3207-1353

visite nosso site: www.lumeneditorial.com.br
fale com a Lúmen: atendimento@lumeneditorial.com.br
departamento de vendas: comercial@lumeneditorial.com.br
contato editorial: editorial@lumeneditorial.com.br
siga-nos nas redes sociais:
twitter: @lumeneditorial
facebook.com/lumen.editorial1

2013
Proibida a reprodução total ou parcial desta obra
sem prévia autorização da editora

Impresso no Brasil – *Printed in Brazil*

*Meu reino foi dado a todos,
mas somente o receberão aqueles que no
íntimo de sua alma me reconheceram
como sendo o seu rei...*

Dedicatória

A você, que encara a vida com olhos de águia, dedico este livro! Que carrega esperança pura em todas as situações de conflito, entendendo a vida como um lindo jardim a ser cuidado e amado. Sei que no seu jardim já pisou em espinhos, enfrentou urtigas, pestes, mas nunca deixou de ouvir o canto do rouxinol. Você cantava e o seu canto espalhava-se por todos os arranha-céus, encantando a tudo e a todos. Floriam em você a vida, a força, a coragem, a verdade, a simplicidade, o amor, o altruísmo, a paixão, a pureza e a lucidez.

Caminhamos lado a lado e assistimos com as andorinhas, no mar de nossa vida, ao passar dos anos. Você me ensinou que no jardim da vida só vale a pena colher as flores... tulipas, margaridas, orquídeas, flores-do-campo, rosas vermelhas, girassóis... Ensinou-me a evitar as ervas daninhas. Então, hoje, caminhando ainda nesse jardim, carrego grande esperança de na vida me aproximar da sua força, garra, paixão, alegria e do seu altruísmo.

Esperamos, eu e meus filhos, ser como você: árvore forte, que nas desventuras olhava para o céu e via o sol. Nas noites tempestuosas amava as estrelas e guiava-se pelo luar. Alguém que não desistiu de cantar o próprio canto e jamais emudeceu.

Sei que hoje está sorrindo entre as estrelas, e seu brilho se confunde com o delas.

Jesus chamou-a e você não resistiu ao seu chamado. Tenho certeza de que continua cuidando de outros jardins para ele. Nesse momento deve estar plantando acácias, hortênsias, jasmins e violetas. Alegrando as crianças e admirando as borboletas azuis no jardim encantado de nosso amado Mestre Jesus.

A Deus, agradeço por ter colocado uma mulher tão venturosa e forte em minha vida, a qual chamei de mãe. No seu coração plantei rosas vermelhas para poder se lembrar por toda a eternidade que ontem a amei, hoje a amo e amanhã, quando voltarmos a nos encontrar em outras vidas, vou amá-la ainda mais.

Até lá...

TANIA QUEIROZ

Sumário

PREFÁCIO, 11

APRESENTAÇÃO, 15

Primeira parte

1. ESPETÁCULO TRÁGICO, 19

2. REINO ENCANTADO, 25

3. A VERDADE DE CADA UM, 49

4. O AMOR É UM PRIVILÉGIO, 77

5. A MAGIA DA ROSA VERMELHA, 85

6. SOMOS O QUE ACREDITAMOS, 93

7. RETRATO DE UMA ALMA, 101

8. O ENCONTRO, 117

9. UM POUCO DE AMOR, 125

10. ANTES DO FIM, 139

11. O massacre, 147

12. Amigos eternos, 159

13. O preço da vingança, 167

Segunda parte

1. O acerto de contas, 175

2. A redenção, 193

3. Os estudos, 227

4. Compreensão, 237

Terceira parte

1. O retorno, 243

2. Um mundo de surpresas, 289

3. O sonho, 297

4. Amor eterno, 307

5. O aborto, 311

6. Noite mágica, 319

7. Corajosa missão, 323

8. Viagem ao Novo Mundo, 329

9. O grande milagre, 349

10. Hora da redenção, 379

Prefácio

O destino mistura as cartas, nós jogamos.
ARTHUR SCHOPENHAUER

Este livro é dedicado a todas as pessoas que acreditam no amor e na sua evolução espiritual, e, sobretudo, buscam conhecer a si mesmas, o seu "eu" verdadeiro, e desejam a maestria nas relações humanas.

Esperamos que este trabalho facilite o esforço dessa busca, que forneça respostas capazes de iluminá-los na compreensão das razões de sua atual existência, das suas relações afetivas, familiares e profissionais, na compreensão de suas escolhas, dos seus conflitos, dramas, tramas, medos, dúvidas, frustrações, perdas, e lhes mostre que sempre é possível se libertar do passado e viver com intensidade o presente, construindo um futuro de muitas realizações.

Desejamos que esta obra possa inspirá-los a não ter medo de perdoar, amar, recomeçar, resgatar o valor da família e as relações com as crianças e os jovens; a se conhecerem e se reformarem intimamente, buscando o autoconhecimento para perceberem a si mesmos, conhecerem seus sentimentos positivos e negativos, pensamentos, emoções, e aprenderem a escolher a felicidade, assumindo a responsabilidade por seus atos e descobrindo em cada dificuldade, erro, fracasso, desilusão ou decepção um momento de aprendizado, um caminho para o acerto, para a vitória eterna da sua alma.

Esperamos que os personagens, alguns com alegrias, tristezas, conhecimentos, sabedoria; outros com ignorância, dramas profundos, lutas, derrotas e vitórias, possam despertar nos leitores o desejo de buscar a evolução espiritual. Que este trabalho inspire a adoção de novas atitudes e posturas perante a vida, a higienização de antigos *scripts*, a superação de fraquezas, perdas, desilusões, para que vocês sejam capazes de, a cada manhã, alimentar seus sonhos, e a cada anoitecer, com o brilho das estrelas, alimentar a compaixão, a paixão, a esperança, a fé, a força, a ética, a coragem e o amor a fim de cultivar a paz e a harmonia em seus relacionamentos, jamais desistindo de si mesmos.

Esta obra apresenta circunstâncias que rodeiam os seres humanos em seu processo de formação, ressaltando a importância do diálogo, do amor, da compreensão, do perdão e das sucessivas reencarnações, que acabam por decidir parte do seu destino, determinado pelas ações das vidas passadas, conforme suas experiências positivas ou negativas, ou seja, pelo seu carma ou darma.

A intenção de seus atos, suas ações, seus sentimentos e emoções, felizes (ou não), de um lado, inspirados muitas vezes pelas trevas internas que precisam ser reconhecidas, dominadas, como o rancor, o ódio, a inveja, a vaidade, a soberba, o egoísmo, o ciúme, o orgulho, a maledicência, a mágoa, o ressentimento, a ambição, o desejo de vingança, o falso-testemunho, a manipulação, o desejo de poder e os atos de violência; e, de outro, suas ações inspiradas, motivadas pela luz interior, como o amor, o perdão, a autoconfiança, a autoestima, a solidariedade, o respeito, a honestidade, a inocência, a verdade, a compaixão, a humildade, a confiança, a paciência, a tolerância, a persistência, a coragem e a força, é que sem a menor sombra de dúvida forneceram as bases para o seu destino, geraram as reações, o ajuste do efeito às causas que experimentaram em vidas passadas, e gerará suas vidas futuras.

Os valores e os sentimentos cultivados na alma de cada um é o que lhes permitiu colher o efeito moral daquilo que plantaram, deixando claro, dessa forma, a justiça divina, a harmonia plena de causas e efeitos, o retorno exato de suas ações, sentimentos e pensamentos.

É o bem que nem sempre foi um bem, e o mal que nem sempre foi um mal. É a indiferença gerando respostas, anulando, agravando ou aliviando o esquema de cada destino.

Com certeza, é o livre-arbítrio de cada um em ação.

Apresentação

Rumo à Idade Moderna, a Europa passou por profundas transformações: o declínio do feudalismo, determinando o surgimento de uma nova sociedade, a partir do crescimento das atividades comerciais, vindas após as Cruzadas; a reabertura do Mediterrâneo para os europeus; a ascensão desenfreada da burguesia; o renascimento; a expansão marítima europeia; a crescente centralização do poder nas mãos de reis; das heresias; dos Tribunais de Inquisição que, com torturas inenarráveis, tinham o objetivo de punir os ditos heréticos com penas que variavam desde a prisão perpétua e confisco de bens, até a morte em fogueiras.

Neste cenário de transição, de descobertas de novas terras, de vida e de morte, de contradições, de profunda decadência do sistema feudal, é que se passam as nossas histórias!

1
Espetáculo trágico

(...) Não devemos retribuir a injustiça,
nem fazer mal a pessoa alguma, seja
qual for o mal que ela nos cause.
SÓCRATES

Ao chegar à aldeia, espontaneamente apresentei-me aos juízes que haviam estabelecido quinze dias de tempo da graça. Assim talvez recebesse uma pena leve. Mas não foi o que aconteceu. No interrogatório, recusei-me a confessar os crimes de que era acusada e que não cometera. Imediatamente, fui submetida às mais duras torturas: chicotadas, queimaduras com brasas, camas de esticar, máscara de pregos etc. Impotente e não suportando mais a dor e a humilhação, confessei o que não praticara, mas que queriam que confessasse. No momento da sentença, ensanguentada, dolorida e acovardada, o suor escorria por todo meu corpo; a urina descia pelas minhas pernas, e as lágrimas pelo meu rosto. O medo e a raiva dominavam-me os pensamentos; parecia carregar todas as dores do mundo, dores sem fim, nascidas da miséria de minha alma. O desejo de vingança tomava conta do meu coração. Sentia-me vítima de uma situação da qual não podia escapar. A população aglomerava-se para ouvir a sentença e assistir ao espetáculo de minha morte, em caso de condenação. Ouviam-se o burburinho e os gritos das multidões.

O tribunal agitou-se quando do lado de fora uma serva gritou:

— Assassina! Você deve morrer! Tem de pagar pelo que fez ao meu senhor e sua família!

Estefânia, este era o meu nome. Eu era alta, elegante, tinha longos cabelos loiros e profundos olhos azuis, feições suaves e delicadas, lábios grossos e vermelhos e a pele clara. Estava magoada, parecia uma boneca de cera de tão pálida, calada e triste. Ali, naquele momento, tinha minha vida nas mãos dos inquisidores e juízes, homens religiosos que professavam a caridade, a tolerância, a vida eterna e tinham a missão de libertar o mundo dos bruxos, dos assassinos e dos hereges. As acusações eram inúmeras. Sem o apoio de meus aliados estava jogada às traças e meu destino, praticamente consumado.

Ouvi a sentença:

— Pelas acusações expostas e pelas evidências declaramos a rainha Estefânia culpada. Será executada em breve, na fogueira.

Meus olhos encheram-se de lágrimas e meu peito de revolta. Fui removida para a cela onde aguardaria o momento da execução. Ao anoitecer, um velho amigo de meu pai, o Duque Jean Bourgogne, um dos poucos aliados que me sobraram — homem alto, magro, de cabelos crespos escuros, quase negros, e olhos verdes, gestos suaves e sorriso largo —, visitou-me e disse:

— Estefânia, pelo que ouvi, sua vida tem sido um combate perpétuo, um enorme tormento; peço-lhe calma, não se desespere. Apesar de ter intercedido com os juízes da Santa Inquisição, de ter lutado, ainda não consegui fazer muito por você, mas tenha paciência, força e coragem. Lembre-se do rei, seu pai, da sua coragem e força. Não desista!

Assim o Duque Jean, atônito, indignado, desesperado, retirou-se e buscou no fundo de sua alma uma explicação para tudo aquilo que se passava comigo, filha de seu melhor amigo, o antigo rei. Ele o conhecera em um combate, quando meu pai salvou-lhe a vida. Ficaram muito amigos e meu pai o convidara para ser seu representante comercial internacional. Nunca havia visitado o castelo, encontravam-se em outros países para tratar de negócios.

Saindo dali, Jean recordou-se de fatos e situações interessantes vividas na companhia do rei em Paris e de uma conversa entre os dois, na qual tomou conhecimento do meu nascimento. Mergulhado em suas lembranças, ele buscava desesperadamente uma maneira de declarar ao mundo a generosidade do rei e a minha inocência. Desolado, ele se dirigiu à igreja para orar. Em silêncio, pediu clemência a Deus na esperança de um milagre.

No dia seguinte, retornou à prisão para me visitar e disse:

— Peço que me conte sua vida, conte-me tudo, não poupe nenhum detalhe, temos tempo. Quem sabe em sua narrativa encontrarei um ponto importante para poder libertá-la de tão triste destino.

O Duque Jean, comovido, com os olhos cheios de lágrimas, não tinha a menor ideia das dores, dos horrores, das tristes tragédias que a partir daquele momento iria desvendar.

Meus olhos endureceram; suspirei e respondi:

— Sua emoção e afeição consolam minha alma, aplacam minha angústia e revolta. Sinto que sua amizade é verdadeira. Neste momento de profunda dor o senhor não me abandonou, não me traiu, como os outros que juravam ser meus amigos. Percebo que está disposto a conhecer e a compreender minhas falhas, e talvez perdoar meus pecados. Saiba que está me doando confiança, coragem e equilíbrio. Agora entendo sua lealdade e por que meu pai confiou tanto no senhor.

— Estefânia, estou sendo apenas solidário com a sua dor, e honrando meu compromisso com seu pai. Gostaria de ajudá-la, de libertá-la deste trágico destino, de todo esse sofrimento. Sei que estou impossibilitado de agir, não conheço os fatos e não posso fazer muito, mas ouvi-la é o que posso fazer agora. Lembro-me de que seu pai contou-me que você sempre foi cheia de sonhos e ideais de justiça, de amor e de paz. O que aconteceu com você? Como chegou a este ponto?

— Senhor Duque, acho que cresci e me perdi no caminho, perdi toda a minha inocência e me desviei dos ensinamentos do meu pai. O senhor acha que é pouco ouvir-me? Talvez, se em minha vida, após a perda da minha adorada família, eu tivesse encontrado alguém para ouvir-me e aconselhar-me, quem sabe teria sofrido menos e não teria provocado tanta dor. Sua solidariedade é um bálsamo, um presente para minha alma. Vou contar-lhe, detalhadamente, toda a verdade sobre minha vida, ainda que para mim não seja fácil. Mesmo que não seja o suficiente para arrancar o ódio do meu coração, alivia-me e permite-me suportar meu trágico destino com um pouco de dignidade. É uma história muito longa...

2
Reino encantado

*A vida por fora de nós é um reflexo
daquilo que somos por dentro.*
AUTOR DESCONHECIDO

Sentada à beira do catre, olhando o vazio, enxuguei as lágrimas que escorriam pelas minhas faces. Cansada da prisão, trêmula, muito aflita, faminta, desolada, desgastada, andei de um lado para o outro; voltei os olhos para o Duque Jean e, em tom suave como prometi, iniciei minha história...

O reino de meu pai proporcionou qualidade de vida a todos os nobres cavaleiros, clérigos e camponeses, que, até então, o mundo nunca havia visto. Ele defendia seu povo com paixão e entusiasmo.

Seguramente, meu pai foi o mais civilizado dos reis, pois tudo sacrificava às necessidades de seus súditos, que, sem preocupações com moradia, alimentação nem vestuário, atravessavam seus dias com alegria. Por sua educação ter sido ministrada por um preceptor de origem grega, em suas veias carregava o sonho de viver num país livre, ou seja, em uma democracia, enquanto os outros reis sonhavam apenas em guerrear para ampliar as riquezas, o poder e os feudos.

Existiam poucos escravos. Todos eram tratados com respeito e privilégios. As atitudes benevolentes de meu pai incomodavam a muitos nobres, pois eles se sentiam profundamente ameaçados. A oposição que sofria era imensa e ininterrupta.

No feudo de papai, a prática religiosa era da Ordem Beneditina, e seus membros eram eruditos, trabalhavam, estudavam, rezavam e viviam uma vida simples, ensinavam nas escolas, cuidavam dos idosos e doentes e representavam uma forte oposição às práticas do alto clero que vivia no luxo e explorava a todos sem exceção.

A riqueza do nosso reino provinha das pratas retiradas das minas e do comércio regional e internacional. Nossas crianças aprendiam leitura, cálculo, escrita, poesia e canto.

Os jovens aprendiam filosofia. As meninas aprendiam a bordar, tecer, fiar... Os nobres cavaleiros faziam exercícios físicos e estudavam estratégias de guerra para defender o reino dos ataques externos.

Assim, vivíamos em um reino próspero e feliz.

Em nosso reino havia muito amor, muitas flores, rosas, tulipas, muitos lagos, rios, arco-íris, muito sol, muita chuva, muita neve e um lindo luar. Era cheio de jardins, com flores de todas as espécies e borboletas de todas as cores. Os pássaros cantavam suavemente; as bruxas, as fadas, os duendes que saíam das histórias que mamãe nos contava eram nossos amigos e confidentes, apesar de papai acreditar em Deus e em seu amado filho Jesus, e nos passar suas verdades, a fim de nos orientar a conduta. A brisa nos campos era suave e as florestas misteriosas, havia muitas coisas encantadoras em nosso reino. Eu era feliz, muito feliz...

Querido Duque, minha família era maravilhosa, morávamos em um lindo castelo que ficava acima da cidade e fora construído com muito zelo pelos nossos ancestrais. Era imenso e decorado com ornamentos de bom gosto; garantia-nos também a defesa contra invasores, pois era equipado com armas, máquinas e todo tipo de engenhos necessários à nossa proteção. Era todo feito de pedras; as paredes, altas e largas, eram protegidas por muralhas que circundavam todo o castelo, rodeado pelas casas dos cavaleiros, tropas de arqueiros e lanceiros que lutavam por nós e outros servos fiéis ao nosso pai. Nosso castelo, com sua imensa magnitude, recebia duques e condes, viscondes e arquiduques, príncipes e princesas de outros reinos, todos com seus criados, amas, babás, cavalos, falcões, corujas, cachorros e cavalos. Repleto de magníficos jardins, dava-nos a certeza de que vivíamos no paraíso. O som dos pássaros, o rumor das fontes, os perfumes das mais belas flores enchiam nossa vida de alegria e beleza.

Meu querido pai, o rei Eduardo I, e minha adorada mãe, a rainha Margareth, dormiam no quarto mais amplo do primeiro andar. Eu e meus irmãos dormíamos no quarto ao lado, próximo ao dos criados. Adorávamos o salão de armas, o salão de baile, a cozinha, a sala de reunião do rei, que ficavam no andar de baixo. Lembro-me de que era enorme a quantidade de homens que ficavam em volta do castelo e dentro dos portões, é claro. Ferreiros, tecelões, comerciantes, entre outros, e como trabalhavam arduamente, reformando o castelo, construindo armas, plantando, colhendo, ceifando e cuidando dos animais. As criadas cozinhavam pão e carnes — de pato, de codorna, de boi, de cervos etc. — para os banquetes reais regados a bom vinho que papai oferecia a outros nobres e seus cavaleiros.

Eu era fascinada pelos banquetes, que duravam horas. Amava a apresentação de bailarinas, mágicos, dançarinos, músicos. Sonhava em crescer e dançar como elas. Não gostava muito dos malabaristas, achava-os sem graça. Ah! Amava o canto gregoriano, apesar de não gostar dos bispos e monges, que cobravam muito dinheiro para garantir um cantinho no céu e, se soubessem das crenças de mamãe, iriam condená-la à morte na fogueira! Não gostava deles mesmo!

Aos onze anos, eu era uma menina irrequieta, com cabelos louros cacheados até a cintura, olhos azuis da cor do céu, lábios rosados e pele branca como a neve, com a face rosada. Era dona de uma pele lisa e fina, carregava um sorriso maroto que a todos encantava e era muito vaidosa.

Adorava um vestido brocado de ouro, que vovó me deu. Ele tinha mangas longas e justas e uma sobreveste de lados abertos até os quadris, com o decote bordado com fios de ouro. Ela dizia que ele era mágico e que vestida com ele iria me tornar a mais bela princesa da região. Para desgosto de minha mãe, quando eu colocava meu vestido dourado preferido, ficava com ele vários dias sem nem sequer querer fazer a toalete ao acordar e tampouco ao dormir, para não ter de tirá-lo. Mamãe ficava furiosa, pois primava por minha higiene, mas vovó sempre me defendia. Nunca vou esquecer as palavras ditas por vovó quando me deu o vestido:

— Abençoo você com saúde, beleza, bondade e riqueza. Será dona da verdade e terá felicidade; seu castelo será construído com as pedras do amor, e seus filhos serão venturosos, prosperarão, e você envelhecerá na paz, na fartura e na alegria.

Essas palavras marcaram para sempre minha alma. Vovó brigava muito com papai por minha causa e por causa dos meus irmãos. Ela vivia nos defendendo, de um lado, dos limites que papai nos impunha, com os quais muitas vezes ela não concordava, e, de outro, preocupava-se com as aventuras que ele nos proporcionava. Dizia que papai não tinha juízo ao nos levar para caçar com ele na floresta. Ela ficava apavorada quando ele, após sua toalete e primeira refeição composta de pão de trigo, leite, manteiga, mel e frutas, chamava-nos:

— Estefânia, Eduardo II, deixem sua irmã Carolina com a vovó, com o Sócrates e o Tufão, e vamos caçar, já está na hora!

A pequena Caroline chorava por horas, pois queria nos acompanhar, mas ela ainda não tinha idade para participar de tamanha aventura. Ficava com os olhos cheios de lágrimas na companhia de Tufão, seu cão amado, e do Sócrates, meu falcão, que pareciam chorar de tristeza quando partíamos. Com o coração em frangalhos, lá íamos nós, para mais uma caçada.

As caçadas eram exclusividade masculina, assim como guerrear, mas papai era diferente dos outros nobres e por essa razão abria uma exceção, pois, além de contestar as verdades da igreja, que dizia que alguns nasceram para orar, outros para trabalhar e outros para guerrear, adorava minha companhia e a de meu irmão Eduardo II. Assim, toda sorridente, eu acompanhava papai, seus amigos e Eduardo II nas caçadas. Sem avisar mamãe, invadíamos a floresta — armados com arcos, flechas, lanças até o pescoço e seguidos por cães — à procura de animais selvagens. Ah! Como eu era feliz!

Adorava tudo o que fazia na companhia de papai e de Eduardo II; eu os amava muito. Amava também o meu falcão Sócrates, que papai me deu quando fiz nove anos. Ele era meu amigo, companheiro e confidente. Uma das minhas características era nunca parar sentada, estava sempre em cima de alguma coisa, embaixo de algum lugar, passando por cima de algo, pulando aqui e ali, e Sócrates me acompanhava em tudo, era meu guardião.

Vivia com o rosto sujo de tanto brincar. Sócrates estava sempre no meu ombro. Apesar de a rainha ralhar e temer que ele me machucasse, eu não me preocupava e com ele vasculhava todo o castelo. Queríamos conhecer a todos, observávamos tudo à nossa volta. Meu coração era curioso e parecia que meus pés tinham asas. Para desespero do rei e da rainha, meus queridos pais, e dos meus adorados e apavorados irmãos, o príncipe Eduardo II e a pequena princesa Caroline, eu andava por todo o castelo, pelos campos cultivados na primavera, pelo bosque no outono, pelas áreas sem cultivo, pelo moinho, pela catedral e, às vezes, até pela aldeia. Os monges diziam que eu era muito atrevida. Bom, além de atrevida eu era a filha mais velha, mas isso não me trazia problemas, meus pais e minha avó tinham paciência comigo e tratavam a todos nós de forma amável e carinhosa, não fazendo distinção alguma entre os irmãos.

Diziam que eu era linda, uma verdadeira princesa. Minha doce avó dizia que eu parecia uma fada de tão bela e pura. Naquela época, eu acreditava que a vida era boa e tinha certeza de que minha família era simplesmente fantástica e maravilhosa!

Minha irmã Caroline era meiga e doce, mas muito frágil. Vivia assustada e com medo. Mamãe, sempre sentada em uma cadeira grande na sala principal do castelo, ensinava-nos tudo sobre fadas, duendes, bruxas, amuletos, mas pedia que guardássemos segredo, pois, se descobrissem, teríamos muitos problemas com os monges da igreja.

Nossa família era católica, papai defendia até a morte as verdades de Jesus e do nosso Pai maior, mas mantinha às escondidas a tradição da família da mamãe, na qual todas as mulheres tinham revelações por meio dos sonhos, tinham intuição sobre fatos e acontecimentos e acreditavam na força da natureza, na força da água, da terra, do mar e do ar, e na magia pura das fadas e dos magos. Acreditavam que a natureza era a expressão mais pura dos atributos de Deus e que ele dava poderes mentais aos homens para ser usado a seu serviço, para o bem da humanidade. Dessa forma, vovó operava curas com ervas, com os elementos da natureza, mas em total sigilo. Apesar de sermos nobres, uma acusação de bruxaria nos mandaria para uma enorme fogueira. Por tudo isso guardávamos esse segredo de família. Papai sabia do perigo que todos corríamos e sempre nos orientava para não comentarmos nada com ninguém, absolutamente com ninguém! Assim, éramos cúmplices, compartilhávamos um segredo de família maravilhoso!

Nossa família era terna e harmoniosa. Depois da morte do vovô em combate, ficamos desolados, contudo nos unimos mais ainda.

O casamento de papai com mamãe foi arranjado pelo vovô para a expansão do seu reino. Papai veio de um reino distante, e meu nome, Estefânia, era o nome da minha avó paterna. Papai nos contou que amou muito nossa mãe; assim que os seus olhos se encontraram com os dela, ele sentiu amor à primeira vista. Ele a respeitava mais que tudo e todos, por essa razão alimentava suas crenças ainda que para a igreja estas fossem proibidas e erradas. Quando entrava em reunião com os nobres para resolver questões políticas e econômicas, que duravam horas, com ênfase ordenava:

— Não me interrompam por nada; de agora em diante não atenderei nem ao Bispo. Somente uma pessoa pode me interromper e será imediatamente atendida: minha amada rainha Margareth.

Assim, crescemos num ambiente de amor, acolhedor e testemunhando o amor de nossos pais e ouvindo lindas histórias.

Quando mamãe contava histórias de fadas, magos, bruxas, bruxos e duendes, minha irmãzinha Caroline ficava toda arrepiada, tremia como vara verde, até mudava de cor. Mamãe tentava acalmá-la, mas não adiantava. Meu irmão, Eduardo II, piorava a situação, pois adorava provocar medo na Caroline e contava histórias terríveis de fantasmas sem cabeça, assombração, coisas terríveis sobre magos, além de outras coisas! Caroline ficava com os cabelos em pé e chorava, muitas vezes corria para os braços de papai; ele sim tinha o dom de tranquilizá-la. Ele recitava versos lindos para ela se acalmar. Lembro-me de cantigas que acompanharam toda minha vida: "Ser princesa é ser amorosa, generosa, é ter paixão pela vida, é praticar a justiça, ter beleza e lutar pela verdade e pelo amor".

Papai era um homem esbelto, alto, branco, com cabelo castanho-alourado e olhos brilhantes cor de mel — parecia um deus grego.

Sempre sorridente, era muito sábio, vigoroso e cheio de vida. Vestia-se com calça e casaco, mas seu traje preferido era um casaco de seda branca — uma espécie de tafetá encorpado, amplo na barra, com mangas pontudas enfeitadas com largas faixas de ouro e pérolas, com os mesmos enfeites nos ombros e nos punhos. Adorava casacos enfeitados. Mamãe era uma mulher especial, alta também, cabelos negros cacheados; com seus olhos verdes, sempre parecia me pedir alguma coisa. Na verdade, ela parecia mais uma fada do que uma rainha de tão linda; seus vestidos eram maravilhosos. Muito calma e paciente, preocupava-se com a nossa formação. Acreditava que nossa educação não dependia de gritos e maus-tratos, mas sim de muito diálogo, compreensão e carinho. Meus pais concordavam em quase tudo e sabiam que eram exemplos para nossa vida e que suas atitudes não deveriam produzir conflitos internos em nós, para que pudéssemos crescer equilibrados, realizados e felizes. Pronunciavam sempre uma frase célebre de um filósofo: "As palavras movem, mas os exemplos arrastam!".

De um lado, eles nos corrigiam quando necessário, ficando bravos até; e, de outro, apoiavam-nos, incentivavam, motivavam, elogiavam e evidenciavam todas as nossas qualidades.

Às vezes, papai, de forma carinhosa, ralhava com mamãe e eles discutiam por horas. Lembro-me de certa vez em que papai questionou as histórias contadas por mamãe:

— Querida, você não acha que suas histórias são um pouquinho exageradas para a compreensão de Caroline? Ela fica apavorada, pálida, com o cabelo em pé!

— Eduardo, não se preocupe. Esteja certo de que existe uma intenção para o que estou fazendo. As histórias mais simples transmitem pensamentos complexos que afetam a nossa visão do mundo. Um personagem pode despertar nossos filhos para a vida, por esse motivo narro as histórias falando de cada um com alma, paixão, emoção e sentimento. Essas histórias não são ingênuas, apenas para divertir nossos filhos; são espelhos das experiências humanas, com toda uma gama de possibilidades de vir a ser. Tocam em sentimentos poderosos, refletem as ações e os pensamentos dos seres humanos, que muitas vezes permanecem escondidos. Todos, sem exceção em nosso reino, deveriam contar histórias para seus filhos antes de eles dormirem. Contar histórias é encantar a alma das crianças.

— Eu entendo o que quer dizer, minha amada rainha, mas pense um pouco: suas histórias são repletas de bruxas más; magos que tramam para prejudicar princesas e príncipes; e falam de muita dor e sofrimento, além de serem um tanto místicas...

— E por acaso as histórias do Mago Merlim não são místicas também?

— É diferente... por que o Mago Merlim tem suas teorias pautadas na razão, em princípios alquímicos e nos preceitos morais. Segundo a lenda, ele educou o rei Artur e o orientou para a vida.

— Ah, querido Eduardo, não vamos discutir. A lenda do Mago Merlim revela que ele praticava magia, que segundo os clérigos é puro misticismo, heresia.

— Pensando melhor, você tem razão... as histórias que conta para as crianças não são tão diferentes das minhas; estou sendo incoerente e egoísta, pareço ser o dono da verdade, perdoe-me pela presunção...

— Não tem problema, meu querido... Saiba que conto essas histórias para nossos filhos com um propósito: colocar nossas crianças numa situação de enfrentamento, conflito, luta, batalha de forma mágica, sem que elas percebam. Aprendi com as histórias que minha mãe contava que crescer é ir ao encontro dos problemas, das dificuldades. Crescer é aprender a ser justo, solidário, a proteger os fracos, os oprimidos. Crescer não é fugir dos problemas, mas enfrentá-los sem medo, com a cabeça erguida.

— Como assim? Não entendi. Como suas histórias podem passar tudo isso para os nossos filhos?

— Elas deixam claro que não estamos sozinhos. A sua sabedoria oculta diz que, se formos bons e generosos, nos momentos de grandes desafios e sofrimentos, sempre vai surgir alguém para nos ajudar. Se nossos filhos puderem acreditar que se forem bons sempre serão ajudados e que não vão sucumbir diante de qualquer obstáculo que encontrarem na vida, vão perceber que não vale a pena fugir dos problemas, se desesperar quando eles acontecerem. Saberão que com fé, paciência, persistência, força, coragem, amor, resignação, serão vitoriosos e recompensados. Para que a felicidade os alcance só terão uma alternativa: caminhar pela vida repletos de esperança, amor e perseverança. A vida não é fácil, meu querido. Eles precisam saber disso desde muito cedo. As histórias não são a solução para a vida dos nossos filhos, mas com certeza são um caminho seguro e confiável, que permite transmitir a eles um pouco de esperança, força, coragem, sonhos, disciplina e amor.

— Ah! Entendi. Amada Margareth, percebi que com suas histórias nossos filhos podem obter um consolo muito maior do que com meu esforço para consolá-los baseado no meu raciocínio, discursos que para eles são simples lições de moral e muito blá-blá-blá!

— Sim, é isso. As histórias não escondem as dificuldades da vida. Tudo o que faz parte da vida humana é exposto de maneira clara e sem subterfúgios, mas de forma encantada. Elas transmitem às crianças, de forma mágica, que uma luta contra as dificuldades graves da vida é inevitável, faz parte da existência humana — mas que elas não devem se intimidar e sim se defrontar de modo firme a fim de dominarem todos os obstáculos e emergirem vitoriosas. É uma tarefa fácil vencer um dragão ou uma bruxa malvada para salvar uma linda princesa?

— Claro que não! Diria que é uma tarefa quase impossível!

— Ah! E você, como rei, quantos dragões e bruxos malvados enfrentou e continua enfrentando diariamente para garantir uma vida de qualidade para sua família, seus servos, seus soldados, suas amas, suas babás etc.?

— Com certeza muitos dragões e muitos bruxos, minha querida! Sofro represálias o tempo todo e de todo tipo. Muitas vezes penso em desistir, em voltar a cobrar altos tributos e acabar com os privilégios dos servos, como fazem os outros para diminuir a oposição. Vivo numa corda bamba e nunca sei quando poderei ser atacado ou destruído. O que me impede são minhas crenças. Acredito na vida após a morte, na encarnação sucessiva, pois somos imortais, e, principalmente, creio na Lei de Ação e Reação. Aprendi isso com a doutrina de Sócrates e Platão, você bem sabe.

— Eduardo, você luta desesperadamente para ser justo e manter sua alma pura, sem manchas de egoísmo e ganância exagerada. Não é uma tarefa fácil! Bem sei quantas vezes tivemos de fugir daqui, escondermo-nos até as coisas se acalmarem...

— Você se recorda da última invasão?

— Claro que sim! O que nos salvou foi a competência do seu exército. Muitas vezes fiquei desesperada... Nesses momentos de desespero lembrava-me das histórias místicas que mamãe me contava, que falavam de coragem, força e esperança. Assim, eu voltava a sonhar, acreditando que no fim tudo daria certo... por tudo isso me mantinha tão calma e otimista.

— Fale mais... agora entendo... Isso explica por que Eduardo II, Caroline e Estefânia não cansam de ouvir minhas histórias sobre as lutas do Mago Merlim contra as trevas, inúmeras vezes.

— Isso mesmo, eles as ouvem porque elas falam diretamente ao coração deles, socorre-os, auxiliando-os em seus medos, dúvidas, suas dificuldades; por tudo isso eles não se cansam de ouvi-lo. O personagem do Mago alivia as tristezas internas, dando-lhes esperanças de que tudo acabará bem. Eles se identificam com os personagens e passam a viver com eles suas aventuras, desventuras, problemas, dificuldades que no fundo são semelhantes às suas, porque as histórias refletem os dilemas existenciais da humanidade. O auxílio nasce da maneira como os personagens reagem e agem diante das tramas e dos dramas. E, pode ver, o fim é sempre feliz. Os personagens nunca desistem de seus sonhos. Sofrem, lutam, são humilhados, machucados, prejudicados, mas nunca desistem, e sempre vencem o mal, principalmente o mal que habita as profundezas da sua própria alma, como o medo, a desesperança, a tristeza e o cansaço.

— Minha rainha Margareth! Como você é sábia! Daqui para a frente contarei as histórias do Mago Merlim com muito mais sentimento e contarei as histórias dos nossos antepassados, repletas de emoção também!

Era assim que papai e mamãe resolviam todos os seus problemas, com muito diálogo; era impressionante como um era capaz de entender o outro.

Dessa forma, em nosso desenvolvimento, não conhecemos brigas, discussões, não tivemos também o excesso de limites e tampouco a sua ausência. Assim, nosso amadurecimento foi natural. Eles nunca usavam tom de autoritarismo, sabiam que se nos dessem ordens criariam déspotas; portanto, mesmo furiosos, em tom suave eles nos solicitavam as coisas sempre com um "por favor, queira fazer isso", "por favor, queira fazer aquilo"... Cada um defendia seu ponto de vista com calma e respeito. Papai, para satisfazer alguns de nossos caprichos — não todos — que mamãe e vovó eram contra, como por exemplo cavalgar pelos campos devidamente acompanhados, argumentava calmamente com elas, explicando que o excesso de limites nos faria ficar altamente frustrados, o que deformaria nossa personalidade, e assim não seríamos capazes de nos amar, seríamos futuros suicidas, ficaríamos doentes, tristes, desalentados e procuraríamos consolo nos vícios, na bebida, por exemplo; pois quando somos infelizes e frustrados buscamos compensar essa falta de felicidade, de prazer, em outros lugares. Para ele o excesso de *não* (sem explicação, sem justificativa) prejudicaria o nosso amor-próprio. Por outro lado, a falta do não nos deixaria mimados, egoístas, autoritários, verdadeiros monstros. Assim, o justo meio (de Aristóteles) nos faria virtuosos e permitiria aprendermos a lidar desde cedo com nossas frustrações e dores. Dessa forma, aprenderíamos a ser reis de nós mesmos, de nossa vida e destino. Por tudo isso, crescemos entre histórias de fadas, bruxas más, filósofos e afagos, mas quando necessário éramos castigados. Não ficávamos com raiva, apesar de insatisfeitos (quando desejávamos ir brincar na sala de armas com as espadas e as flechas, por exemplo, quando bem menores, quatro ou cinco anos, e eles não autorizavam). Papai nos explicava:

— Estefânia, Caroline e Eduardo II, por amar, cuidar e querer protegê-los, não vou permitir que sem a minha presença se dirijam à sala de armas ou à aldeia, pois é muito perigoso. Isso coloca a vida de vocês em risco; vocês podem se machucar, cortar-se ou ser raptados. Está claro?

— Sim, papai — respondíamos de cabeça baixa, com os olhos fixos no chão (loucos para ir até a sala de armas ver de perto o brilho das espadas).

Saíamos insatisfeitos, porém, nunca frustrados, pois tínhamos certeza de que papai queria nos proteger, porque nos amava. Ele dizia que tinha coragem de nos dizer não quando necessário, pois nos amava, protegia-nos e cuidava de nós, assim demonstrando seu profundo amor. Não se sentiam culpados por colocar limites no nosso comportamento. Mamãe agia da mesma forma. Lembro-me de que, em uma noite fria de inverno, estava coberta por peles em meus aposentos, refletindo sobre uma conversa que tinha tido com vovó por uma travessura que havia cometido. Mamãe entrou apressada, a passos rápidos, e abordou-me com um olhar firme. Parou diante de mim e com um tom de voz suave disse:

— Estefânia, acha correto durante a madrugada de ontem, sem autorização e escondido de todos nós, ter ido à aldeia, a cavalo e sozinha? O que está pensando que está fazendo com a sua e com a nossa vida agindo dessa forma?

Corei imediatamente, fiquei trêmula e respondi:

— Não, mamãe, vovó já ralhou comigo, já me explicou, gostaria que me desculpasse.

— Sabia, mocinha, que cuidar de si mesma, prevenir tragédias, é fator essencial para a sua e a nossa felicidade? Aprender a controlar os próprios impulsos, a aceitar os "nãos" da vida é evitar aborrecimentos, é ter cautela, é ser responsável e prudente?! Pare e pense: você tem dificuldades em aceitar os "nãos" da vida? Por acaso essa deficiência não gera profundo sofrimento aos que a rodeiam e a amam? Pode imaginar o quanto fiquei preocupada e nervosa com a sua atitude, pois colocou a sua segurança, integridade, ou seja, a sua vida em risco?! E por quê?! Porque é teimosa e não ouve os "nãos" que são para preservá-la, evitando que algum mal maior lhe aconteça!

Abaixei os olhos, pensei, e concluí que mamãe estava absolutamente certa. Nossa! É verdade. Tinha muita dificuldade em aceitar um "não", eu costumava ficar muito brava, nervosa e frustrada. O pior "não" que a vida me deu foi a morte do meu avô. A vida disse "não" e foi muito difícil aceitar. Sofri bastante e gerei sofrimento também, pois fiquei revoltada e malcriada. Com paciência e muito amor meus pais puderam me ajudar a superar essa perda irreparável.

Vovô era um homem duro, enérgico e, mesmo assim, eu o adorava. Imensurável foi minha dor. Chorei muito, por muito tempo.

Arrependida, percebi que mamãe estava coberta de razão. Ela continuou:

— Aproveite nossos ensinamentos e não permita que ninguém lhe cause danos. Com essa atitude impensada colocou a sua vida e a vida de todos nós em perigo! Em perigooooooooo! Entendeu bem, mocinhaaaa? Pense um pouco, podia ter gerado muita dor e sofrimento. Na aldeia, à noite, sozinha, podia ter sido sequestrada e violentada por mercenários inescrupulosos. Nosso reino é harmonioso, mas como todo lugar é cheio de armadilhas, recebe todos os dias forasteiros que bebem, jogam, comerciantes, e todos eles podem significar perigo. Além do mais, você sabe que existem opositores às ações governamentais de seu pai. Eles poderiam ter se aproveitado dessa sua rebeldia e desobediência sequestrando-a e fazendo chantagem com seu pai para obter vantagens políticas. Por todas essas razões ficará de castigo, não sairá do seu aposento por quinze dias!

Com lágrimas nos olhos murmurei:

— Perdoe-me, mamãe, não farei mais isso, prometo, pode confiar em mim novamente.

— Está certo, saiba que a amamos muito. Cuide-se.

Com essas palavras, ela puxou-me para os seus braços e acalentou-me. O carinho materno e a ternura com a qual mamãe expressava suas palavras permitiam-me compreender profundamente meu erro.

Apesar de estar de castigo por quinze dias, eu estava feliz, sentia-me amada e protegida. Assim, em seus braços dormia brandamente, pois mamãe envolvia-me em sensações de proteção, cuidado, amor e confiança.

Nossos pais elaboravam o "não", isto é, sempre que diziam "não", explicavam as razões, esclareciam-nos sobre os perigos a que estávamos sujeitos, explicavam-nos que amar era limitar, cuidar e proteger, e para isso era preciso muita coragem. O "não" que nos impunham era sinal de amor tanto quanto ou mais que o sim.

Eles não tinham receio de nos impor limites, castigavam-nos quando achavam necessário e não nos compensavam pela sua ausência — papai viajava muito — nem nos superprotegiam, mas, sempre pacientemente, orientavam-nos com segurança sobre as atitudes corretas que devíamos adotar na vida para sermos felizes e fazermos os que estavam a nossa volta felizes também.

Papai, todos os dias após o jantar, tinha o hábito de ir até a biblioteca. Lia muitas obras, principalmente de filósofos importantes como Heráclito, Parmênides, Sócrates, Platão, Aristóteles e muitos outros. De suas leituras absorvia o melhor para tentar nos proporcionar uma educação de qualidade.

Acreditava que todos deveriam ler para aprender a amar e educar os filhos, pois para ele tudo isso não era tarefa fácil. Afinal, se ele, com seu amor, não fosse capaz de nos tornar homens e mulheres admiráveis, virtuosos, livre de vícios, de fato não teria nos amado, mas apenas dito que nos amava. Para ele, amar de fato era testemunhar com as próprias ações, cuidados e proteção esse amor. Lembro-me de muitas coisas de papai. Um dia ele afirmou que éramos seres que não deviam se deixar espetar num mostruário como a borboleta pelos colecionadores. Ou seja, devíamos ter opinião própria e não nos deixar dominar pelos outros. Assim, ele sempre nos incentivou a conceber nossas próprias ideias. Sorridente, deixava-nos escolher roupas, sapatos, tapetes, candelabros, quadros e qualquer tipo de adorno para nós e para o castelo. Achava que era um excelente exercício aprendermos a escolher desde cedo. Dizia que a vida era feita de escolhas e que nossa felicidade ou infelicidade dependia disso, jamais dos outros. Dávamos palpites em tudo, nas reformas do castelo, nos banquetes, nas caças, nos torneios, e nossas opiniões eram sempre bem-vindas. Assim, sentíamo-nos importantes, úteis, capazes, bons, inteligentes, e produzíamos uma autoimagem positiva. Ele sempre dizia:

"Sei que nada sei" — uma frase do filósofo Sócrates, e completava: "mas todos unidos saberemos".

Isso para deixar claro que estava sempre disposto a aprender e queria que seguíssemos seu exemplo. Depois de ler tudo o que queria na biblioteca, gostava de ficar na sala principal sentado na poltrona com mamãe — que bordava —, acariciando-a e contando histórias para nós. Todos ficávamos deslumbrados com as narrativas que papai nos contava. Suas aventuras, conquistas, apesar de já sabermos como elas terminariam: ele sempre vencia os inimigos e retornava feliz para o castelo. Meu irmão arregalava os olhos e vibrava de emoção, sentia-se orgulhoso, feliz pelo pai que tinha. Papai era o seu herói, o seu exemplo. Eduardo II, loiro com olhos azuis, ombros largos, era muito afetuoso, amável, ligeiramente alegre, estudioso, ousado e repleto de bom-senso. Gostava de ler e de escrever, prestava atenção nas conversas, fazia muitas perguntas e era um observador nato. Escrevia horas e horas e escondia seus textos para que ninguém pudesse ler. Certa vez achei jogado no chão alguns de seus escritos — acho que ele deixou cair — e confesso que fiquei impressionada com alguns de seus pensamentos: "O homem é seu próprio carcereiro, precisa se libertar da prisão, que é sua própria ignorância; precisa conhecer a luz, que é sua própria verdade, e sair das trevas, do ego, que é a ilusão; quanto mais me conheço, mais me aproximo de Deus, pois sou sua imagem e semelhança; vivo num reino de relativa paz e justiça, mas lá fora descortinam-se inúteis desgraças, já conheci o suficiente para desejar seguir os passos de meu pai. Lá fora, cantam os pássaros, mas os homens abusam do poder, geram tormento e desgosto. Promovem a fome, a ruína, a mutilação, a escravidão desumana, a loucura. Vivem da hostilidade, da disputa, num combate perpétuo sem trégua, em nome da vaidade e da ganância. Não conhecem a si mesmos. Em toda parte existem adversários que se matam. O mundo é um inferno e suas almas vivem atormentadas com poucas luzes. Pobres homens infelizes! Ah! Se soubessem! Se soubessem como é fácil se libertar da própria ignorância! Bastaria conhecerem a si mesmos e amar ao próximo como a eles mesmos, premissas simples, mas que se praticadas acabariam com todas as dores do mundo. Ah! Se soubessem...".

— Que lindo, rainha Estefânia! — disse o Duque, quase adormecendo.

— Nossa, Duque Jean! Seu cansaço parece extremo! Parece enfraquecido, ouviu muito por hoje; precisa retemperar as forças.

— Não, minha querida rainha, estou apenas prestando atenção em suas palavras.

— Ah! Duque Jean, estou falando há horas. Vamos descansar um pouco?

— Está bem — disse o Duque —, mas antes de eu me retirar gostaria que em silêncio refletisse sua própria existência com base nos escritos do seu irmão e nas histórias da sua mãe. Será que não está presa numa caverna subterrânea escura? Será que consegue sair dessa caverna? Será que durante sua vida se esqueceu de ser generosa, de ter força, de lutar, de enfrentar seus problemas e por tudo isso seu fim parece que não será feliz? Ao longo de sua jornada se esqueceu de tudo o que ouviu, aprendeu e viveu?

Em silêncio, encolhida no catre daquela prisão, com muito frio e cansada, refleti por alguns minutos: sou prisioneira de mim mesma, estou numa profunda caverna escura, no meu próprio inferno, repleta de amargura e ódio, com a minha verdade. Naqueles últimos momentos de vida, antes de minha execução na fogueira eu tinha uma certeza: odiava do fundo de minha alma todos os que me prejudicaram e à minha adorada família. Sentia-me desgraçada, infeliz e injustiçada. Esqueci-me das histórias do meu pai e da minha mãe com seus finais felizes. Esqueci as bênçãos da minha avó.

Imaginava que meu fim seria trágico. Ninguém fora me socorrer. Havia me transformado na bruxa malvada. Nas histórias narradas pela mamãe, as bruxas se davam mal, e apenas as boas princesas eram salvas. Fiquei ali, prisioneira da minha própria dor, do ódio e do desejo de vingança.

Com paciência infinita, o Duque aguardou minha resposta. Com voz cansada e rouca, eu disse:

— Sim, Duque Jean, estou em uma caverna escura e não sei se posso sair dela. Talvez, após minha morte, ficarei livre de tudo.

Com um leve sorriso nos lábios, o Duque replicou:

— Quem dera a morte nos libertasse da responsabilidade das nossas ações, das nossas dores e horrores, Estefânia! Não creio que isso possa acontecer. Não sei se sabe, mas fui criado no Oriente e lá aprendi muito sobre a vida após a morte, sobre a reencarnação. Tenho certeza de que é possível sair da caverna escura em que se encontra, mas para isso é preciso que limpe seu coração e o encha com arrependimento, com perdão, resignação, amor e muita esperança. Acredite que o impossível pode ser possível. Você foi condenada, mas pode ser que exista alguma coisa que possa ser feita para reverter seu destino. Suporte com paciência suas dores, mas tenha esperança de poder mudar sua vida. Tudo é passageiro e sempre existe luz para os que querem ver. Ore, Estefânia, peça perdão a Deus pelo que fez. Regenere-se. Esqueça seu passado.

Não ouvi as últimas palavras, adormeci. O Duque Jean chamou os guardas e se retirou. No dia seguinte, retornaria.

3
A verdade de cada um

Aquele que obtém uma vitória sobre outros homens é forte, mas aquele que obtém uma vitória sobre si próprio é todo-poderoso.

LAO-TZÉ

Na manhã seguinte, pensativo e inconformado com meu destino, o Duque Jean procurou aliados e interferiu no meu processo com o alto clero. A sentença já havia sido pronunciada, mas ele, com a ajuda de alguns aliados, recorreu da decisão, o que adiou meu trágico destino.

Em menos de vinte e quatro horas fui libertada. Retornei provisoriamente ao meu castelo para aguardar as decisões finais.

Agora bem instalada, limpa, alimentada, sem frio ou privações de qualquer ordem, continuei minha história...

Duque Jean, a capacidade intelectual de meu irmão era incontestável, impressionante. Com certeza ele seguia os passos de papai e seria sábio como ele. Sua marca: dizer sempre a verdade, mas não a verdade do mundo, a verdade do coração! Ele aprendia tudo o que um primogênito deveria saber com seu preceptor, gramática, retórica, dialética, geometria, aritmética, astronomia e música, fora a aprendizagem de armas, caçadas, torneios, assuntos políticos e rudimentos da conquista amorosa, tendo por obrigação guardar no coração a honra, a fidelidade, a coragem, a fé e a cortesia. Ele sempre me ensinava tudo o que aprendia, pois eu não podia aprender o que ele aprendia, só me era permitido aprender música, fiar, tecer, religião e trabalhos manuais que sempre detestei! A educação dos homens era completamente diferente da educação das mulheres. Assim, às escondidas, discutíamos as ideias novas e revíamos com cautela as ações do rei. Vez por outra, ele participava das reuniões com o rei, e, por muitas vezes, alguns "nobres" como o Duque Bernard, os Marqueses Diderot, Françoa e Voltaire eram contra a sua participação nas decisões, pois o rei sempre dava ouvido ao filho, sendo bem-sucedido, apesar das oposições ao seu poder por muitos burgueses.

O que eu amava mesmo era, algumas vezes escondida, misturar-me com os servos e ouvir as poesias e músicas deles. O filósofo preferido do meu irmão era Sócrates e ele passava horas e horas tentando compreender uma de suas premissas: "Conhece-te a ti mesmo"; ele achava que se conhecia o bastante. Conversava horas e horas com papai... Certa tarde, ouvi os dois alegremente palestrando...

— Papai, como é conhecer a si mesmo?

— Meu filho, que pergunta interessante! — Papai riu e continuou: — É conhecer-se profundamente, libertar-se das máscaras, das falsidades internas...

— E como posso conhecer a mim mesmo, mais do que já me conheço, papai? Libertar-se das máscaras, das falsidades internas? Que máscaras são essas, papai? — perguntou meu irmão assustado.

Papai parou, pensou e respondeu:

— Você pode se conhecer mais do que já se conhece ao compreender as verdades sobre você, as verdades do seu coração; mas isso não é uma tarefa simples, exige dedicação, esforço e muita reflexão.

— Nossa! Que complicado! Como faço isso, papai?

— É complicado mesmo, meu filho. Espere um pouco, preciso pensar em um bom exemplo para que você possa entender.

— Vai demorar?

— Calma, filho! Já lhe respondo. Vamos ver... Por exemplo: O que você pensa sobre você? O que gosta e não gosta em você? Se tivesse de falar de você para alguém ressaltando suas qualidades e talentos, quais destacaria? É corajoso, destemido, honesto? E sobre seus principais defeitos? Quais defeitos lhe causam vergonha e você tenta esconder de si mesmo? É invejoso? Vingativo? Covarde? Medroso? Quais deles eliminaria? Quem você pensa que é?

— Ora, sou seu filho e um príncipe!

— Você é só isso? Meu filho e um príncipe? Tem certeza?

— Nuca parei para pensar nisso direito...

— Filho, como se autodescreveria? Você acha que existe alguma coisa errada com você? O que você pensa de verdade a respeito de si mesmo? O que sente por você quando olha no espelho? Como acha que os outros o veem? A opinião deles é importante? Você se acha teimoso? Você acha que é estabanado? Desorganizado? O que acha que eu, como seu pai, penso de você? E sua mãe? E suas irmãs? Você tenta ser o que achamos que você é ou tenta ser você mesmo, independentemente dos nossos desejos, nossas expectativas e nossos pensamentos? Tenta esconder de nós algumas de suas fraquezas, tentando ser o que não é?

— Credo, Pai! Quanta informação! — afirmou meu irmão apavorado.

Cheio de dúvidas, continuou:

— Às vezes, acho que não tenho muito jeito com as armas, e os cavaleiros dão risada... fico nervoso e triste, e sempre falo para mamãe quando saio dos treinos que fui bem. Penso que o senhor e a mamãe acham que sou melhor do que de fato sou. Assim, me acho imperfeito perto da perfeição que vocês apontam. Muitas vezes fico triste, principalmente quando não consigo ser tão bom como pensam que sou. Isso é máscara?

— É isso, meu filho! Tentar ser o que não se é e esconder suas fraquezas é mascarar-se, é ser falso consigo mesmo para atender as expectativas alheias. Não esconda suas fraquezas, enfrente-as. Quando a mamãe perguntar como foram os treinos, fale a verdade, a sua verdade. Não se envergonhe por ser quem é, sentir o que sente, pelas dificuldades que tem. Enfrente-se.

— Como faço para enfrentar-me de verdade, papai?

— Para começar a se enfrentar, a se desmascarar, conhecer-se de fato, é preciso que fique em silêncio o tempo suficiente para sentir o que se passa dentro de você, para perguntar a si mesmo o que sente e por que sente. Em seguida, é preciso que aceite tudo isso, é necessário que aceite o que verdadeiramente é, sem criar uma personalidade falsa que corresponda aos nossos desejos e expectativas. Deve aceitar-se como consegue ser de fato. Observe, conheça seus defeitos, respeite-os, harmonize-se com eles, sinta-os de perto, não fuja deles, não os esconda, pois se fizer isso eles vão se esconder dentro de você, e você vai se perder de si mesmo!

— Nossa! Agora o senhor exagerou! Como assim, vou me perder dentro de mim mesmo, pai? Que loucura é essa? O senhor ficou louco?

— Calma, meu filho, eu lhe explico. Eu e sua mãe, por amarmos demais você e suas irmãs, desejamos que sejam destemidos, fortes, corajosos, generosos e felizes. Assim, tentamos lhes ensinar tudo, a arte da retórica, as boas maneiras. Cultivamos em vocês o hábito dos bons pensamentos, sentimentos, e os orientamos para que perdoassem aqueles que os ofendessem e assim por diante. Dessa forma, vocês tentam fazer tudo isso, mas quando não conseguem se sentem culpados, frustrados, inseguros e confusos, e passam a não gostar de si mesmos, pois não atendem as nossas exigências. Se, ao contrário, você e suas irmãs aceitarem que nem sempre serão perfeitos em suas ações e que, vez por outra, vão cometer deslizes, e se aceitarem isso sem culpa, vão aprender a se conhecer, e, dessa forma, não ficarão inseguros, confusos e com raiva de si mesmos. Entendeu?

— Hum, acho que sim. Aceitar que não sou perfeito?

— Isso, meu filho! Aceite que, apesar de tentar acertar o tempo todo, está sujeito a falhar, a errar...

— Espera aí, pai, e depois, o que faço com meus erros?

— Desenvolva a capacidade de refletir sobre eles, aceitando-os, conscientizando-se de suas tendências negativas e da necessidade de muitas vezes aprender com seus próprios erros e enganos. Compreenda que eles são seus verdadeiros mestres. Aguente com força as consequências dos seus próprios desenganos, ilusões, e não culpe ninguém pelas suas ações, mesmo quando estas forem inadequadas.

— Cá entre nós, tudo isso é bem complicado, hein, pai!

— Filho, analise-se, você sente medo, confusão, nervosismo, desânimo, cansaço, tristeza, alegria, raiva, frustração ou ódio? Sente que está magoado com alguém? Está ferido, perdido, desapontado? Está se sentindo culpado por alguma coisa? Magoou alguém? Espera demais dos outros? Ilude-se com facilidade com falsas promessas? Espera que os outros resolvam todos os seus problemas, sem ter de fazer esforços? Coloca sua felicidade nas mãos dos outros? Olhe para dentro de você, faça essas perguntas, investigue o mundo dos seus sentimentos e emoções, sinta cada sentimento em sua totalidade no momento presente. Somente assim ficará livre de todos esses sentimentos e emoções.

— Que loucura tudo isso, pai...

— Parece loucura, mas é assim; na medida em que você aceita suas ilusões, seus sentimentos negativos, eles o libertam. Do contrário, se fingir que não está desapontado ou com raiva de alguém, se tentar acobertar esse sentimento de si mesmo, ele vai para o fundo da sua alma. E sabe o que acontece? Ele se volta contra você mesmo. Quando menos esperar, ele vai se manifestar. Você já reparou que muitos nobres gritam, xingam, ficam histéricos por nada, parecem criancinhas mimadas quando são contrariadas?

— Já, pai, várias vezes. A vovó mesmo, de vez em quando, dá uns gritos. Não fico perto de jeito nenhum! É um horror! Fico apavorado!

— Então, meu filho, sua avó é um bom exemplo. Ela se acha maravilhosa, perfeita, não aceita suas raivas, engole tudo, e, às vezes, por nada, ela grita. É a raiva acumulada, guardada dentro dela. Entendeu?

— Que horror, papai! Esse negócio é complicado mesmo! Entendi mais ou menos. Acho que vou levar a vida inteira fazendo perguntas para mim mesmo! Como é complicado!

— Para conhecer a si mesmo é preciso que dialogue com o seu eu interior, a fim de descobrir a opinião que carrega a respeito de você, dos outros e do mundo. Descobrir seus sentimentos negativos, seus pontos fracos, que são seus inimigos internos, e seus pontos fortes, suas qualidades, que são seus grandes aliados. Isto não é difícil, basta querer. Pode incomodar um pouco, pois precisa desenterrar a autoimagem falsa que você tem guardada, e que muitas vezes foi formada pelas coisas que você ouviu falar de você, ou pela falta de conhecimento do seu próprio crescimento e desenvolvimento.

— Pontos fracos, pai? O que é isso?

— Você é tímido, alegre, agressivo, calmo, sente-se culpado, vive preocupado, é inseguro, culpa os outros pela sua infelicidade, é perfeccionista, rígido, controlador, preguiçoso, possessivo, ciumento, afetuoso, amável e esforçado? Quais as suas qualidades e quais os seus defeitos?

— Nossa, pai, nunca parei para pensar em nada disso, eu sou o que sou e pronto!

— Filho, pare, pense, reflita, sinta e perceba todas as suas qualidades e todos os seus defeitos. Jogue fora a autoimagem negativa ou excessivamente positiva, caso elas existam. Seja você mesmo, verdadeiro, sem querer ser o que ainda não é. Se negar seus defeitos, se enterrá-los dentro de você, não será mais perfeito por isso; ao contrário, será mais imperfeito, pois estará longe de você mesmo, dos seus sentimentos verdadeiros, pois os rejeita, não olha de frente para eles, não os aceita nem os enfrenta. A partir do momento que tomar consciência deles e aceitá-los, eles enfraquecerão, perderão o poder de dominá-lo. Assim, você passará a se dominar, pois conhecerá seus demônios internos.

— Sem palavras, agora o senhor me enlouqueceu! Tenho demônios internos, pai? O que é isso? O que o senhor está dizendo?

— Calma, filho! Demônios internos é uma maneira de falar. Na verdade, eles são seus sentimentos negativos, a sua raiva, o seu ódio, a sua ganância, a sua preguiça, o seu desânimo, a sua tristeza, enfim, todos os sentimentos negativos são seus demônios internos. Se você engana a si mesmo, não os reconhecendo dentro de você, eles ficam escondidos na sua alma! Reconheça-os, aceite-os, transforme-os em aliados, pois só assim eles não terão poder sobre você.

— Vou tentar, vou pensar, vou refletir sobre minhas qualidades e defeitos e tentar perceber todos os meus sentimentos, os quais aprecio e os quais não aprecio. Demônios internos? Essa é boa!

— Filho, preste atenção: no caminho do autoconhecimento você pode descobrir que ama, que odeia, que se ama, que se aceita, que se acha bom e belo o bastante e que tem coragem para enfrentar os desafios do cotidiano. Pode descobrir que sente medo, que está carente, sentindo-se sozinho ou com raiva de alguém, que não acredita em si mesmo, que sente culpa e vergonha, que está cheio de preocupação, que gostaria de ser diferente do que é. Pode achar que devia ter feito alguma coisa diferente ou pode se arrepender de não ter feito, pois não se aceita e não aceita suas escolhas, ilusões, fraquezas e até mesmo o seu corpo e as mudanças que estão ocorrendo constantemente com você.

— Que tarefa difícil essa coisa de autoconhecimento, hein, pai... E as mudanças que estão ocorrendo comigo são terríveis. Viu minha voz? Viu como sou estabanado? Percebeu como faço tudo errado? Acho que sou um fraco!

— Filho, é aí que está o perigo. Você precisa se conhecer, aceitar-se, buscar ajuda se preciso for, pois, se acreditar que faz tudo errado, que é fraco ou muito atrapalhado, muitas vezes para não demonstrar sua fraqueza, pode se tornar um déspota, um ser autoritário, que grita, maltrata todo mundo, para não deixar que percebam suas fraquezas e inseguranças.

— Caramba, pai, não é que o senhor tem razão! Fiz isso outro dia... gritei, xinguei, esbravejei com os servos durante os treinos... eu estava perdendo a luta...

— Filho, nunca mais faça isso, não desconte nos outros suas fraquezas e medos, não se torne algo que não é para impressionar os outros, não finja ser quem não é de fato, não tente se esconder de si mesmo. Enfrente-se, aceite-se, supere-se. Nunca desanime, eu sei que você tem dado o melhor de si até o momento, mas pode fazer melhor: conhecer mais seus defeitos, sentimentos, seu crescimento, e aprender a se aceitar e se amar como de fato é, sem subterfúgios.

— Entendi, pode deixar, não farei mais isso, prometo! Fique tranquilo.

— Filho, ao longo da sua vida, se você negar a parte dentro de você que carrega a dor, a raiva, a frustração, o ódio, o orgulho, a vaidade, a vingança, o rancor, a inveja, a gula, a cobiça, o egoísmo, o complexo de rejeição, o nervosismo, o ciúmes, a insegurança, a baixa autoestima, a soberba, o medo, a apatia, a preguiça, a maledicência, o desleixo, a mentira, a falsidade, a insensatez, a ausência de princípios morais, então não estará assumindo nenhuma responsabilidade por si mesmo. Esses são os seus demônios, que precisam ser conhecidos, reconhecidos, domados e amados, para que o seu coração se transforme em um paraíso iluminado, cheio de amor e paz.

— Reconheço e aceito o que sinto, quer seja a raiva, a preguiça, a tristeza, e, consciente desses sentimentos, acabo transformando-os... Hum... isso é muito, muito interessante, papai...

— Essa tarefa não é simples mesmo, meu filho, mas você só tem a ganhar se adotar a postura de autoconhecimento.

— Postura de autoconhecimento, papai? Explique detalhadamente.

Papai lhe explicou com paciência:

— Você disse que vai reconhecer, aceitar o que sente e escrever sobre suas qualidades e defeitos e vai me mostrar; esse é um primeiro passo para o autoconhecimento. Quanto mais você se conhecer, aceitar-se, mais terá condições de controlar a si mesmo, de fazer suas próprias escolhas e não deixar que o mundo as faça por você. Assumir a própria vida, escrever a própria história não é tarefa fácil. Para isso, você terá de abandonar seus medos, suas preocupações e aprender a se observar, conhecer-se, depois aprender a escolher o que sente. Dessa forma, vai aprender a gostar de ser feliz e não será um viciado no sofrimento.

— Aprender a gostar de ser feliz, não ser viciado em sofrer, papai... Como é que faço isso?

— Filho, ao longo da sua vida você vai enfrentar conflitos, traições, rejeições, perdas, desavenças, poderá ficar enfermo e com certeza vai envelhecer. Nesse processo, como vai evitar a frustração e a infelicidade? Não vai evitar. Aprender a ser feliz é aceitar os fatos da vida e superá-los com força e coragem. A vida é cheia de altos e baixos, com vitórias, fracassos e perdas. No palco da vida você somente será feliz se for capaz de superar tudo o que lhe acontece, se tiver coragem para seguir em frente aconteça o que acontecer, se superar tristezas, se for capaz de evitar a depressão, a infelicidade crônica, mas só conseguirá tudo isso se tiver condições de aceitar as coisas como elas são, se aceitar a realidade, como a vida se desenrola. Somente assim terá condições de assumir pleno comando de si mesmo, dominar plenamente os seus sentimentos, suas emoções, ou seja, seu reino interno, mas para isso precisará conhecê-lo profundamente! Só assim conseguirá ser seu próprio rei!

— Nossa, pai! Superar perdas, fracassos, comandar a mim mesmo? Ser meu próprio rei? Que coisa mais estranha. Como é que vou fazer tudo isso? Não tenho a menor ideia!

— Filho, ser feliz ou infeliz é uma escolha. Não são as situações externas, os problemas que determinam se somos felizes ou infelizes; a felicidade é uma opção, é uma escolha. Nós escolhemos se ficamos de bom humor ou de mau humor, se ficamos tristes ou alegres, deprimidos ou animados. Por isso, gosto muito dessa premissa de Jesus: *Ajuda-te, e o céu te ajudará. Pedi e se vos dará; buscai e achareis; batei à porta e se vos abrirá; pois todo aquele que pede recebe, e quem procura acha, e se abrirá àquele que bater à porta* (Mateus, 7:7-11).

— O quê? Ajuda-te que o céu te ajudará? Como assim?

— Aprender a ser feliz é uma tarefa árdua. Precisamos nos ajudar nessa empreitada. Para que isso aconteça de verdade, precisamos desejar decifrar a verdade que mora dentro de cada um de nós. Filho, somos frutos de uma história pregressa e muitas vezes deixamos nossos pedaços espalhados pelo caminho. Para sermos felizes, precisamos nos ajudar, devemos buscar nos conhecer, buscar as verdades espirituais e praticá-las. Precisamos praticar o autoperdão, o perdão das ofensas; realizar uma reflexão profunda sobre os nossos erros, fraquezas e falhas; lutar pela superação e depois buscar o esquecimento; limpar o coração dos fatos do passado que julgamos ruins e adquirir uma nova visão sobre as coisas; adotar uma postura diferente; precisamos aprender a perdoar quem nos ofende e, principalmente, a nos perdoar. Nesse caso, muitas vezes precisamos de ajuda espiritual. Perdoar não é nada fácil!

— Ah! Por essa razão que o senhor me ensinou sobre vidas passadas? Lei da Ação e Reação? O que semeamos é o que colhemos? O senhor falou que muitas dores que passamos nesta vida têm suas causas em vidas passadas, e outras dores têm suas causas em nós mesmos, na nossa postura, nas nossas escolhas, no nosso descuido, negligência, má conduta, não é, papai?

— Isso mesmo, meu filho. Nossa conduta determina a qualidade da nossa vida e das próximas vidas. Por esse motivo, é preciso limpar a memória sobre o nosso passado sempre, buscar esquecer, perdoar, superar e fazer o melhor que pudermos, e continuar sempre em frente, alimentando incansavelmente a nossa fé, o nosso amor, a esperança e os nossos sonhos!

— O que significa limpar a memória? Acho que isso é muito difícil...

— Não é, filho, basta querer! É fácil cultivar a humildade perante Deus e Jesus e sabermos que não estamos sozinhos. Que ao orarmos com fé, pedindo ajuda, vamos obtê-la. Não é difícil também rever os acontecimentos e buscar neles o lado positivo. Olhar as perdas, frustrações e decepções com olhos de gratidão e compaixão pelo que foi aprendido. Tudo o que nos acontece é um aprendizado.

— Ahn... agora acho que entendi! Tudo é aprendizado! Simples, não?

— Filho, infelizmente, muitas vezes nosso melhor mestre é a dor. Eu sei que não é tão fácil adquirir uma nova maneira de encarar os fatos desagradáveis da nossa vida. É preciso muito esforço. Por exemplo: ensinaram-me que educar os filhos é uma experiência desagradável para os homens, que isso é coisa das mulheres. Contudo, transformei o ato de educar meus filhos em momentos prazerosos de troca, diálogo, aprendizado, crescimento e doação! Leio muito para fazer isso. Estudo. Sinto-me feliz, realizado, ao nutrir não apenas o corpo de vocês com bens materiais, com conforto, mas por poder nutrir a alma de todos com bens morais, que adquiri estudando a Filosofia!

— Ah, sim. Mas, pai, explique-me uma coisa... o vovô morreu e eu fiquei muito infeliz. Como eu podia escolher ser feliz após a sua morte, o senhor está brincando comigo? — perguntou meu irmão com ar de deboche, inconformado, e continuou: — Como? Como eu podia limpar minha memória e buscar aprendizado na morte do vovô? O senhor só pode estar brincando. Aaahhh! O exemplo sobre a nossa educação foi simples, mas agora eu peguei o senhor! Quero vê-lo sair dessa!

Papai não sabia se sorria ou se chorava, era muito difícil meu irmão entender o que ele estava tentando explicar. Mas, com todo o amor do mundo, com seu rosto sereno e tranquilo, ele não desistiu e continuou:

— Filho, seu avô morreu, é verdade! Isso é fato. Você ficou triste, mas os sentimentos não são emoções aleatórias, que surgem do nada, são suas reações ao que acontece, você as escolhe.

— Puxa, papai, tente me explicar de novo. Como diz o bobo da corte, ainda não entendi nadinha de nada! Como eu escolho? O vovô morreu, a dor foi imensa, não tive escolha, só podia ficar triste... eu amava o vovô! Quando alguém morre não temos escolha, ficamos tristes e pronto! Que coisa!

— Calma, filho, você vai entender. Preste atenção. O vovô morreu, você ficou triste, isso é natural. Mas você escolheu não cultivar, não alimentar infinitamente reações autodestrutivas e depressivas por causa da morte do vovô. Em pouco tempo, após o enterro do vovô, você já estava levando uma vida normal. Sem ter consciência, limpou sua memória. Apagou a terrível dor e seguiu em frente. Não ficou centrado na dor paralisante. Assim, você escolheu reagir de forma positiva à morte do seu avô em alguns meses, não é verdade? Entendeu agora?

— Acho que sim. É verdade! No começo fiquei muito triste, tranquei-me no quarto por alguns dias, não queria ver ninguém, mas depois pensei que, se ele tivesse sobrevivido à guerra, como ele viveria entre nós, mutilado, sem as pernas, sem um braço ou talvez cego? Então, apesar de triste, pensei que foi melhor para ele ter morrido, e, dessa forma, parei de ficar triste... Pensei no que foi melhor para ele, e não para mim!

— Perfeito! Viu como transformou sua dor com o pensamento, como limpou sua memória? Voltou no momento da morte do vovô e viu como seria difícil para ele continuar vivo naquele estado, assim, eliminou a dor, substituindo-a pela compaixão. Aceitou a vontade de nosso Pai maior, confiou Nele, e sua dor ficou pequena perto da dor que você imaginou que seu avô fosse ter caso continuasse vivo e sofrendo. Agora, veja a sua tia Dorothy, sabendo de tudo isso, reagiu diferente, ficou triste e ainda está triste, apesar de já ter feito mais de dez anos que o vovô se foi.

— É mesmo, papai! A tia Dorothy é a pessoa mais triste que eu conheço neste mundo! Não sai do quarto, quase não come, só chora. Parece que desistiu de viver. Nada a cura, nada a consola. O esquecimento não fez o seu trabalho. Não quer ver ninguém. Fica trancada no quarto o tempo todo!

— Você ficou trancado no quarto três dias e logo saiu. Minha irmã Dorothy já está trancada no quarto há anos! Sofreu uma decepção muito grande com a morte do nosso pai e ficou prisioneira do passado, da sua história psicológica, da sua própria dor; desistiu da vida, desistiu de viver! Entendeu agora? Não conseguiu superar uma perda e vive em tumulto interior, numa tristeza crônica profunda. Resumindo: não aceitou a morte do nosso pai e paralisou sua vida e toda a sua emoção. Não consegue esquecer, superar um fato ruim que aconteceu na sua vida e a estagnou.

— Ah... é isso o que o senhor não deseja que aconteça com seus filhos! Agora entendi, papai! Por que não explicou logo! Assim ficou fácil!

— Claro! É isso que não quero que aconteça com você e suas irmãs. A vida nós dá e nos tira as coisas; aceitar o que ganhamos de bom da vida é fácil, mas aceitar as perdas e aprender a lidar com as frustrações é que é o grande desafio dessa vida, meu filho! Filho, nunca esqueça: a reação à perda é afetada pela personalidade, pelo seu modo de ser.

— Ensine-me isso com muita calma e de forma bem clara, papai!

— Vou tentar, vamos lá! Filho, a tia Dorothy era muito tímida e completamente dependente do vovô. Fazia de tudo para agradá-lo e nunca pedia nada em troca. Sacrificava seu bem-estar em prol dele. Mas o vovô era muito exigente, e, por mais que ela fizesse, ele nunca estava satisfeito. Assim, ela sempre deu pouco valor a si mesma e não acreditava que poderia fazer as coisas bem-feitas e sozinha. O vovô roubou dela a possibilidade de escolher e fracassar. E ela roubou de si mesma a fé e o amor-próprio. Ela escolheu viver a vida que o vovô escolheu para ela. Por esse motivo, a morte dele a deixou sem direção interior e o seu desespero não passou. Até hoje ela não sabe para onde ir, tampouco o que fazer com a própria vida. Assim, escolhe não fazer nada. Fica no quarto chorando. Esse é o único caminho seguro que ela encontrou.

— Nossa, pai, e dá para ser diferente?

— Claro que dá, meu filho! Cada um de nós tem o poder de escolher os próprios pensamentos. Posso lhe dizer: pense em uma rosa vermelha — e você pode transformá-la em uma rosa azul ou amarela. Ou simplesmente pense em um barco, se quiser. Assim, só você controla o que entra em sua mente. Certo ou errado?

— Certo. O senhor pode estar falando e eu posso nem o estar ouvindo.

— Perfeito. Agora, pense comigo, o sentimento é uma reação a um pensamento, assim se você mudar o pensamento, com certeza vai mudar o sentimento. Entendeu?

— Agora entendi. Se eu estiver triste, com certeza é porque estou pensando e envolvido em alguma coisa triste. Se eu mudar meu pensamento, mudo meu sentimento. Mas é só isso? Não é muito óbvio, pai? Se pensar em algo alegre, fico alegre; se pensar em algo assustador, fico com medo etc.?

— Filho, parece fácil, mas não é bem assim. O segredo está em pensar de forma alegre sobre algo triste, pensar com coragem sobre algo que lhe causa medo. É mudar a forma de pensar nas coisas. Precisamos aprender a encarar as situações desagradáveis como oportunidades de aprendizado e crescimento. O que parece mal é um bem e vice-versa. Sabemos que sua tia está infeliz. Ela pensa que é porque o pai morreu. Mas não é apenas por essa razão, e sim pelos pensamentos relativos a isso e, principalmente, pelos pensamentos que carrega sobre si mesma, seus medos.

— Hum, acho que estou começando a entender...

— É pela falta de confiança que ela sente em relação a si, pelo medo que sente em enfrentar a vida sozinha; é pela falta da realização dos caprichos dos mimos, de tudo o que o vovô fazia para ela, apesar das exigências dele. Quando ela conseguir mudar os pensamentos sobre si mesma, e sobre a morte dele, e aprender a pensar diferente, vai experimentar novos sentimentos. Ela foi criada pelo vovô de forma a acreditar que ela não era responsável por seus sentimentos, ela apenas os sentia, e pronto! Mas não é bem assim, ela é responsável pelo que sente, ela escolhe.

— Pai, então, se entendi bem, ela escolheu ficar triste, não porque o vovô morreu, mas porque não sabe o que fazer da vida dela sem as ordens dele? Então, pensa que está triste por causa da morte dele, mas no fundo está triste por sua falta de capacidade de continuar sua própria vida?

— Isso, meu filho! Escolhemos e sentimos o que pensamos. Primeiro pensamos, depois sentimos e agimos. Imagine se ela pensasse assim: "Meu pai morreu, é verdade, sinto imensamente sua falta, é lamentável; sinto saudades, mas nada posso fazer para trazê-lo de volta. Sei que de agora em diante terei de crescer, de fazer por mim o que ele fazia, vou ter de aprender a caminhar com minhas próprias pernas, vou ter de aprender a escolher o que fazer, para onde ir, errando ou acertando. Vou ter de aprender a enfrentar a vida sozinha. Vou guardar no coração tudo o que ele me ensinou e colocar em prática sua sabedoria, mudando minha vida".

— Puxa, papai, claro que, se ela pensasse assim, sairia do quarto, participaria dos bailes reais, procuraria um noivo, viajaria; enfim, voltaria a viver! Mas confesso uma coisa: até hoje pensei que o que sentia estava fora do meu controle, da minha vontade. Não sabia que eu escolhia meus pensamentos, que eram eles que determinavam meus sentimentos e ações. Papai, o senhor já falou tudo isso para a tia Dorothy?

— Já, mas ela não me ouviu. Não acreditou que todos nós só pensamos o que nos permitimos pensar. Duvidou que podemos aprender a pensar de maneira diferente, a cada dia, e sobre qualquer assunto. Se agirmos assim, mudamos nossa visão sobre o mundo que nos cerca, sobre as pessoas que amamos, e mudamos drasticamente a qualidade dos nossos sentimentos e de nossas dores. É uma pena, mas ela não quis aprender a pensar diferente e permanece do mesmo jeito, trancada no quarto.

— Pai, agora acho que tudo ficou mais claro...

— Filho, vamos a outro exemplo. Como sua mãe fica na véspera e no dia da volta das nossas viagens para outros reinos?

— Na véspera, ela fica muito feliz! Ri à toa, prepara as malas com alegria, pede nossa ajuda, joga as roupas para cima só para fazer festa e depois recolhe tudo. Joga-se em cima das malas, parece uma criança que acabou de ganhar um brinquedo novo. Deixa a Estefânia e a Caroline experimentarem seus sapatos e vestidos caros. Faz uma bagunça no quarto real com elas. Enlouquece as servas. E, quando volta da viagem, vem feliz também, rindo de tudo, pois diz que estava com muitas saudades de nós. Novamente faz bagunça, abre as malas com os presentes e espalha tudo pelos corredores do castelo. Aliás, pensando bem, agora que parei para ver a mamãe, acho que ela é feliz, está sempre rindo muito, não acha, papai? Ela ri de tudo. Papai, ela teve uma infância muito feliz; não parece uma eterna criança?

— Sim, ela teve uma linda infância, mas, durante sua jornada, não perdeu a criança interior, a paixão e a alegria pela vida. Sua mãe é uma mulher muito especial, por esse motivo a amo tanto. Agora me diga: como fica a sua avó na véspera e na volta das viagens?

— Nossa! Acho que o senhor foi longe demais desta vez! Pegou-me direitinho... Bem... a vovó é diferente da mamãe; pelo que me lembro, na véspera de qualquer viagem ela reclama de tudo, diz que a viagem vai ser cansativa, que suas costas vão doer, que vai passar fome e sede, que os cavalos vão dar trabalho, que a carruagem vai quebrar no caminho ou atolar na lama durante uma terrível tempestade, que as pessoas que vai conhecer serão desagradáveis, que poderá ser assaltada por forasteiros etc. Nossa! Quando ela volta é muito pior... reclama mais ainda, diz que está exausta, podre, com dores no corpo todo, com fome, que o castelo ficou abandonado, sujo, que nunca mais vai viajar, que a culpa é do senhor etc. Ela deixa as servas, os cocheiros, os soldados, as amas, todos enlouquecidos, na ida e na volta. Arruma a mala reclamando e desfaz a mala reclamando. É, pai, ela é muito diferente de mamãe.

— Viu, meu filho! Como pode perceber, o mesmo fato com duas visões, reações e ações completamente diferentes. De um lado, temos a sua mãe, que vê a viagem como uma oportunidade de ser feliz, de aprendizado, de distração, de alegria, de oportunidade de compras, de conhecer novos lugares e novas pessoas, de fazer quem está ao seu lado feliz; de outro, temos sua adorada avó, que acha que viajar é uma oportunidade de sofrer agruras de todo tipo, passar fome, frio, se cansar, e, sem dúvida, de gerar sofrimento também, pois faz com que todos os que estão a sua volta sofram. Percebeu, meu filho? O fato é o mesmo: viajar. Mas a forma de pensar sobre a viagem, de sentir e reagir determina os pensamentos e os sentimentos de felicidade ou infelicidade. Será que sua avó não pode aprender a ser feliz com as viagens mudando sua forma de pensar e sentir?

— Claro, pai! Bastaria que ela quisesse. Pelo que entendi até agora, é possível aprender a não ser infeliz, a não escolher um comportamento autodestrutivo, como ser mal-humorado, antipático, grosseiro, desgostoso, falso, pessimista, frustrado, irado, magoado, invejoso. Independentemente do que nos acontece, nunca podemos desistir nem perder a fé em nós mesmos e na vida! Temos de confiar em Deus acima de tudo, sempre!

— Isso mesmo, meu filho! Precisamos ter fé em um Deus generoso, justo, e nunca punitivo. Tudo o que nos acontece é para o nosso próprio bem. Assim, com fé inabalável em Deus, podemos escolher nossa maneira de pensar e de ser. Experimente. Feche os olhos e imagine algo que você deseja muito neste momento e me diga.

— Deixe-me pensar... Ah! Quero muito um novo cavalo, veloz e esperto.

— Imagine que eu vou lhe dar esse cavalo hoje.

— Nossa! Vou ficar muito feliz, papai!

— Certo, agora imagine que o cavalo, logo depois que você o ganhou e deu com ele uma pequena cavalgada, foi roubado.

— Não! Que azar! Nem ganhei e já o perdi?

— O que você pensou a respeito do roubo do cavalo?

— Que sou um azarado, que o demônio quis me irritar.

— E como você se sentiu?

— Muito mal, com muita pena de mim mesmo. Senti muita raiva do ladrão e do demônio.

— Agora, vamos pensar positivamente sobre o ocorrido. Nossa, como tive sorte por meu cavalo ter sido roubado; poderia ter cavalgado, caído, quebrado a clavícula e ficado sem andar. Como tenho sorte! Meu cavalo foi roubado! Acho que Deus me abençoou!

— Ah! Papai, assim não tem graça, claro que desse jeito não vou ficar triste e vou dar graças a Deus por ter sido roubado.

— Filho, esse exemplo do cavalo não é meu, é de uma história de um filósofo antigo, não lembro o nome dele agora. Na história ele deixa claro que todos os fatos da nossa vida podem ser encarados de forma positiva ou negativa, depende de nós escolhermos a forma como pensamos, sentimos, como vemos a vida e o que nos acontece. Muitas vezes, o que parece ser um mal na verdade é um bem. Por toda a sua vida fique vigilante e aprenda a pensar de modo positivo, escolha seus pensamentos tendo sempre uma atitude flexível. Encare a vida como uma grande escola. Em toda situação, busque um aprendizado. Perceba quais sentimentos os fatos e as situações provocam em você. Se forem positivos, alimente-os. Se forem negativos, aceite-os e reflita que é necessário passar por eles para se livrar da carga negativa que habita seu interior.

— Com certeza vou me esforçar para fazer tudo isso, papai!

— Amado filho, guarde em seu coração essas minhas palavras: quando alimentar um desejo, um sonho impossível, ajuste suas expectativas e tenha outras opções. Não espere muito das pessoas, da vida, e esteja sempre preparado para mudanças. Não seja perfeccionista, aceite seus próprios erros. Não se critique, perdoe-se, seja meigo, gentil consigo mesmo. Elogie-se, relaxe, alimente a esperança, mas espere sempre da vida alguma decepção. Não se trata de ser pessimista, mas de ter consciência de que os eventos não ocorrem sempre como gostaríamos e temos de ter flexibilidade para rever nossos sonhos, objetivos e planos de vida.

— Papai, são muitas informações para eu memorizar e colocar em prática! O senhor está inspirado hoje, hein! Estamos conversando há horas.

— Adoro dialogar com você, meu filho. Outra coisa muito importante: tenha em mente que as pessoas não fazem sempre o que desejamos, elas têm livre-arbítrio, podem ter opções diferentes da que gostaríamos que tivessem. Uma pessoa pode nos amar hoje e deixar de nos amar amanhã, ela pode desejar ir embora num dado momento e pode querer voltar em outro. Nesse momento, precisamos aceitar as escolhas sem nos destruir. Aceitar que cada um de nós é livre e tem o direito de escolher o que vai fazer com a própria vida. Esse é um imenso exercício existencial de crescimento da alma. Lembra-se da dramática história do Conde Charles?

— Mais ou menos, só sei que a vovó ficou falando sobre esse assunto um tempão, foi tudo muito dramático, parece que no fim ele se suicidou.

— Sim, meu filho, foi terrível. A condessa Mary, sua mulher, apaixonou-se por um forasteiro e foi embora. Ele, inconformado, com seu ego machucado, ferido, colocou todos os cavaleiros do seu feudo em polvorosa, pagou uma fortuna e fez com que perseguissem a Condessa Mary e seu amante até o dia em que ambos foram mortos, decapitados em praça pública, e tiveram a cabeça colocada à mostra para todo o feudo. O resultado? O Conde Charles, apesar de ter conseguido se vingar, de saber que os dois amantes estavam mortos, não suportou a ausência da condessa, desestruturou-se totalmente, e se matou.

— Que fim triste, não, pai? Mas se ele não fizesse isso não iam zombar dele? Não iam chamá-lo de...

— E você acha que matar os dois e depois se matar foi melhor, meu filho?

— É uma situação difícil, mas o senhor tem razão, matar não resolve nada. Ele podia ter exilado o forasteiro do feudo e deixado a condessa presa na masmorra, não é, papai?

— Ele podia ter aceitado o fato, ter deixado os dois para lá, ter anulado o casamento e ter se casado com outra condessa.

— É, pai, tenho de concordar com o senhor que esse fim teria sido bem melhor, bem mais alegre.

— Filho, preste atenção: deseje, sonhe, mas não leve os seus desejos e sonhos tão a sério, principalmente os que não podem se tornar realidade. Reveja seus sonhos. Nunca desista deles, mas tenha noção das suas possibilidades e dos seus limites.

— Certo, papai! Vou procurar lembrar sempre das suas palavras. Mas, a propósito, vou falar com a tia Dorothy, quem sabe eu falando, tentando traduzir tudo o que aprendi com o senhor, ela possa me escutar e mudar seus pensamentos, sentimentos e, por que não, toda a sua vida?

— Faça isso, meu filho! Quem sabe ela se liberta da infelicidade e passe a entender que todas as experiências têm algo a nos ensinar, e volte a viver! Quem sabe perceba os benefícios dessa perda, quem sabe compreenda que toda morte deixa claro que a vida é curta demais para ser gasta com tristezas inúteis!

O Duque não acreditou no que acabara de ouvir... Pensou que o rei era realmente um pai maravilhoso, que se preocupava com a educação dos filhos. Eu narrei todos esses acontecimentos com muita euforia.

— Era assim, Duque Jean. Eles conversavam horas e horas. Papai também conversava muito comigo, eu aprendia bastante! Adorava meu pai e meu irmão. Eram homens maravilhosos...

4
O amor é um privilégio

Acredite em você,
independentemente dos aplausos,
pois as estrelas brilham na escuridão.
AUTOR DESCONHECIDO

Quando meu irmão viajava com meu pai, o castelo ficava silencioso, as paredes se multiplicavam, os quadros pareciam imensos, nenhum guarda na sala do trono, que ficava vazio. O veludo frio, os corredores desertos, os quartos com as luzes apagadas. Seus risos ficavam distantes. O castelo ficava sombrio. Tinha vontade de apagar o sol, de guardar as estrelas e desmontar a lua. Tinha vontade de guardar o silêncio. Não falar. Caminhava pelo castelo ao lado de Caroline, Sócrates e Tufão, como uma sonâmbula, como se carregasse pesadas pedras.

As enormes janelas eram abertas todas as manhãs e o sol era nosso único visitante. Ele entrava tímido e era seu o único calor que sentíamos. Ele nos dava a sensação de tê-los de volta.

Começava sentir a dor da saudade... sofria e chorava agoniada...

Saudade era a vontade de vê-los de novo, de viver de novo, de sentir o calor, o amor de novo.

Certa vez, para amenizar minha dor, fui remexer em coisas antigas e por acaso encontrei guardado em um baú no meu quarto os escritos do meu irmão, que ao longo da minha vida guardei em meu coração.

Estefânia, querida irmã, como é serena, linda!
Pureza, inocência, candura! Princesa esperança,
alegria dos reis! Se sua inocência pudesse perdurar
para sempre em ti!
Pula! Corre! Dança! Brinca! Canta!
Ah! Caminhamos lado a lado, e assisto ao teu lado e
das andorinhas o passar dos anos. Pelas urtigas já
passamos, quantas guerras, dores e mortes! Mas me
ensinou da vida só colher flores: rosas, jasmins,
tulipas. Nasceu para ser rainha! Verá sempre tua
bela imagem refletir luz e alegria no mar de tua vida.
Por ti vai alta a lua, por ti pássaros cantam as mais
belas canções em nossos jardins, por ti as rosas
exalam os mais belos perfumes, o mar se acalma, e as
borboletas e flores silvestres das campinas suspiram,

e o céu, tranquilo, em toda a sua magnitude campeia a luz. Ah! Adorada irmã, é a face murmurante da alegria e da felicidade. A Deus agradeço, e muito, por permitir ter nascido em tão venturosa família.

Eduardo II, meu irmão, era um poeta e tanto! Não existem palavras para descrevê-lo.

No inverno, nas tardes nebulosas, eu costumava ficar entristecida, pois não podia ouvir o canto dos pássaros e colher flores. Nesses momentos, ele fazia de tudo para me alegrar: chamava Caroline, seu inseparável cão Tufão e meu falcão Sócrates, todos saíam a minha procura. Propunham todo tipo de brincadeira, e a que eu mais gostava era brincar de faz de conta. Ficávamos horas e horas inventando histórias de fadas, magos, príncipes e princesas, dragões, bruxas malvadas... Eu era sempre a princesa, que era salva por um lindo príncipe e por Sócrates, meu falcão, que não me largava um só minuto. Ele era sempre o mensageiro das boas-novas. Papai aparecia de surpresa e ficava atrás de mim, interpretando um bruxo malvado, e eu e Caroline fingíamos estar com medo, gritávamos apavoradas, pedíamos ajuda para mamãe, para os servos, que riam muito das nossas brincadeiras. Eduardo II vinha e enfrentava o bruxo malvado com seu cavalo e sua espada, e os dois caíam no chão. Ríamos muito. Outras vezes, papai fingia ser o Mago Merlim e nos salvava de todos os tipos de perigos com seu cajado mágico. Adorávamos o Mago Merlim. Queríamos que papai tivesse um mago como ele em nosso castelo.

Papai contava sobre as proezas e magias do Mago Merlim. Ficávamos encantados. Eu simplesmente adorava as aventuras de um mago que lutava contra as trevas. Papai dizia:

— Estefânia, sabia que com o Mago Merlim aprendi muito sobre os demônios que existem dentro de nós? Que o autoconhecimento é a única arma para lutar ferozmente contra eles, conhecendo-os profundamente?

— Claro, papai! Outro dia ouvi sua conversa com meu irmão.

— Que bom! E gostou do que ouviu?

— Sim, papai, aprendi muito, muito mesmo! Depois, sozinha no meu quarto, refleti sobre meus defeitos e qualidades. Descobri que tento ser boa o tempo todo, mas quando sinto raiva ou rancor me acho um lixo, pois não consigo ser boa o bastante; daí fico deprimida e crio uma imagem negativa, passando a não gostar de mim pelo que sinto. Fico irritada, mas finjo para os outros que sou boazinha, embora por dentro me sinta podre, um horror! O senhor nem imagina!

— É, filha, você entendeu tudo o que eu disse para o seu irmão. Isso me deixa feliz, mas não se esqueça: a partir do momento que aceitar a verdade de que não consegue ser boa o tempo todo, terá mais paciência consigo mesma e não ficará tão irritada. Isso não significa que vai deixar-se dominar pelos sentimentos negativos, mas vai permitir senti-los sem culpa ou vergonha, vai aprender a aceitar o seu lado sombrio, e, assim, ele não mais vai controlá-la.

— Entendi! Assumo o que sinto quando sinto sem mentir para mim mesma! Sem me culpar! Sem me atormentar pelo que sinto, sem achar que sou um lixo, sem ficar podre?

— Isso mesmo! Assume seus sentimentos, conscientiza-se deles sem falsidade e fica em paz consigo mesma.

— Nossa, fantástico! Já estou aliviada, ontem senti raiva da serva que me entregou para a vovó... bandida... o que ela ganhou fazendo isso... bandidaaaaaaaaaa! Estou com raiva dela, pai! Muita raivaaaa! Pai, posso sentir raiva? Gritar bem alto sempre que der vontade?

— Sim, filha, pode gritar à vontade, mas grite sozinha no seu quarto ou nos campos, só não expresse pessoalmente seus sentimentos para quem os provocou, quer seja a serva ou outra pessoa. Nunca pense em agredir quem a ofendeu. Uma coisa é sentir, reconhecer o que sente, outra é expressar o que sente. Expresse sempre sentimentos positivos; os negativos, somente para você mesma. Isso é aprender a lidar com os próprios sentimentos. Isso é amadurecer. Saber sentir, aprender o que deve ou não expressar. Sinta raiva, mas jamais expresse-a.

— Pai, adorei isso! Bandidaaaaaaaaaaaaaaaaaaaa! Aquela serva é uma bandidaaaaaaaaaaaaaaaaaaaaaa!

É, Duque Jean... bons tempos... para meu adorado pai a virtude estava no equilíbrio das próprias emoções e dos sentimentos, no total controle deles, entre o excesso e a ausência. Somente a ação virtuosa, ou seja, a constante prática do bem e a luta para nos conhecer verdadeiramente, assumir responsabilidade total por nossa negatividade, sentimentos, pensamentos e ações, sem culpa ou medo, é que nos permitiria de fato ser feliz.

Eduardo II seguia os passos de papai; aprendeu muita coisa com ele e me ensinou muito também, era um irmão esmerado. Não podia me ver triste, muito menos chorando. Contava histórias, fazia caretas, cantava, mostrava a língua, dançava, pulava, assaltava a cozinha durante a noite, trazia-me guloseimas e inventava pactos.

Certa vez inventou uma cerimônia. Durante a madrugada de uma sexta-feira, escondido de todos, sob luz de velas, ele nos levou atrás da catedral do castelo, local onde os mortos eram enterrados.

— Meninas, venham até aqui! Vamos ficar de mãos dadas nesse círculo com estrelas de cinco pontas que desenhei nos pontos cardeais: norte, sul, leste e oeste, e iluminados por velas. Vamos orar fervorosamente!

— Está bem, Eduardo — concordei com ele sem saber o que estava fazendo.

— Agora, estiquem a mão direita; com essa agulha vou espetar nossos dedos para que nosso sangue seja misturado. Depois, vamos jurar sob o testemunho das velas, das estrelas, da lua, que seremos unidos para sempre, até depois da nossa morte.

— Ai! Que medo, Eduardo! — gritou Caroline.

Confesso que foi emocionante e ao mesmo tempo assustador. Nós três, de mãos dadas, juramos amor eterno. Juramos que acontecesse o que acontecesse sempre cuidaríamos um do outro nessa e nas próximas vidas. Caroline, muito assustada, deu um pouco de trabalho, com medo dos mortos, impressionada com o círculo, as estrelas, o sangue e com toda a cerimônia; ficou completamente pálida, amarelada, com os olhos estatelados, o cabelo todo em pé, espetado, de pavor. Ficou sem dormir por várias noites. Mamãe achou que ela estava doente, e nós, claro, não lhe contamos nada, ficamos de boca fechada; afinal, a cerimônia, o pacto era nosso mais profundo segredo. Depois de algum tempo ela se acalmou, o cabelo voltou ao normal e a cor também.

Muitas vezes, para satisfazer a curiosidade do meu irmão, entrávamos na biblioteca de papai. Era uma aventura, uma loucura, pois ele dava ordens explícitas para não mexermos em seus livros. Esperávamos todos dormirem e, silenciosamente — nem sempre, pois Caroline por vezes deixava cair os livros de papai —, invadíamos a biblioteca. Lá encontrávamos todo tipo de livros. Eu adorava os romances proibidos e Eduardo também (meu irmão, escondido de meu pai, me ensinou a ler).

Certa vez, encontramos um livro que falava de um tal Gil Vicente e o título era *O auto da barca do inferno*. Os textos eram repletos de ditos populares, blasfêmias, grosserias, insultos e até obscenidades.

Meu irmão passou dias, meses, lendo o livro e se divertindo. Vivia assustando a Caroline com o inferno. Eu explicava para ela que se tratava de um texto criado por um homem, que era tudo de mentira, e ela se acalmava. Com o tempo, as brincadeiras de Eduardo II já não faziam efeito sobre a Caroline, mas ela fingia ficar com medo só para ele se divertir. Eduardo me ensinava sobre alguns assuntos proibidos como o adultério, a vaidade, a traição, a falsidade, a falta de sentimento religioso, mas me falava sempre da importância da humildade, da coragem e da força que precisamos para enfrentar as dificuldades da vida. Todos esses assuntos, claro, eram extraídos dos livros proibidos de papai. Ah! Se ele soubesse, se ele imaginasse que invadíamos sua biblioteca. Estaríamos mortos! Ficaríamos meses, anos a fio, presos na masmorra!

Duque Jean, eu, papai, mamãe e meus irmãos éramos muito unidos, respeitávamo-nos e nos amávamos muito, muito mesmo!

— É, minha querida rainha Estefânia, parece-me que teve em sua vida muitas bênçãos, sua família é a principal delas, mas, por favor, não pare, continue sua história...

— Não se cansou de me ouvir?

— Claro que não! Continue...

5
A magia da rosa vermelha

Amor é uma tela fornecida pela natureza
e bordada pela imaginação.
VOLTAIRE

Duque Jean, pasme! Certa manhã ensolarada, sem querer, fiz um comentário com mamãe sobre as mulheres... ela se assustou e desconfiou de nossas invasões noturnas à biblioteca. Contudo, fingiu não perceber nossas falcatruas. Ela era espetacular, amorosa conosco e com papai. Sempre dizia que o amava profunda e eternamente. O amor entre eles era imenso. De vez em quando assistíamos, escondidos, a cenas fantásticas, porém confusas.

Papai olhava para o rosto de mamãe, entregava-lhe uma rosa vermelha e depois a segurava pela cintura e a beijava loucamente. Sempre achei que a rosa vermelha era encantada, mágica, muito especial, pois fazia papai beijar loucamente a mamãe, que corava e sorria. Ela gostava muito de receber a rosa e, em troca, acariciava papai. Era difícil para nós entendermos por que mamãe, após recebê-la, arriava a parte de cima do vestido, expondo os seios. Papai parecia ficar inflamado, com febre, todo vermelho. Ela sorria sorrateiramente e ajeitava novamente o vestido. Papai, com um gesto suave, pegava uma caixa e a entregava para ela. Seus olhos ficavam arregalados, encantados com o que via. E nós, num esforço tremendo, esticando o pescoço, correndo o risco de sermos descobertos atrás da escadaria, com muito sacrifício conseguíamos ver que se tratava de joias belíssimas. Mamãe, com ar espantado, parecia não acreditar no que via e dizia:

— Meu rei Eduardo I, como o amo! Bendito o dia em que meu olhar cruzou o seu. Amo-o muito e hei de amá-lo eternamente.

— Hei de amá-la eternamente também, minha adorada rainha Margareth. É minha amada e sou o homem mais feliz desta terra, por tê-la como minha rainha.

Eu ficava intrigada, pois tudo isso acontecia após papai entregar para a mamãe uma rosa vermelha, mágica, encantada. Que força estranha aquela flor possuía? Que poder fantástico era aquele, que derramava entre os dois um amor descomunal? A reação de mamãe era no mínimo estranha, muito estranha.

Mamãe, após receber a rosa e as joias, fazia trejeitos e provocava papai para que a seguisse. Ele a perseguia, é claro, e pareciam duas crianças brincando, caíam no chão, trocavam beijos calorosos e gargalhavam.

Depois faziam silêncio e ficavam a se contemplar. Papai e mamãe trocavam olhares cheios de desejo e parecia que anunciavam a chegada de uma tempestade... de um furacão, de um terremoto, de uma fusão... de uma relação completa de força soberba, fruto de dois seres que juntos voltavam a ser crianças, e que nos momentos de amor formavam um só.

Papai beijava o rosto de mamãe e ambos subiam para o quarto. Não entendíamos nada. Só sabíamos que mamãe, após receber a rosa vermelha e as joias, passava de três a quatro dias trancafiada no quarto com papai e eles não aceitavam ser interrompidos por nada. Nós, desesperados, sozinhos e sem entender absolutamente nada, ficávamos saudosos nas mãos dos servos, mas ouvíamos felizes as risadas de nossos pais no quarto deles. Após três ou quatro longos e intermináveis dias — para nós, é claro —, eles saíam gargalhando. Em um desses dias, mamãe docemente disse:

— Eduardo I, há quanto tempo não damos um baile? Acho que é chegada a hora!

— Sim, minha rainha, seu pedido é uma ordem.

Pronto. Outro baile. E nós não podíamos participar do baile real. Crianças tinham de se retirar cedo. Essa era a regra mais dura daquele castelo. Eu ficava inconformada com o poder, com o milagre da rosa vermelha. A rosa era mágica, maravilhosa! Papai satisfazia todos os caprichos dela. Acho que nunca lhe disse um não. Eu não via a hora de crescer mais um pouquinho e completar treze anos para poder participar dos bailes reais e ganhar uma rosa vermelha mágica do amor da minha vida, do meu príncipe!

Quando chegava o dia do baile, eu ficava no meu quarto, sem conseguir dormir, rolando na cama de um lado para outro, imaginando o que estaria acontecendo. Seria um baile de máscaras? Todos, ao som de músicas encantadoras, dançariam com suas identidades escondidas? As damas, maravilhosas, com os seios quase à mostra, seus vestidos de tecidos finos bordados com pérolas, ouro, cada vez mais justos e decotados, com suas tranças, perfumes... encantadoras, maravilhosas? Os cavalheiros, todos muito bem trajados, falantes, galanteadores, seriam movidos pelos vinhos da adega de papai? Ou seria um baile sem máscaras? Com muitas danças, atrações, teatro, rodas de conversas, risadas, histórias fantásticas de conquista de novas terras, viagens pelo mar, novos mundos descobertos? Papai chamaria essas conversas de novas políticas. Ele já estava financiando algumas viagens, o que lhe garantia apoio dos burgueses que estavam surgindo e trazendo muitas novidades aos reinos. Parece que os feudos estavam chegando ao fim de sua expansão.

Bah! Política, meu irmão adorava, mas eu detestava. Meu verdadeiro interesse eram os bailes, os cavalheiros interessantes!

Certa noite, antes de dormir, mamãe me contou a história de uma moça que se tornou rainha em um baile. Uma fada madrinha, num piscar de olhos, deu-lhe um lindo vestido, uma carruagem, e assim ela foi a um baile. Dançou a noite inteira, na saída perdeu o sapato de cristal e o príncipe apaixonado, com quem dançara a noite toda, saiu à sua procura e a encontrou entre tantas donzelas do seu reino.

Ah! Como o amor é lindo, como eu gostaria de perder um sapato de cristal também e ser rainha de um rei amoroso, bondoso, assim como meu pai. Várias vezes, às escondidas, durante os bailes reais, eu corria escadaria abaixo e deixava um sapatinho meu para ver se algum príncipe vinha me procurar. Sapatinho de cristal eu não tinha, mas deixava um de veludo vermelho, outro azul, um rosa, um amarelo, um verde; enfim, quase todos os sapatos novos que ganhava, guardava para essas ocasiões e os deixava na escada, mas nunca, jamais nenhum príncipe veio me procurar. Claro, faltava eu ter dançado a valsa, mas isso era um detalhe, o que importava mesmo era o sapatinho. Passei alguns anos jogando meus sapatinhos na escadaria e nada! Nenhum príncipe apareceu. Minha desolação era imensa. Nada de príncipe!

Certa vez, mamãe — acho que para consolar-me — chamou-me e disse que, se eu fosse bondosa em minhas ações e alimentasse pensamentos nobres, cheios de esperança, um dia, quando eu fosse beber água na fonte, uma fada viria ao meu encontro e iria me encantar para que eu encontrasse meu príncipe. Pediu para que eu tivesse calma, pois ainda não era chegada a hora. Claro, fiquei totalmente calma, e nada.

É certo que depois disso briguei muito com meu irmão e minha irmã, pois eles não entendiam os motivos de eu ir todos os dias a todas as fontes do castelo para beber água. Mas eles não eram sensíveis e por esse motivo não seriam capazes de compreender nada! Como dizia mamãe, isso era coisa para princesas crescidas. Caroline era muito jovem. Para o meu desespero e minha angústia, papai também não entendia, e certa vez ficou furioso, muito bravo mesmo, pois viajamos para o casamento de um rei, seu amigo, em outro reino distante, e no caminho eu quis parar em todas as fontes que encontrava. Mamãe compreendia e expressava um largo sorriso, pois sabia do nosso segredo. Papai parava nas fontes, mas bufava, reclamava, chiava, era um horror, um verdadeiro pesadelo! Ele era maravilhoso, mas as quarenta paradas forçadas nas diversas fontes do caminho para ele foram demais; nesse ponto ele era muito insensível. Como eu adorava mamãe, ela alimentava meus caprichos e sonhos de princesa. Ela era forte como uma árvore, e doce como uma flor. Sempre deixou clara a importância de acreditar em mim e nos meus sonhos. Por tudo isso, eu sonhava à vontade.

Para horror de todo o reino, mas principalmente do meu irmão e da minha irmã, certa vez comecei a caçar todos os ratos do castelo! Ratos? Sim, claro, pois mamãe, em segredo, revelou-me que, havia muitos anos, naquele mesmo castelo, no tempo dos meus tataravós, certa noite, uma bruxa malvada transformou um lindo príncipe em um rato, mas, no dia em que uma princesa como eu o encontrasse e o jogasse na fonte mais bela do castelo, ele se transformaria em um lindo príncipe encantado novamente! Passei algumas semanas, durante algumas noites — todas não era possível, pois os guardas do papai poderiam desconfiar —, caçando ratos do castelo e jogando-os na fonte, mas não tive sorte de encontrar o meu príncipe. No dia seguinte às caçadas, instalava-se a maior confusão.

As servas, limpando o castelo, encontravam alguns ratos afogados na fonte do jardim principal e, assustadas, gritavam feito loucas, sem querer tirá-los de lá. Elas passavam mal, pois tinham medo da peste negra que rondava alguns reinos. Era um tumulto, e todos queriam saber como os ratos tinham ido parar na fonte. Como a fonte era rasa, muitos não morriam afogados e ficavam nadando a noite inteira. Alguns lordes, guardas e servos chegaram a crer em maldição. Papai chamou o bispo para averiguar o caso dos ratos da fonte. Eu? Fiquei bem quietinha e nada revelei. Mamãe desconfiou e riu muito, mas se recompôs e, em segredo, deu-me uma bronca danada. Várias servas fugiram do castelo para não ter de retirar os ratos da fonte. Com o passar de alguns meses, desisti, cansei de todas as noites caçar ratos, jogá-los na fonte e não encontrar meu lindo e adorado príncipe. Mais de mil ratos e nada de príncipe! Deixei para lá. Em meu coração tinha a certeza de que um dia meu príncipe chegaria e meus sonhos seriam realizados. Estava demorando, mas, enfim, a esperança não me abandonava.

Durante a minha narrativa, o Duque Jean ficou quase sem respirar! Que amor lindo vivera o rei com sua rainha! Ele sabia que isso era privilégio de poucos homens, pois não era, e continua não sendo fácil encontrar um amor tão puro, belo e verdadeiro!

6
Somos o que acreditamos

Até que o sol brilhe,
acendamos uma vela na escuridão.
CONFÚCIO

Cresci rodeada de festas, sonhos de amor, fantasias, fadas, fontes, magos, ratos, rosas vermelhas, príncipes e muito diálogo, amor e respeito. Certa vez, papai procurou-me e disse:

— Estefânia, veja, trouxe um presente para você!

— Nossa, papai! Joias?

— Sim, este anel e este colar pertenceram à sua bisavó, mulher forte e justa. Você já está crescida e por direito estas joias lhe pertencem. Em breve faremos um baile para apresentá-la à sociedade. Aguarde, sua mãe vai providenciar.

Como papai e mamãe eram generosos, justos e atenciosos!

Sempre pensava que queria aprender tudo sobre política, apesar de não gostar muito. Mas quando me tornasse rainha teria de continuar o trabalho de meu pai. Um reinado justo e solidário.

Não lembro as razões, só sei que aos doze anos vivia entrando em conflitos e papai sempre percebia as mudanças no meu comportamento. Sabia que, quando eu estava entristecida, escondia-me no jardim. Ele sempre me encontrava e pronunciava doces palavras:

— Estefânia, não fique triste! Se a tristeza, a desilusão, o medo, a decepção, o desânimo, a dúvida quiserem entrar em seu coração, abra a porta de entrada, deixe que entrem, deixe que a rondem, mas jamais deixe que habitem, que façam morada em seu coração! Os sentimentos negativos são nossos mestres. Com eles, você tem muito a aprender sobre si mesma. Aprenda a observá-los, a ouvir o que eles têm para lhe dizer, para lhe ensinar. Ouça-os. Sinta-os. Respeite-os. Aceite-os. Deixe que sejam seus amigos, seus confidentes. Converse com eles. Todos vão revelar os mais profundos segredos que habitam sua alma. Quando eles a invadirem, pergunte por que estão ali, naquele momento. Por que você sente raiva? Por que está tão desiludida e triste? Por que sente tanto desânimo, cansaço e tanta decepção? Esses sentimentos são reflexos dos seus pensamentos, dos seus sentimentos, das opções que fez ou fará na vida. E, muitas vezes, eles vêm para lembrá-la do quanto você alimenta sentimentos ruins sobre si mesma, condena-se ou condena os outros, sente pena de si mesma, vive do passado, não se valoriza e não acredita em si, não tem valor próprio, sente-se impotente diante da realidade que se mostra diferente da sua vontade, teme ser rejeitada, resiste à realidade. Esses sentimentos vêm lhe dizer que é necessário reavaliar e refazer seus sonhos, ajustar suas expectativas, enxergar suas reais possibilidades e também os seus próprios limites a fim de superá-los.

— Com relação aos sentimentos negativos, eu entendi, papai, mesmo porque outro dia ouvi o senhor falar sobre eles, mas como enxergar meus limites e superá-los? Como se faz isso?

— Os sentimentos negativos são excelentes para ensiná-la a dominar suas emoções, mostrar-lhe o valor da renúncia ao sofrimento, aceitar a vida como ela é, os fatos que não pode mudar e transformar as coisas que pode e deve, caso contrário eles são limitantes, paralisantes. Você sabe o que é sofrimento, Estefânia?

— Ah, papai, não sei explicar... É uma dor que sentimos dentro do peito. Uma dor que dá vontade de chorar, de não levantar da cama, e dependendo da situação dá vontade de morrer!

— O sofrimento, filha, é a não aceitação da realidade, a frustração dos sonhos. Algo acontece e você não aceita, fica inconformada, chora, revolta-se, deseja que as coisas sejam diferentes, pensa em punir quem a feriu ou a contrariou, e assim por diante. Os sentimentos negativos nos convidam a amadurecer, pois, para nos livrarmos da dor, precisamos aceitar o que aconteceu e seguir adiante, sem nos acharmos vítimas do mundo. Eles nos convidam a superar a dor, parar de interpretar o papel de "coitadinho"; a encarar as consequências de nossas escolhas, de nossos atos; a rever os próprios valores e desenvolver o poder pessoal para comandar a própria vida; a aprender a lidar com a dor, com a desestruturação emocional. Enfim, lembre-se: somos o que acreditamos, o que pensamos! Valemos um imenso tesouro, somos únicos, especiais. Encontre em seu quarto o espelho mágico e enfrente-o; veja sempre a si mesma com orgulho, ame sua imagem, seus modos, seus gestos, sua beleza, sua mente e até a tristeza e a dor.

Eu ouvia tudo em silêncio. Enquanto meu pai falava, parecia que um enorme peso era tirado do meu coração. Sentia-me aliviada e sabia que a dor fazia parte da minha vida e que teria de aprender a enfrentá-la, com força e coragem. Respirei fundo, peguei nas mãos de meu pai e respondi:

— Papai, tenha paciência comigo, vou precisar de algum tempo para aprender tudo o que está me ensinando.

— Claro, minha filha, toda a paciência do mundo! Você tem a vida inteira para aprender, mas não esqueça: confie em você; aprenda a lidar com as banalidades diárias; nunca se sinta infeliz ou atormentada. Aprender a ser feliz é uma escolha e uma tarefa árdua. Em cada amanhecer grite aos quatro cantos do mundo sua competência; jamais reclame de seus fracassos; recomece sempre; nunca desista de seus sonhos, pois, além de ser muito bela, você pode ver, ouvir, falar, andar, pensar, brincar e sorrir, sonhar e cantar. Por tudo isso, à noite, antes de dormir, agradeça a Deus, nosso pai maior, e a seu filho Jesus. Fortaleça sua aliança com eles, olhe para as estrelas e com elas conte todas as suas bênçãos. Você possui muitas riquezas; claro, é uma linda princesa, mas quero que sinta a perfeição de Deus e as riquezas que existem dentro de você. Busque-as. Enumere-as. Aprenda a ser grata. Ore para agradecer e não para pedir! Agora, neste instante, pare, pense e me diga no mínimo dez riquezas interiores que você possui.

— Como assim, riquezas interiores, papai?

— Qualidades, talentos e virtudes!

— Ah! É isso! Bem... deixe-me ver... Nossa, é difícil, espere um pouco. Bem, sou alegre, brincalhona, sou... Ah! Não sei não, é muito difícil!

— Difícil? Tem certeza?

— Muito, papai; para não dizer impossível!

— Não acredito que não consiga enxergar suas qualidades. Filha, é fácil, quer ver? Você é alegre, brincalhona, amorosa, carinhosa, honesta, dinâmica, atenciosa, detalhista, tolerante, organizada, poética, inteligente, sincera, criativa, ousada, dedicada e esforçada e...

— Certo, papai. O senhor venceu mais uma vez. Agora chega, passou de dez enumerações, assim não tem a menor graça!

— Viu? Eu, como seu pai, tenho uma autoimagem sua extremamente positiva, consigo ver com rapidez mais de dez qualidades em você! E você não conseguiu ver mais de duas?

Prometa-me que ao longo de sua vida sempre que estiver triste, como hoje, vai procurar dez qualidades em você e agradecer a Deus por possuí-las. Assim, nunca terá tempo para ficar triste. Porque nesse momento, quando achar suas qualidades, sua tristeza ficará sem graça, sem razão, e irá embora. Como pode a tristeza aninhar-se no coração de uma princesa perfeita?

— Sim, papai, vou esforçar-me, prometo! Dou minha palavra!

Papai riu e esfregou seu bigode em meu rosto... abraçou-me carinhosamente e me fez cócegas! Eu ri e, confiante, fui dormir.

Certa vez, em uma noite de trovoada, eu rolava na cama de um lado para o outro, até que papai veio até mim e perguntou:

— Estefânia, querida, o que há? Uma futura rainha com medo de trovões e relâmpagos?

— Sim, papai! Em carne e osso! Uma futura rainha medrosa e cheia de pensamentos ruins... não consigo dormir.

— Estefânia, querida, do que tem medo? O mundo parece hostil, mas é preciso vencê-lo.

— Como é possível vencer o mundo e o medo, papai?

— Com coragem, entusiasmo, confiança, esperança e fé em nosso Pai maior!

— Nossa! É fácil falar, o difícil é fazer! Estou com medo, muito medo! O senhor está bravo comigo?

— Claro que não, querida! Sou apenas um velho pai preocupado com o seu equilíbrio. E gostaria que entendesse que sou sonhador, esperançoso, e não tenho medo de viver. Acredito que precisamos vencer nossos medos encarando-os. Hoje você tem medo de um simples trovão; se não vencê-lo, amanhã terá medo de tudo, até de viver. Filha, a vida é cheia de mistérios e armadilhas, mas, quando o destino se abre diante de nós, não há como vencê-lo, não adianta sentir medo da vida, é preciso aceitá-la. Precisamos vencer nossos medos mais profundos.

— Como assim, papai?

— Estefânia, muitos seres humanos se sentem "condenados a viver" seu destino, numa guerra sem trégua de puro aborrecimento e dor. Perdem com facilidade a cabeça e apagam todas as luzes do coração, do mundo interior. Isso porque não aprenderam a enfrentar as perdas e superar o medo, assim, não acreditam em si mesmos! O medo é terrível, Estefânia; faz com que se perca a vontade de viver, de sonhar, de fazer e de ser!

— Acho que não entendi, explique-me melhor...

— Hum, deixe-me ver... Já sei! Por exemplo, com medo de se relacionar, amar, doar-se, fazer amigos, muitas pessoas ficam isoladas, pois não querem se decepcionar. Por conta das dores sofridas no passado, desistem de amar novamente, não param para refletir que o amor exige perdão, dedicação, doação, tolerância, paciência, honestidade, fidelidade, resignação e até renúncia, e que as dores geradas nos relacionamentos fazem parte deles. Outro exemplo: com medo de perder, as pessoas acabam por fracassar. Com medo de mudar, não saem do lugar, não evoluem. Com medo dos obstáculos, não realizam nada, procrastinam o tempo todo. E, o que é pior, passam a vida invejando aqueles que conseguem realizar alguma coisa. A inveja os deixa doentes.

— Será que eu sinto inveja, papai?

— Investigue seus sentimentos e descubra.

— É certo que às vezes nossa vida parece um turbilhão, e que o medo voa ao redor do nosso coração, mas precisamos expulsá-lo, não permitir que ele faça ninho dentro de nós. É nessa hora que a fé é importante, pois Deus é uma bússola segura, capaz de nos orientar por quais caminhos devemos seguir.

— Você, nesse momento, com medo da tempestade, parece uma gigante derrotada, escondida na sombra. Não tema, confie e nada de ruim poderá lhe acontecer.

— Estou morrendo de medo...

— Quando estiver sentindo medo de alguma coisa, faça a seguinte pergunta para si mesma: "O que de pior pode me acontecer? Será que vou sobreviver?".

— Ah, papai, assim não tem graça! Claro que vou sobreviver! O castelo é enorme e tem mil passagens secretas para eu me proteger, para eu me esconder. É assim... se sei que vou sobreviver, então perco o medo? Papai, você é maravilhoso... como pode ser tão sábio?

— Aprendi tudo isso com seu avô, um homem duro, mas esplêndido!

— Obrigada, papai, agora consigo dormir. Boa noite.

— Boa noite, minha pequena e adorada princesa...

7
Retrato de uma alma

O olho é a lâmpada do corpo.
Se teu olho é bom, todo o teu corpo
se encherá de luz. Mas, se ele é mau,
todo teu corpo se encherá de escuridão.
Se a luz que há em ti está apagada,
imensa é a escuridão.
JESUS CRISTO

Numa certa tarde de verão, ouvindo apenas o barulho da chuva, que escoava minha dor, recolhida em meu quarto, diante do espelho contemplava o meu rosto e quase não me reconhecia mais; sentia-me horrorosa. Foi uma sensação horrível, parecia um monstro! Eu acho que nunca chorei tanto como naquela tarde. Contei para o meu irmão, para as rosas dos jardins, para as muralhas, para os servos, para as masmorras, para os ratos das fontes, para as estrelas, para a lua e, por fim, para a minha irmã Caroline sobre minha tristeza. Primeiro, eles me consolaram; depois de algumas horas, com a minha ladainha, irritaram-se e não aguentaram mais minhas reclamações e gritos, que, segundo eles, eram histéricos. Abandonaram-me, rejeitaram-me; nada me consolava, nada me curava, tampouco me acalmava. Tudo me estressava, inclusive Caroline com suas travessuras. Não me recordo muito bem quando ela começou a esconder meus pertences. Passava horas, às vezes dias, perguntando para todo mundo e nada de encontrar minhas coisas. Era como se o castelo estivesse cheio de duendes que faziam as coisas desaparecerem para aparecerem depois. O duende era Caroline. Naquele momento, tudo me aborrecia; comia o tédio e acreditava que ninguém me entendia, tampouco me amava. Ninguém tinha paciência comigo. Era assim que eu me sentia. Achava-me a princesa mais feia e infeliz de todos os reinos. Uma princesa alta, magra e com o rosto cheio de bolinhas vermelhas inchadas. Cresci e fiquei horrorosa. Oh! Destino cruel. Havia me transformado numa bruxa; nem o lobo mau das histórias da mamãe ia querer saber de mim. Não acreditava no que estava acontecendo comigo! O que era aquilo no meu rosto? Por que eu estava tão sem graça, tão magra? Por que meu cabelo havia enrolado tanto na franja? O que iria fazer? Sonhei com o grande dia da minha vida por muito tempo! Finalmente iria completar treze anos e poderia ter meu baile, no qual seria apresentada a todos e tentaria encontrar meu príncipe, meu grande amor! Mas como isso poderia acontecer com aquele rosto esquisito, inchado, cheio de bolinhas vermelhas?

Imagine! O baile mágico, com o qual sonhara tanto tempo, iria se realizar e eu estava com aquele rosto horrível! Ah, vida! Ah, azar! Ah, dor! O que seria de mim? Quanto tormento! Diante do espelho parecia que eu ia morrer de tanta tristeza e desolação. Parecia que ia enlouquecer. Eu não era mais a mesma. Meu corpo não era mais o mesmo. O desenvolvimento dos meus seios, o nascimento de pelos por todo o corpo, todas aquelas mudanças e outras, que sofri desde os onze anos, provocavam um choque, desagradável e doloroso. Naquele momento, parecia que seria devorada pelas bolinhas vermelhas, que não cediam sob a força de nenhum remédio. A vida parecia uma guerra sem tréguas, puro aborrecimento. Estava com medo, seria banida, rejeitada pelos nobres cavalheiros, e não encontraria meu grande amor. Meu pai e minha mãe nada podiam fazer e sempre calmamente me diziam que tudo iria passar, que era normal. Normal? Com certeza com aquele rosto iria levar um não daquele que meu coração escolhesse. Como arriscar? Como ir ao baile daquele jeito? Sentia um vazio enorme. Ninguém podia me ajudar. E as fadas madrinhas, onde estavam com suas varinhas mágicas? Somente elas poderiam me transformar num piscar de olhos... Acreditei nas fadas a vida inteira. Onde elas estavam? Por que me abandonaram? Um abismo se formava sob meus pés, faltava coragem, confiança e fé. Não acreditava mais em fadas. O baile seria um grande desastre. Queria sumir, fugir, desaparecer.

Aos treze anos, sentia-me um monstro, um demônio: feia, desengonçada, sem graça. De manhã e à noite, em silêncio, eu chorava sem parar. Cada dia parecia o pior de todos e eu só me lastimava. Meu drama era imenso. Um dia tive um surto. Chorei, tremi, mudei de cor, gritei, quebrei tudo no meu quarto, falei coisas horríveis para minha adorada avó e, pior ainda, para minha amada mãe. Minha atitude foi terrível.

Papai, preocupado, irritado, inquieto, andou de um lado para o outro e resolveu ir até o meu quarto conversar comigo. Aproximou-me de mim, sentou-se na poltrona ao lado da minha cama, e perguntou:

— O que está acontecendo com você, Estefâniaaaaaaaa? Por que anda tão agressiva, desgostosa e tristonha?

Fingi que não era comigo. Espiei debaixo da cama. Puxei um par de sapatos, calcei-o. Levantei-me, olhei ao redor. Senti um calafrio correr por todo o meu corpo. Não sabia o que falar para ele. Quando ele me chamava pelo nome era sinal de que estava irado. Meu coração se encheu de pavor. Como explicar para o meu querido pai que me sentia como uma assombração ambulante? Ajoelhei-me devagarzinho diante dele, baixei o olhar e respondi:

— Cresci e fiquei muito feiaaaaaaaaaaa, papai!

Delicadamente, ele segurou no meu queixo, levantou o meu rosto, mergulhou profundamente em meus olhos e indagou:

— Como assim, ficou muito feia?

— Olhe bem para o meu rosto e veja como está cheio de bolinhas vermelhas. O senhor não está vendoooooooooo?

Agora, preste atenção e veja como estou alta, magra, parecendo uma vara de pescar, esquisita, e ainda por cima cheia de pelos!

— Ah! Estefânia, é isso? Você não consegue ver sua beleza, delicadeza e candura refletidas no espelho? Só consegue enxergar essas bolinhas vermelhas? E são elas que a estão atrapalhando? É por essa razão que está se sentindo infeliz, insegura e vivendo um grande drama?

— Papai, o senhor olhou bem para mim? Olhou de verdadeeeeee? Estou fazendo dramaaaaaaa? Ora essa, estou com a cara toda vermelha, sou toda desengonçada, estabanada, e por onde passo derrubo tudo, sou um desastre ambulante. E eu faço drama? O senhor não entendeu nada dos meus problemaaaaaaaas! Quero ir emboraaaaaaaa desse castelo, sumir, desaparecer, vou me jogar da masmorra!

— Pare com isso, Estefânia! Você é a princesa mais bela que existe. Para que você possa entender as mudanças que ocorrem com você, nessa idade, não tenha vergonha de perguntar: "O que está acontecendo comigo?". Eu e sua mãe podemos lhe esclarecer alguns pontos que vão ajudá-la a desmistificar esta fase que para você é tida como crítica, difícil de passar e chata de conviver. Mas você é teimosa! O que posso fazer mais? Posso lhe assegurar que não deve ficar preocupada, pois você não é a primeira nem será a última a passar por esse processo de transformação. Imagine que nós, seus pais, já estivemos nela, só que não saímos magoando, machucando todo mundo, fugindo do castelo. Trate de ter boas maneiras em quaisquer circunstâncias, sejam elas alegres ou dolorosas.

— Estou triste, papai, e muito envergonhada pelo que fiz hoje, mas não acredito que isso tudo vá passar tão cedo como o senhor está falando. Sinto-me angustiada e nervosa. Sei que estou maltratando os que tanto me amam, mas não consigo me controlar; quando vejo, já gritei, berrei, quebrei... Aí me arrependo...

— Princesa, não me obrigue a lhe dar umas boas palmadas. Preste atenção no que vou lhe dizer e mude suas atitudes para seu próprio bem. Sei que para você é difícil lidar com tantas mudanças ao mesmo tempo. Mas saiba que o seu crescimento provoca uma rebelião dentro de você, como se fosse uma magia. Nessa fase, seu corpo infantil vai se transformando em um corpo de mulher. É natural que seu crescimento físico aconteça desordenadamente mesmo, em todas as partes ósseas.

— Ah! O senhor não me entende! Só comigo acontecem essas coisas. Agora não quero mais falar no assunto, quero dormir.

— Deixe de ser malcriada, vamos falar nesse assunto agora sim, está na hora.

— Por que está na hora?

— Porque está na hora de você pensar sobre o que anda aprontando com todo mundo. E cada vez mais estou assustado com tudo o que se passa com você, mas tenha a certeza de que não é só com você que isso acontece. Em breve será uma mulher excepcional e maravilhosa, acredite... Tenha paciência com seu crescimento. Pare de colocar o castelo em polvorosa. Parece que está gostando de se machucar, de se vingar em nós, mais do que de compreender essa sua dificuldade momentânea!

— Não tenho vontade de me vingar em vocês. De onde o senhor tirou essa ideia? Foi o senhor que me criou, por acaso ia me criar mal desse jeito?

— Isso é jeito de falar com o seu pai, Estefânia?

— Falo do jeito que quiser e prontoooooo!

— Você está ficando muito insolente, mocinha... terei de castigá-la severamente...

— Pode castigar... não ligo, não ligooooooo!

— Estefânia, deixe de tolices... Sou eu... Seu pai, não seu inimigo... Por que está assim, minha filha? O que a está ameaçando?

— Ah! Papai, o senhor não consegue entender, isso é coisa de mulher, talvez a mamãe entenda... Desculpe-me. Parece que perdi o controle mais uma vez. Não se zangue. O senhor está bravo comigo? Está com raiva de mim? Eu estou horrorosa, papai! Eu sou muito feia!

— Não, Estefânia, não estou com raiva, e você não está horrorosa, tire isso da sua cabeça. Estou preocupado e vim avisá-la que, se eu precisar demonstrar minha agressividade para você se acalmar, irei fazê-lo, pois cultivo-a, não nego meu lado sombrio, tampouco meus defeitos, lido com eles, pois reconheço meus sentimentos e os controlo, uso-os quando necessário, não desperdiço minha raiva, canalizo-a com um objetivo, e normalmente o atinjo. Não estou nem um pouco feliz com o seu comportamento. Você acha certo ter dito tantos desaforos para a sua avó? Acha certo todo dia acordar com cara feia? E viver pelo castelo xingando tudo e todos o tempo todo? Quero que pare e pense nas feridas profundas que está causando. Será que, quando essas benditas bolinhas vermelhas desaparecerem, as pessoas que a amam vão esquecer tudo o que está fazendo? Adianta quebrar tudo no seu quarto? Bater as coisas, jogá-las no chão? Acha correto dar pontapés nas escadarias? Nas coisas que lhe demos de presente? Acha certo ter ido à minha adega e ter bebido vinho até cair? Onde você acha que essa sua revolta vai levá-la?

— Não, papai, não acho certo, mas fico nervosa, perco o controle e acho que sou assim mesmo e pronto. Puxei ao vovô, sou igualzinha a ele!

— Ah! Que magnífico! Acha que devo orgulhar-me de tal prodígio? É assim e pronto, puxou ao vovô? De onde tirou essa ideia? Que fantástico, que desculpa perfeita, cômoda, que você encontrou para não ter de operar mudanças em suas atitudes! "Sou assim mesmo e pronto!" Isso lhe permite eternizar sua falta de educação e modos, transformando-a em uma condição de vida, para passar o resto dos seus dias maltratando a todos? Tudo porque resolveu que é assim mesmo e pronto, e que puxou seu avô? Saiba, mocinha, que se trata de uma sentença estéril, inútil. Esqueça-a. Você não é assim, não puxou ao seu avô e pronto, no máximo teve um péssimo exemplo de conduta por meio dos atos dele. Além disso, é uma forma interessante de negar que pode escolher sua própria personalidade, sua maneira de ser, pensar e agir. Apoia-se na falta de educação do seu avô e nos excessos que ele praticava para explicar seus atuais traços de personalidade. Agora, a culpa é do seu avô. Você é uma vítima da vida, pois tem como herança um avô sem modos, sem educação, e puxou-o. Não tem culpa. Não pode fazer nada! Que ótimo, assim transfere a culpa para ele e não precisa fazer nada a respeito.

— Estefânia, preciso que a qualquer preço pare com essa agressividade inútil, que machuca todos e não muda a sua realidade. Pare de encontrar desculpas para o que você comete. Tudo o que faz é por conta de ter perdido o controle sobre suas próprias emoções e está incapaz de enfrentar o processo do seu crescimento. Encare a situação! Está com o rosto cheio de bolinhas vermelhas e pronto! E tem mais uma coisa, você não é desengonçada! Devido ao seu crescimento desordenado, o que é natural, os movimentos também o são, de modo que, muitas vezes, a força física é descontrolada. Isso não justifica sua falta de modos! Estabeleça metas de comportamento, anote suas ações, esforce-se para reduzir sua agressividade e sua ira. Você é o resultado da soma de suas escolhas, portanto, seja gentil, compreensiva e generosa. Com o seu irmão, a situação é muito pior, ele também está crescendo como você. Mas não usa os outros como desculpa, como uma técnica de fuga para o seu esforço individual no presente. Sabia que os seus órgãos sexuais não crescem na mesma proporção que o resto do corpo? Outro dia o encontrei chorando, ele estava pensando que nasceu deficiente. Expliquei-lhe que os órgãos sexuais masculinos se desenvolvem mais lentamente do que o resto do corpo. Mas ele não sai por aí contando para todo mundo o seu descontentamento, sofre calado, pensa que é defeituoso e se esconde.

— Fale-me mais sobre isso, papai.

— Os homens também ficam irritados, irados e nervosos. Mas não são capazes de tocar no assunto. Contudo, com o tempo, tudo se desenvolve da forma correta.

— Papai, onde o senhor aprendeu tudo isso?

— Filha, aprendi com os livros dos cientistas que estudo sem parar para poder educá-los.

— E o Eduardo II ficou mais calmo, papai?

— Claro. Expliquei-lhe tudo detalhadamente, assim como estou tentando explicar para você. A única diferença entre vocês dois está no fato de que ele se acalmou, acreditou em mim e agora está bem com ele mesmo, aguardando pacientemente o seu próprio crescimento, com equilíbrio, sem machucar ninguém.

— E ele entendeu tudo, papai?

— Sim. Ele sabe que o amo e jamais mentiria para ele. Sabe que leio muito, que a filosofia e a ciência são minhas amigas e companheiras e que aprendo coisas que poucos aprendem. Ele confia em mim e na sua mãe, ouve e absorve nossas orientações. Ouviu? Entendeu?

— Ouvi. Estou pensando. Eu também confio no senhor e na mamãe, mas só que o senhor não entende o que está acontecendo comigo! Ninguém entende, e isso me irrita.

O rei não respondeu. Respirou fundo, contou até dez e foi até a janela, olhou para as estrelas e disse:

— Você é uma oradora prodigiosa para defender sua dor, mas seu irmão também está preocupado com as mudanças físicas que lhe estão ocorrendo. Não é fácil para ele aceitar e entender o processo do seu crescimento. A voz dele, às vezes, fica fora de "sintonia", mas já lhe expliquei que vai se harmonizar quando atingir a fase adulta. Tudo entrará nos eixos. A propósito, peço sigilo sobre esse assunto.

— Claro, papai, pode confiar em mim.

— Está certo, filha, sei que você está muito nervosa e desorientada porque eu e sua mãe não estamos conseguindo lhe dar todas as respostas de que precisa, além de você não estar aceitando suas mudanças físicas. Contudo, fique calma; acredite, tudo entrará nos eixos.

— Papai, a vovó falou que sou muito infantil. O senhor acha que isso tudo é só infantilidade minha?

— Não, querida, não acho. O que é ser infantil? O que é ser maduro? Todos os dias assisto a muitas monstruosidades desse mundo chamado de adulto. Pessoas que se dizem maduras muitas vezes são cruéis e desumanas. Você está sentindo uma profunda dor emocional e está fazendo doer nos que a cercam. De alguma forma, sente-se em perigo, ameaçada, e por tudo isso está amarga. Só não consigo entender o que a está ameaçando, colocando-a em perigo. Saiba que você está crescendo e me ajudando a crescer também. Aprendi que não sou dono da verdade, tenho de buscar outras respostas para lhe dar.

Papai passou a mão sobre a minha testa para enxugá-la, pois o suor cobria meu rosto; deu-me um beijo delicado e se retirou. Chorei por horas, dias sem parar. Continuei irritada e agressiva. Apesar do esforço, o rei não conseguiu me convencer, mas parei de maltratar minha adorada avó, meus irmãos, servos e meus pais.

Meu crescimento provocava um choque, era desagradável e doloroso. Parecia que seria devorada pelas bolinhas vermelhas, pela minha voz ardida, estridente, que não encontrava remédios.

A vida parecia uma guerra sem trégua, puro aborrecimento; estava com medo, seria banida, rejeitada pelos nobres cavaleiros, e não encontraria meu grande amor. Papai jamais entenderia minha dor. Eu tinha a certeza de que com aquele rosto cheio de bolinhas vermelhas iria levar um não do meu príncipe, daquele que meu coração escolhesse. Como arriscar? Como ir ao baile daquele jeito? Sentia um vazio enorme. Queria atirar-me ao mar da mais alta masmorra, ou então entrar no lago dos jacarés, ou ainda encontrar-me com um forte e horrível dragão para que ele pudesse devorar-me.

A cada manhã eu tinha uma certeza: aos treze anos parecia uma bruxa má, e sentia medo, muito medo. Todas as noites, em silêncio, chorava sem parar. Cada dia parecia o pior de todos, e eu só lastimava. Meu drama era imenso. Ninguém podia me ajudar. Ninguém era capaz de perceber o tamanho, a profundidade da minha dor.

Papai conversou horas com mamãe sobre meu problema, disse que precisavam encontrar a resposta certa para mim, e que quando isso acontecesse eu me acalmaria. Ela pensou muito sobre a resposta que eu estava precisando. No silêncio da noite, quando todos dormiam, fiquei surpresa quando ela me procurou para uma conversa entre damas.

— Estefânia, você sempre confiou em mim, sempre procurei protegê-la e orientá-la para a vida. Acredite, seus questionamentos, medos, dúvidas e tristezas são normais, fazem parte do seu crescimento. Confie na natureza e enfrente todos os seus medos. Seu pai me disse que não consegue enxergar o que a está ameaçando. Pensei, refleti e gostaria de lhe perguntar: por acaso, não está se sentindo ameaçada, em perigo, porque acredita que será rejeitada pelo seu príncipe no baile?

De repente uma forte emoção apoderou-se de mim e comecei a chorar, soluçando, ininterruptamente, e, gritando, respondi:

— Como a senhora descobriu o meu mais profundo medo? Como a senhora me conhece desse jeito?

— Amada filha, Estefânia, será que sofrerá rejeição mesmo? Será que você não está angustiada à toa?

— Não, mamãe. Com esse rosto coberto de bolinhas vermelhas, ninguém vai me querer, tenho certeza disso.

— É... você está vivendo a idade das certezas. Tudo você sabe. É cheia de certezas, só não percebe que as suas certezas fundamentadas nas suas fantasias a estão destruindo. Estão acabando com você. Está sofrendo sem razão. Você imagina que será rejeitada no baile. Imagina que está feia, horrorosa, está interpretando o papel da bruxa má, que maltrata a todos. Está equivocada. O medo está dominando você, que não está percebendo a beleza do seu processo de crescimento. Sugiro que comece a rir dos seus problemas e fique bem-disposta para dançar, cantar e encontrar seu grande amor. Algumas bolinhas vermelhas não serão capazes de destruir seus sonhos e o seu grande amor. Aprenda a vencer os obstáculos que se apresentam em sua vida. Essas bolinhas não são nada, não são maiores que seus sonhos, não são maiores do que você. Seus sonhos devem ser sempre maiores que qualquer outra coisa. Nunca desista deles. Nunca. Passe por cima de tudo isso e faça as coisas do jeito que o seu coração mandar. Pergunte para ele se ele quer ir ao baile, independentemente das bolinhas vermelhas. Você acha que é a única a sofrer durante o crescimento? Repense sobre as suas crenças, pois são elas que geram os seus pensamentos e a estão fazendo sofrer. Mude-as, e também seus pensamentos. Comece a pensar que encontrará o seu grande amor. Seja você mesma, com bolinhas vermelhas e tudo.

— Mamãe, estou morta de medo... e com raiva, muita raiva.

— Assuma seu medo e sua raiva, enfrente-os, mas não desista de seus sonhos. Todo mundo tem medo de sofrer, de ser rejeitado, abandonado, de ver seus sonhos virarem poeira. A vida é assim, cheia de mudanças, o tempo todo. Hoje são bolinhas vermelhas, amanhã serão perdas, depois rugas. Estefânia, não deixe que bolinhas vermelhas, as perdas ou as rugas destruam o seu verdadeiro eu, pois você é mais do que tudo isso. É mais que esse rosto, esse corpo. Está com raiva? Aprenda a colocar para fora essa raiva, mas sem machucar sua família. Aprenda a lidar com frustrações e mudanças. Aceite a vida como ela é. Quando aceitar os fatos, quando parar de resistir a eles, o seu sofrimento cessará. Sofrimento é isto: resistência à realidade, aos fatos da vida, ao que se é no momento. Pare de resistir e o sofrimento deixará de existir. Lembre-se: quando os meus olhos cruzaram os olhos de seu pai, eu tinha muitas bolinhas vermelhas no rosto, assim como você.

— O quê? A senhora encontrou papai com o rosto cheio de bolinhas vermelhas!?

— Claro! Casei-me com ele aos catorze anos.

— Puxa vida, mamãe, só agora me revela isso!

Depois de falar comigo, a rainha mãe se retirou vagarosamente do meu quarto, sorrindo. Ela sabia que havia dito o que eu precisava. Eu fiquei ali, chocada, parada, estática, absorta, refletindo sobre suas palavras. E o que aquelas palavras não foram capazes de fazer por mim! Nossa! Ela havia encontrado papai com o rosto cheio de bolinhas vermelhas... Então, apesar das bolinhas vermelhas, eu poderia encontrar o meu príncipe também! Mamãe era uma verdadeira fada! Deve ter feito uma magia, pois os meus medos desapareceram como por encanto. No dia seguinte, acordei animada, revigorada, feliz. Voltei a sonhar com o baile. Voltei a conversar com meus irmãos. Parei de gritar. Parei de falar desaforos para a vovó e de xingar tudo pelos quatro cantos do castelo. A rainha Margareth, minha amada mãe, tinha razão: eu encontraria meu grande amor com bolinhas vermelhas e tudo. Voltei a ser eu mesma. Voltei a sorrir.

Mais calma e feliz, fui colher flores no campo com meus irmãos, que não paravam de cantarolar.

Brincamos, corremos, pulamos durante toda a tarde. Caroline e Eduardo sentiram fome, sede e se cansaram. Retornamos para o castelo. A tarde caiu alegre. Fizemos a toalete, fomos até a cozinha comer alguma coisa e depois as servas nos colocaram para dormir.

8
O encontro

O amor é a asa veloz que Deus
deu à alma para que voe até o céu.
AUTOR DESCONHECIDO

O inverno chegou com força, o vento invadiu o castelo com rajadas de neve que enfeitavam todo o jardim. Em poucos dias não poderíamos mais sair. Essa fase era agradável. Acendíamos as velas e passávamos semanas ouvindo histórias que a vovó, mamãe e papai nos contavam após o jantar. No dia mais frio, quando a neve cobria todo o castelo, durante a madrugada, ouvi ruídos e barulhos no jardim. Levantei-me assustada. Passou por minha cabeça de tudo, eu juro! Mas fui até o fim, não tive medo e me dirigi à janela contemplando a beleza externa. Levei um susto enorme quando vi, em cima de uma árvore, uma esfera dourada.

Dentro dela parecia que uma fada sorria. Trocamos olhares. Naquele momento tive certeza: o amor chegaria para mim.

No dia seguinte, à tarde, eu estava agitada e confiante. A visão da fada encheu meu coração de esperanças. O grande baile se aproximava. O reino fervilhava. Só se falava na minha apresentação à sociedade. Meu rosto já não estava tão inchado, as bolinhas vermelhas haviam diminuído, quase desaparecido, parecia um milagre. "Será que foi coisa da fada?", eu me perguntava toda feliz e radiante. O rei quase não me reconhecia, sorria para tudo e todos no castelo inteiro. Meu pai me guardava a sete chaves, poucos podiam me ver. De todos os cantos chegavam pretendentes atraídos não só pela minha beleza — segundo os comentários gerais, aos quais nunca dei crédito e sempre considerei exagerados —, mas também em razão da riqueza do nosso reino. Havia muito tempo não via minha amada mãe, a rainha, tão feliz. Cheia de atividades, cuidava da decoração, da limpeza, das comidas para os banquetes e das mais finas bebidas que não paravam de chegar. Os nossos servos trabalhavam febrilmente, mesmo cansados, ainda encontravam forças para deixar tudo de acordo com as exigências da rainha, feroz guardiã da minha castidade.

Na igreja, o abade providenciava os últimos retoques para a missa solene que daria início às festividades.

Em um canto escondido da aldeia, um simples aldeão, poeta de alma, sonhava com a possibilidade de apresentar-se no baile. Na sua mente fervilhavam as mais românticas rimas, que ele, no seu desvario, pretendia declamar para mim, sua amada princesa Estefânia.

Duas ou três vezes tinha me contemplado furtivamente, pela janela da sala, através de uma fresta de cortina, enquanto aprendia a dançar.

A imagem jamais lhe saiu da cabeça, e a paixão o dominou completamente. Era quase loucura, um simples aldeão pretendendo a mão da princesa.

O rei havia planejado um grande torneio, no qual os nobres cavalheiros iriam se mostrar na competição de arco e flecha, justas de lanças, lutas de espadas, para o direito da primeira dança comigo. O sonho do rei era que meu futuro marido fosse um cavalheiro vitorioso, com todas as virtudes, para, no futuro, governar o reino com sabedoria.

Por sua vez, enquanto me preparava para o baile, numa frenética alegria, sonhava com um pretendente à imagem mágica do amor vivido por meus pais. Lá no fundo, porém, temia encontrar um homem que fugisse das características míticas aprendidas no convívio familiar.

"Onde, meu Deus, neste mundo tão fanático, encontrarei um par que comungue com as mesmas fantasias que meu pai amou em minha mãe?", eu pensava. Enquanto as servas me vestiam e cacheavam meus cabelos, fazia mil perguntas para o cantar dos passarinhos que ouvia do jardim.

"Serei feliz tanto quanto minha mãe? Haverei de encontrar um homem justo, amoroso e sábio?"

Devaneei por horas e senti muito medo.

A missa se realizou de forma solene. Os torneios se realizaram como previsto pelo rei. Um dos cavalheiros, Dom Ricardo, ganhou o direito da primeira dança. Algum tempo depois, os clarins anunciaram o início do grande baile.

Naquela noite, na corte do rei, depois de todos os preparativos, o salão real estava maravilhoso, as damas transbordavam em segredos e cochichos, que viravam boatos. Afinal, o que iam fazer enquanto esperavam a aparição da princesa Estefânia?! Alguns cavalheiros da corte bocejavam, outros se divertiam com a música dos concertos e recitais que faziam trepidar as mesas dos banquetes.

Do meu quarto, já quase pronta — com meu vestido de seda ajustado na cintura, com saia longa rodada, bem decotado nos ombros, com mangas largas e compridas, bordado com pérolas e fios de ouro —, ouvia a música suave que prenunciava minha entrada. Respirei fundo, levantei-me e, conduzida por meu pai, que me aguardava ansioso do lado de fora do meu quarto, desci as escadarias em silêncio, orando e pedindo a Deus: "Senhor, faça com que eu encontre o grande amor da minha vida e com ele, quando chegar a hora, governe este reino em Seu nome, com justiça e amor".

— Sua Alteza imperial, princesa Estefânia, e Sua Alteza imperial, o rei Eduardo I — anunciou o mestre de festividades.

Nesse momento, todos os que estavam no salão real dirigiram os olhares para nós. Houve um murmúrio geral de espanto. Eu estava tão bela, com tanta graça, que alegrei a alguns e causei inveja a outros.

Toda a corte transbordava em sorrisos e logo todos começaram a bater palmas e dançar.

Fui apresentada a muitos príncipes que vieram de longe. Em certo momento, o príncipe Ricardo, de terras distantes, dirigiu-se a mim. Estendeu-me uma das mãos e na outra levava uma rosa vermelha. Nesse instante, empalideci. Uma rosa vermelha? Ele entregou a rosa vermelha para mim. Será que ele sabia o que significava uma rosa vermelha para nossa família? Que ela era mágica? Que sempre fez meus pais se amarem mais e mais? Enquanto nos dirigíamos para o centro do salão — perdida em pensamentos sobre a magia da rosa vermelha —, ouvi risinhos escondidos atrás dos leques e dos bigodões. Um cochicho começou a correr pelo salão: "Será esse o escolhido? Viram como a princesa se emocionou ao receber a rosa vermelha? Será o príncipe Ricardo o nosso próximo rei?".

No centro do salão imperial, Ricardo sorriu, abrindo os braços para me tirar para dançar.

Naquele momento, ouvi muitos aplausos. Dom Ricardo era popular na corte por seus feitos, por sua bravura, por suas batalhas e vitórias, todos o consideravam um verdadeiro guerreiro.

— Viva o príncipe Ricardo — alguém gritou.

— Viva a princesa Estefânia — gritaram todos em coro.

Começamos a dançar. Depois da dança o arauto real anunciou a presença do trovador que iria declamar suas rimas em minha homenagem. Acompanhado de sua cítara, com o olhar perdido de menino, o trovador encantou a todos, descrevendo sobre a beleza, a inocência e a ternura da sua princesa. E, num gesto de pura delicadeza, ofereceu-me uma rosa vermelha. Naquele momento, empalideci, fechei os olhos, viajei para dentro de mim mesma e senti que ia enlouquecer. Outra rosa vermelha? Rapidamente minha mente contrapôs a força do príncipe Ricardo com a suavidade e ousadia daquele aldeão desconhecido.

"Meu pai é a conjugação de força e inteligência, de suavidade e ousadia. Os dois conhecem a magia da rosa vermelha, qual dos dois?", pensei assustada.

Aproximei-me do trovador e mergulhei dentro dos seus olhos tentando ver sua alma. A aproximação do príncipe não causara-me tamanha emoção.

O rei, conhecendo-me profundamente, delicadamente conduziu-me para os braços do príncipe Ricardo e assim iniciamos o grande baile. A rainha, perspicaz, fitou-me atentamente durante toda a dança e seu coração então revelou-lhe o grande conflito que surgiria em minha alma. Dancei muitas vezes com o príncipe, mas meus olhos procuraram incessantemente pelo trovador.

No dia seguinte, ao acordar, recordei-me emocionada que a rosa dada pelo aldeão Felipe não me espetou o dedo. Ele havia tido o cuidado de limpar a haste da rosa, o que o príncipe, com toda sua pompa, não se lembrou de fazer. Correndo, fui ao vaso onde havia colocado as flores e percebi que a rosa ofertada pelo príncipe Ricardo murchara completamente, enquanto a rosa do trovador conservava todo o viço e a beleza. Sempre soube que a rosa carregava em si a magia do amor, pois aprendi isso com minha mãe. Ao contemplar as rosas, todas as minhas dúvidas cessaram. Meu coração pertenceria ao aldeão, ao trovador, poeta da alma.

Alguns dias depois do baile, num fim de tarde em que o crepúsculo anunciava que meu coração iria desabrochar, do meu quarto percebi a presença de um invasor no jardim. Dirigi-me para lá. Qual não foi minha surpresa ao deparar com o trovador que, furtivamente, estava me observando. Trocamos olhares e sorrisos e, sem demora, aproximamo-nos. Ao som do cantar dos pássaros, nesse fim de tarde, nosso coração se encontrou.

Foi assim, mágico: numa fração de segundos o trovador me fez ouvir os sinos tocarem. Tomei conhecimento da aurora, da brisa fresca, dancei, sorri, desejei, quis, sonhei ser feliz... Ele me mostrou a alegria e num instante me ensinou a cantar para a lua, a dançar para o sol, a desejar soltar-me na chuva, a correr pelos campos, a respirar a eternidade e até a escrever poesias.

Vi claramente, num relance, que nas cavernas de sua alma morava um jovem inocente, cheio de ousadia, sinceridade e encanto, metáfora de alegria.

Vi um jovem que fervilhava em sonhos e carregava um pote cheio de esperanças que espalhava em seus caminhos. Alguém que fazia da vida uma festa e bebia na taça todas as gotas das dores, sombras de tristezas, desgostos das misérias humanas. Um moço que a ninguém negava um sorriso, que espalhava um tipo de luz e fazia brotar nos olhos de muitos a alegria que só o amor traduz. Um jovem que não tinha medo do amor; que era bússola que guia, chama que aquece, força que estimula, ouvidos que escutam segredos; que adorava sepultar o desespero, o sofrimento. Um jovem que estava além das palavras que podiam ser ditas.

Ele, por meio da poesia, celebrava o valor de cada um, ensinava que a tristeza aparecia para nos tornar mais humanos, e fazia qualquer um se sentir especial. Era belo à luz do crepúsculo nas tardes outonais.

Naquele raro instante, descobri que era o poeta o tão sonhado, esperado, grande amor da minha vida.

Acho que me apaixonei. Encontrei um amor que era maior do que eu, e dentro do meu coração tinha uma certeza: vivia naquele instante a recordação do que ainda iria acontecer; não duvidei nem por um instante do que o meu coração adivinhava; nele morava uma certeza que nunca havia sido confirmada. A certeza da procura, do encontro, do vivido, e da necessidade de entrega.

Orei fervorosamente. Deus havia derramado sobre minha vida toda a sua benignidade e atendido ao meu pedido, pois sabia que o amor chegara. Em algumas décadas seria a rainha mais feliz do mundo ao lado do meu grande amor e governaria como o meu pai, com muita justiça!

9

Um pouco de amor

Você quer ser feliz por um instante? Vingue-se!
Você quer ser feliz para sempre? Perdoe.

TERTULIANO

lgumas semanas se passaram desde a última vez que me encontrei com o aldeão no jardim. Era uma noite de inverno e, após ter me retirado para o meu quarto, segui em direção à janela e contemplei a neve que suavemente caía enfeitando nossos jardins. Naquele instante sonhei com o meu amor, meu trovador, poeta da alma... alto, moreno, com os olhos esverdeados, cabelos negros cacheados, voz doce e suave e com imensa perfeição intelectual e moral. Sempre imaginei um homem como o aldeão Felipe para ser meu companheiro, mas meu coração não estava livre, estava angustiado e infeliz, pois sabia que no baile havia sido prometida a Dom Ricardo, homem pelo qual não nutria nenhum sentimento, nenhum tipo de afeto. Estava mal do coração e precisava curar-me. Solitária, dormi e sonhei que era abraçada por Felipe, que me cobria de beijos. Eu era sua amada. O sonho parecia real e fortaleceu-me a coragem. Lembro-me de que mil conflitos transbordaram da minha alma. Concordaria meu pai, o rei, com aquele casamento? A emoção dentro de mim acontecera de repente, mas era como se já a sentisse por toda a eternidade. Meu pensamento voava livre nas asas da emoção. Apavorei-me, inquietei-me, com medo; tudo ficou pesado, senti-me à beira de um desastre, culpada; resisti, lutei, depois, enchi o coração de coragem e assumi a emoção. Abri um sorriso, parei de resistir, deixei-a entrar e concluí que era boa de sentir e seu sabor era de vida, não de morte. O rei, meu adorado pai, iria me compreender. Talvez sofresse uma pequena decepção com a minha paixão; afinal, como poderia uma princesa unir-se com um aldeão? Mas acreditava que ele entenderia que eu não iria me casar sem amor e que aquela promessa feita a Dom Ricardo fora um engodo.

Refleti por muito tempo, por longos dias. Certa noite, quando os sinos da igreja tocaram pela última vez, consultei minha mente, meu coração, e reuni coragem para falar com o rei.

No salão real, timidamente sussurrei:

— Papai, preciso falar-lhe!

— Entre, princesa, aproxime-se. Venha, fale-me o que deseja. Mas seja breve, pois já é muito tarde.

— Papai, tenho uma revelação a fazer-lhe: não poderei casar-me com Dom Ricardo, meu coração não o quer. Apaixonei-me por outro — falei rapidamente.

— Co... mo, co... co... mo? Como, Estefânia?

— Papai, pare de gaguejar! É muito simples: apaixonei-me por outro e não poderei desposá-lo!

— Como assim? Para quem Vossa Alteza entregou o coração?

— Ah, papai, o senhor não imagina?

— Não, conte-me. Por quem se apaixonou?

— Pe... lo... pe... lo... aldeão!

— Acho que não ouvi bem, por quem?

— Pelo aldeão Felipe, o trovador, o poeta da alma. Estou apaixonada por ele e ele por mim. Não é lindo?

— Você está apaixonada e deseja casar-se com o trovador Felipe? — questionou o rei espantado. — Tem certeza disso, Estefânia? Desejo-lhe outro destino!

— Eu sei, papai, mas meu coração se perdeu no coração dele. Refleti muito antes de falar-lhe e me dei conta de que esse amor nasceu de uma emoção desperta na troca de olhares de uma imagem que dormia esquecida nas cavernas da minha alma, semente do amor, que desabrochou na esperança.

— Estefânia, você não acha que com o que me revela acaba de transgredir seus limites e busca encontrar argumentos para um simples desejo brincalhão, ingênuo, descuidado, e que para o bem do reino deve ser aprisionado e esquecido?

— De jeito nenhum, papai! Não se trata de um simples desejo ingênuo, brincalhão e descuidado! Antes de revelar isso para o senhor refleti muito, e no vazio do silêncio interior da minha alma dialoguei com meus sentimentos, com minha paixão secreta, e chorei até dormir. Conversei com o meu falcão, o Sócrates, com o meu espelho, com as flores dos jardins e até com as borboletas. Tomei banho de neve, fiz confissões às estrelas, fiquei brava, impaciente, gritei ao vento, esperneei na grama, corri descalça por todo o castelo, acordei no meio da noite com a lembrança de um beijo roubado, com o sonho de um passeio de mãos dadas, com um abraço carinhoso, com a lembrança de uma rosa vermelha sem espinhos na haste. Confesso que tentei desesperadamente esquecer tudo isso, mas meu esforço foi em vão, não consegui!

— Nossa! Em tão pouco tempo sentiu e viveu tudo isso? Desde quando carrega todos esses sentimentos e emoções dentro de você?

— Desde o momento em que ele me entregou uma rosa vermelha, que não espetou o meu dedo, no baile!

— Mas, Estefânia, isso é... um absurdo!

— Papai, minha emoção é bela, muito bela, pois nela reside a promessa; o resto é silêncio, puro silêncio. Com esse convite da vida fico a pensar que em breve vou deixar de ser alma triste, vou amar e ser amada, assim como a mamãe é amada pelo senhor!

— Alma triste? Nossa, como você está romântica... alma triste? Estefânia, acho que você cresceu e eu não percebi!

— Não brinque com meus sentimentos, papai, isso tudo é muito sério. Diz que aprova... diz que aprova!

— Se é assim... ora, ora, o que me resta a fazer a não ser implorar a Deus para que sejamos fortes o suficiente para podermos lidar com as desventuras que isso causará no nosso reino? Se esse casamento acontecer, virá com uma mala cheia de medos e vergonha pelo que vocês sentem e pelo que vocês são. A corte não aceitará de bom grado, sem revolta, sem ira! Farão de tudo para que o amor de vocês apodreça, murche e se desintegre. O aldeão correrá até risco de morte!

— Seremos fortes o bastante para superar todas essas contradições, pois eu estou nele e ele está em mim.

— Será, Estefânia? Será que terá forças para superar os erros e as falhas dos homens deste reino, repletos de interesses, expectativas, medos, ansiedade, impaciência, egoísmo, receios, inseguranças, desamor, desconfiança, orgulho, ressentimento, resistência, competitividade, controle e, principalmente, vaidade, sem se destruir?

— Se o senhor aprovar, eu e Felipe teremos toda a força do mundo!

— Será que o povo será capaz de perdoá-los pelo que vão fazer? Será um processo emocional muito difícil, minha filha. Mas prometa-me que jamais se esquecerá das palavras de Jesus: "Bem-aventurados são os que têm ocasião de provar sua fé, sua firmeza, sua perseverança e sua submissão à vontade de Deus, nos momentos de dor, porque terão centuplicada a alegria que lhes falta na Terra, porque depois do labor virá o repouso".[1] Você sabe que tenho muitos inimigos por ter crenças e atitudes diferentes. Não quero expandir meu domínio agregando territórios sob sacrifícios seus. O amor, querida princesa, é exigente, e eu não tenho o direito de escolher seu companheiro sem critérios e fazê-la sofrer desilusões por interesses mesquinhos. Mas temo por nossa segurança. Filha, aconteça o que acontecer, não se esqueça de confiar em Jesus!

— Obrigada, papai, tenho certeza de que nada nos acontecerá, mas prometo que sempre me lembrarei dos seus ensinamentos. Obrigada por compreender meus sentimentos; eu o amo muito! E também sei que Felipe é o amor da minha vida! Acho que agora vou conseguir dormir, mas antes me responde uma pergunta?

— Claro, filha!

— O senhor é um rei diferente mesmo, não é? A mamãe me contou que todos em nosso tempo casam-se por interesses comerciais, para expandir e controlar feudos, e o senhor é o único rei que aceita a união por amor. Por que, papai?

— Como você sabe, meu casamento foi arranjado pelo seu avô, vim de muito longe, mas quando aqui cheguei e conheci sua mãe a amei instantaneamente, foi amor à primeira vista. Sou tão realizado como homem com ela, e sei que ela é realizada como mulher comigo, que desejo isso a todos do nosso reino. Acredito que os interesses comerciais e materiais não podem ser mais fortes que os interesses do

---

1. Lacordaire. Havre, 1863 (Nota da Médium).

coração. Por esse motivo aprovo sua união, além disso sempre lhe ensinei a nunca se esquecer de ouvir seu próprio coração, não é?

— É verdade, papai... sei que meu coração é sensato, jamais amaria qualquer homem. Felipe é especial.

— Espero que sim, princesa...

— Papai, já é tarde, agora estou mais aliviada, preciso dormir um pouco, pois nesses últimos dias fiquei muito agitada e sem sono, com medo da sua reação. Agora que o senhor sabe de tudo e aprova, estou em paz. Eu o amo! Obrigada, papai!

Aproximei-me de papai e lhe dei um beijo na testa, retirando-me com o coração leve e feliz.

— Boa noite, papai...

— Boa noite, princesa... sonhe com seu aldeão, em breve nosso príncipe! E que Deus nos ajude, vamos precisar de muita ajuda mesmo! Muita ajuda!

Após o diálogo com papai senti que naquele instante a guerra interna terminou e tudo se acalmou, sem loucura, sem delírios, e a noite se tornou tranquila, sem ruídos. Conversei com as estrelas e com o luar e subtraí toda desordem íntima. Dormi em paz.

No dia seguinte, mamãe me procurou para conversarmos. Papai havia revelado tudo a ela. De um lado, ficou feliz, mas, de outro, muito preocupada...

— Estefânia, estou preocupada com você, com esse seu amor... Cuidado, minha filha, pense bem, não se iluda, não se engane; pare, pense e reflita, pergunte a si mesma: o que é que você ama em Felipe? Ama a sua imagem, a música e a poesia ou a esperança de que ele seja o que você deseja? Ama o concreto, o que ele é, ou o que ele poderia vir a ser? Ama a promessa, a fantasia?

— Mamãe, não se preocupe, não acredito em promessas vazias, não fantasio. Amo Felipe pelo que ele é... não pelo que faz ou representa. Não desejo outra coisa que não seja ele mesmo.

— Será, minha filha? Será que não está iludida? Já se questionou o suficiente? Reflita profundamente sobre as razões que a fazem acreditar que ama Felipe. Não o aceite por medo de ficar sozinha ou de achar que não vai aparecer outro melhor, por ambição ou para resolver qualquer tipo de problema, ou seja, não associe o amor às questões de sua sobrevivência. Sei que estamos ficando velhos, mas não queira nos substituir...

— Credo, mamãe! Eu não tenho medo de ficar sozinha, não quero substituir a senhora ou o papai, que são meus provedores; não desejo outra coisa a não ser amar Felipe e ser amada por ele! Se fosse por questões de sobrevivência eu amaria Dom Ricardo!

— Eu sei, minha filha, mas estou preocupada. Estefânia, você deve ir ao encontro do amor, mas nunca se esqueça: para amar Felipe você precisa se amar primeiro, estar ciente do quanto vale, do que é, e o que quer. Se não possuir nada não poderá partilhar nada, não terá condições de amá-lo. Não busque o amor fora de você e não o confunda com carência e medo. Acredito que o homem da sua vida não seja Dom Ricardo, mas pode ser que não seja o aldeão também. Você tem tempo, pode esperar mais um pouco, não precisa decidir nada agora, pode ser que surja um terceiro homem em sua vida. Será que não está carente, minha filha? Será que o aldeão não preencheu suas fantasias por causa do seu fascínio pela rosa vermelha?

— Claro que não, mamãe! Eu amo o Felipe pelo que ele é, um homem generoso, calmo, sábio e inteligente. Eu o admiro, mamãe! E o amor começa com admiração e respeito!

— Ah! Se é assim, então está tudo bem. Filha, preste atenção: aconteça o que acontecer, nunca force Felipe a ficar com você. O amor prega peças, às vezes ele aumenta, outras diminui... se um dia sentir que o amor de Felipe por você diminuiu, não faça chantagem, não o mantenha submetido aos seus caprichos e vontades, não seja orgulhosa, caprichosa e egoísta. Se sentir que o amor dele enfraqueceu, deixe-o ir livremente. Como diz um filósofo: *se ele for seu voltará, do contrário você nunca o teve.* Verifique se ele é verdadeiro, honesto, não finja que ele fala a verdade caso duvide dele em alguma situação. Tenha em seu coração uma certeza: para que o amor entre vocês cresça e floresça, você precisa aprender a ouvir, a observar, a dialogar, a elogiar, a incentivar, a aceitar, a valorizar, a respeitar. E mais uma coisa: nunca use o seu corpo para controlá-lo.

— Como assim, usar o meu corpo para controlá-lo, mamãe?

— Doar-se com o intuito de levar alguma vantagem, por exemplo: só faço isso se você fizer aquilo... Isso é chantagem e uma enorme armadilha que só gera confusão e conflito. O amor é pura doação... é entrega... nunca negocie...

— Mamãe, a senhora tem cada uma! Tem uma imaginação fértil! Não sou capaz de negociar meu amor. Não vou negociar meu amor com ele!

— Estefânia, parece absurdo o que estou dizendo, mas é muito comum as pessoas negociarem, por esse motivo, fique atenta! Os relacionamentos não são um paraíso eterno. Com o tempo, surgem as diferenças, os conflitos de poder, e cada um vai tirando suas máscaras, despindo-se, camada por camada, pouco a pouco vai deixando transparecer seus mais profundos segredos, seu "eu" verdadeiro, não o seu "eu" de força, coragem, guerreiro, que os outros veem durante as lutas, durante as batalhas, mas o "eu" escondido na caverna da sua alma, que não se revela, cheio de erros e falhas, repleto de dúvidas, medos, ansiedades, impaciência, egoísmo, desilusão, receios, inseguranças, baixa autoestima, desamor, desconfiança, orgulho, ressentimento, resistência, competitividade, controle, vaidade, desânimo, ilusão e, principalmente, narcisismo.

— Que horror, mamãe! Fique calma... O amor que sinto por Felipe me convidou a sonhar, a ter esperança, a aumentar o amor-próprio do qual papai tanto me falou; mostrou-me que para viver o amor tenho de me doar de corpo e alma, inteira, sem medo, sem competição e sem controle. Com o seu exemplo, muito cedo aprendi que só cultivando a paciência, a tolerância, a alegria, é possível vencer os obstáculos do dia a dia e manter a chama do amor viva. O meu amor carrega a esperança de que eu e Felipe sejamos capazes de eternizar o reino de paz do papai e abandonar os fragmentos de desamor que reina fora das nossas terras. Juntos, vamos espalhar amor e paz pelo nosso caminho...

— Nossa, filha... percebo que está apaixonada mesmo! Sendo assim, abençoo sua união tanto quanto seu pai!

— Que ótimo, mamãe, fico feliz, muito feliz!

— Ah! Outra coisa... sempre resolva qualquer conflito trocando opiniões, ideias, sem violência. Estabeleça um vínculo forte e sincero entre vocês. O amor é repleto de possibilidades. Não acumule ressentimentos... o amor, minha querida, é como um rio, vai sempre em frente vencendo os obstáculos... é como um pássaro, que a levará ao encontro de si mesma.

Após conversar com mamãe sobre Felipe, retirei-me feliz e cheia de sonhos...

A noite estendia seu véu sobre o horizonte, guardando em sua escuridão a minha felicidade. Naquele momento gozava os prazeres dos apaixonados. Sabia que no dia seguinte iria me encontrar com Felipe, dar-lhe as boas-novas. Iríamos nos casar, o rei e a rainha haviam consentido. Meu coração flutuava com liberdade.

Na manhã seguinte, Dom Ricardo procurou o rei para acertar os detalhes do nosso casamento. O rei mandou me chamar para participar da conversa. De maneira franca e espontânea descrevi meus sentimentos:

— Dom Ricardo, considero-o um homem maravilhoso, mas não pretendo casar-me tão cedo. Sua oferta muito me orgulha, mas prefiro esperar mais algum tempo, pois meu coração não se encontrou com o seu.

— Como?

— Não o amo, e assim não posso casar-me com o senhor. Já expliquei para papai que esse arranjo foi um engodo. Não pretendo me casar.

— Não estou entendendo suas colocações, pois já acertei com seu pai o nosso casamento. Isso já foi decidido há tempos por nós. Logo após o baile. Sua opinião não vai alterar o fato de ser minha esposa e eu ser o próximo rei!

— Dom Ricardo! — interveio o rei. — De fato chegamos a comentar sobre a possibilidade de desposar minha filha, mas creio que o senhor não me entendeu; na época deixei bem claro que ela seria consultada e que apenas com seu consentimento o casamento iria se formalizar. Vocês dançaram a noite toda, parecia haver empatia entre os dois. O fato é que ela não concordou. Lamento... lamento...

Dom Ricardo, contrariado, irritado, alterando a voz, interrompeu-o com orgulho:

— O rei prometeu-me a mão de sua filha em casamento! Comuniquei a toda a sociedade. Como vou cancelar tal acontecimento? Como vou me expor a tamanha vergonha e vexame? Acredito estar sendo vítima de um brincadeira de muito mau gosto, mesmo!

— Creio, meu caro Dom Ricardo, que o senhor interpretou mal minhas palavras, foi precipitado, não soube esperar e não levou em consideração em momento algum a opinião da minha filha. Eu lhe disse que iria consultá-la!

— Como poderia me casar com o senhor sem amor? — perguntei a Dom Ricardo.

— E o que é o amor, querida princesa, se não o compromisso de uma vida e os interesses políticos de um reino? — gritou Dom Ricardo com ironia e rudeza.

— O que é o amor, Dom Ricardo? Ao certo não saberei definir, mas sei que nele mora a beleza do desejo, da paixão, que convida a felicidade a chegar. Sei que ele queima por dentro, faz brilhar os olhos esquecidos de si mesmo, acendendo a chama da vida em nosso corpo inteiro. Faz o coração frágil ouvir a música das estrelas.

— Ah! Agora começo a entender claramente o motivo de sua rejeição, apaixonou-se por outro... Ah! Agora entendo, como entendo! Quem é o felizardo? Quem quer que seja não deve chegar aos meus pés. Não ficarei aqui me humilhando à sua presença para convencê-la de que sou o pretendente ideal para o seu reino. Sua rejeição machuca-me profundamente, mas aceito-a. Quanto ao senhor, meu rei, lamento o nosso equívoco nesse acordo de cavalheiros que fizemos, mas para agradar-lhe considero-o cancelado.

E, assim, Dom Ricardo, revoltado, contrariado, suando, nervoso, sem brilho no olhar, sem cor no rosto, com muito ódio, retirou-se do castelo. Estava cego, assoberbado pelo seu ego ferido, cheio de vergonha, irado pela rejeição. Caminhou como lobo solitário perdido de si mesmo de volta ao seu reino, jurando, sem o menor escrúpulo, que esmagaria todo o reino do rei Eduardo I e acabaria com toda a sua família. Não ficaria um sobrevivente para contar sua triste e vergonhosa história.

Em seu coração, repleto de orgulho e vaidade, ferido, despedaçado, ele levava uma certeza: a princesa Estefânia pagaria alto o tributo pelo seu amor. Todos seriam em breve corpo sem alma. Ele os castigaria pelo terrível desacato, por terem feito dele uma ferida ambulante, por terem despedaçado o seu ego, os seus sonhos de poder.

Todos, sem exceção, seriam punidos. Não voltariam jamais a contemplar seus lindos e belos jardins...

Pobre criatura! Eu não imaginava que, cego pelo orgulho e pela ambição, Dom Ricardo afastaria-se completamente das verdades do nosso Pai maior e de seu filho Jesus Cristo. Entregou-se à cólera, esqueceu-se de que as calamidades que estava por provocar seriam em pouco tempo a perdição contra si mesmo. O que semearia, com certeza colheria.

Mas eu não tinha noção pelo que passaria em breve...

10

Antes do fim

O destino do homem é com o
crescimento e não com a perfeição.
AUTOR DESCONHECIDO

Foi uma experiência incomum para nós. A manhã estava ensolarada. Todos estávamos prontos para seguir até o castelo do Conde Pierre, onde seria realizado o casamento de sua filha Rosemary, que havia completado catorze anos.

O castelo era tão longe que a viagem levaria mais de uma semana, viajando desde o alvorecer.

Depois de muitos dias, mortos de cansaço, andando por estradas horrorosas de pedras e terra batida, chegamos finalmente ao Castelo Real. Eram onze horas da manhã. Um dia antes do casamento. Ao pararmos, os cavalos pareciam sorrir; a viagem de carruagem fora demorada e cansativa demais.

Naquele mesmo dia, exploramos todo o castelo. Vasculhamos a cocheira, o alojamento dos soldados, os salões, os quartos, os jardins, a cozinha. Na cozinha, faziam uma sopa deliciosa. Aqui e ali, olhamos tudo numa alegria sem fim. O castelo estava em polvorosa, cheio de príncipes, princesas, cavaleiros, artistas, músicos, poetas, pintores, dançarinos, atores, pelotões de cozinheiros, cachorros, cavalos, pombos, falcões, todos borboleteando em volta dos salões, da cozinha...

Cantando, dançando de alegria, eu, Felipe e meus irmãos conversávamos e fazíamos planos para o futuro. Suspirando, sonhei com meu casamento, queria que fosse lindo também...

O casamento de Rosemary estava marcado para as seis horas do dia seguinte. Fomos dormir cedo.

O dia amanheceu maravilhoso, o sol esparramava seu brilho por toda a região. Levantamos, fizemos a toalete, e nos dirigimos para um dos salões reais para fazer nossa primeira refeição.

— Entrem, por favor, fiquem à vontade — anunciou feliz a jovem noiva Rosemary ao lado de seu encantador noivo, Duque Peter, e de seu pai. Os três aguardavam os convidados à porta de entrada do salão real.

Aquilo me impressionou: que jovem educada e fina! Em poucos instantes, todos nos acomodamos.

Rosemary nos observou a distância e logo depois seguiu em nossa direção. Esguia, magra, olhos amendoados, cabelos longos e lisos, rosto meigo, parecia uma boneca de tão linda. Ela se dirigiu a nós, mulheres. Seu pai e seu noivo dirigiram-se a meu pai, meu irmão e Felipe.

— Minhas queridas, rainha Margareth e princesa Estefânia, que alegria poder recebê-las em nosso castelo. Sejam bem-vindas.

Ela encarou-me séria e olhou para o meu vestido e sapatos.

— Papai, veja que lindo o vestido de Estefânia! E os seus sapatos são maravilhosos... nunca vi nada igual. Pensei que os convidados viriam vestidos à vontade e a Estefânia aparece vestida nesse luxo todo!

Todos levaram um susto e ficaram parados, cada um pensando por si mesmo.

O pai da princesa Rosemary voltou-se para a filha e indicou com o olhar e gestos que ela estava exagerando.

Ela fingiu nada entender e continuou:

— Papai, quero um vestido e um par de sapatos iguais aos de Estefânia. Mande comprar para mim.

— Claro, minha filha — respondeu, meio sem graça, o Conde Pierre.

Rosemary não disse mais nada. Aproximou-se de mim, serviu-me chá, mas derramou no meu vestido e retirou-se do salão nervosa, irada, e chamando-se de estabanada e sem graça.

Confesso que não entendi o ocorrido, que me causou profundo espanto. Olhei para Felipe e para papai, e os dois guardavam um sorriso atrás do bigode. Caroline fez cara de zombaria, como quem tinha entendido tudo. Mamãe socorreu-me, pegou um guardanapo na mesa e enxugou meu vestido. Levantei-me e me retirei totalmente intrigada e desconfortável com o incidente.

Mais tarde, Felipe me chamou do jardim que dava para a janela do meu quarto. Desci. Ao nos encontrarmos tivemos agitada conversa.

— Ah! Felipe, que situação desagradável, enfureci a noiva por causa do meu vestido e dos meus sapatos.

— Imagine, Estefânia, se você foi a causa do mau humor da dama; de forma alguma, querida... que há de se fazer se ela não se estima? Foi por essa razão que lhe doeu ver sua beleza, só isso.

— Mas, Felipe, ela é linda e graciosa, não entendi o que aconteceu para se comportar daquele jeito...

— Querida, você acha que ela é linda, mas ela não se acha linda... e com isso traz dentro de si um sentimento de inferioridade, fruto da comparação que fez entre seu vestido, seus sapatos e os dela. Ela se sentiu menor do que você, inferior, incapaz; e deixou aflorar a inveja que geralmente surge do sentimento de sentir-se incapaz, percebendo que você tem coisas melhores que ela. A competição entre os nobres, tão incentivada nas cortes, também pode ser geradora da inveja.

— Oh! Então nada posso fazer para reparar o acontecido?

— Não, Estefânia, você não pode fazer nada. O mal de Rosemary está em cultivar a inveja. A falta de confiança e de segurança em si mesma, unida a um invencível sentimento de impotência, colaboraram para acentuar seus sintomas e gerar aquela situação desagradável.

— Ahn, Felipe, que triste...

— Estefânia, minha querida, a inveja não é só a vontade de ter o que o outro tem, mas uma profunda tristeza por tudo o que o outro tem. E mais: infelizmente, é sentir alegria pelo mal do outro, é desejar que o outro nada tenha! Por esse motivo ela sujou seu vestido, obrigando-a a tirá-lo.

— Felipe, e se eu mandar buscar um vestido e um par de sapatos iguais aos meus para lhe dar de presente de casamento? Você acha que ela se acalmaria?

— Não creio; Rosemary precisa rever suas atitudes e crenças. Tem de aprender a valorizar tudo o que conquistou até aqui. Para todos nós é possível admirar o outro, o que o outro possui, e não querer viver a vida do outro ou ter o que o outro possui. Ela precisa adquirir consciência do que é e do que tem, e não perder tempo focada no que o outro tem ou é, ou tentando destruir quem conseguiu o que ela não conseguiu. E, sobretudo, aprender a acreditar nela mesma, gostar de quem é e aprender a lutar pelos próprios sonhos! O que você pode fazer é ter misericórdia para com ela, não guardar rancor com sua falta de educação e esquecer a ofensa que lhe fez. Você pode perdoá-la.

— Com certeza, já esqueci o ocorrido. Mas não sei se ela esqueceu, e como ficará o clima durante o casamento com minha presença. Estou com vontade de falar com papai para irmos embora.

— Estefânia, perdoe o ocorrido, esqueça-se da ofensa e fique até o fim do casamento. Daqui a pouco ela sentirá constrangimento com a própria atitude e talvez até se desculpe. Esqueça tudo isso...

A conversa com Felipe foi muito interessante; aprendi muito sobre a inveja. Logo tratei de investigar meu coração para saber se por acaso eu não a sentia, pois, caso sentisse, trataria de refletir para me libertar o mais rápido possível a fim de ser mais feliz e deixar os outros felizes também. Felipe era um aldeão, compunha músicas, e por tudo isso entendia como ninguém as misérias da alma humana. Era sensível e sábio como meu pai. E eu o amava mais a cada dia.

Naquela mesma tarde, Felipe me convidou para cavalgar e explorar os campos do castelo. Imediatamente, aceitei o convite.

Em poucas horas conhecemos tudo, quase não havia mais o que conhecer. Paramos diante de algumas árvores para descansar e trocamos sorrisos. Ele ajudou-me a descer do meu cavalo e fitou-me com ar apaixonado, dizendo:

— Estefânia, considero-me um homem abençoado por em breve poder tê-la como esposa. O amor que sinto por você me faz diferente, já não sou mais o mesmo, estou fascinado pelos seus encantos.

— Felipe, ao seu lado experimento a doçura e a pureza do amor. Sinto-me completa.

— Bem sabe que minha vida sempre foi repleta de dificuldades. Um aldeão luta muito e ganha pouco, mas se diverte bastante e usufrui do conforto dos reis. Mas saiba que a amo de verdade. Não busco ao seu lado um casamento para livrar-me das privações. Vou trabalhar ao lado de seu pai e ajudá-lo no que for preciso para manter seu reinado na mais profunda paz.

— Eu sei, meu querido.

Passamos dias maravilhosos, todos juntos e felizes, usufruindo das mordomias de um reino muito agradável. Revigorados, fortalecidos, retornamos ao nosso reino para marcarmos o nosso casamento e enfrentarmos qualquer oposição.

11
O massacre

O ódio e a vingança são duas das
portas que nos levam até o inferno.
BHAGAVAD GÎTÂ

Lá estava eu, mergulhada num sono reparador, sonhando com meu amado Felipe, quando de repente um
barulho enorme me assustou e despertou. Ruído incômodo,
que eu não gostaria de ter escutado. Parecia ao longe uma
discussão aflita entre os servos — isso às vezes acontecia,
era normal. Virei do lado e tentei dormir novamente. Inútil.
Por conta do barulho, fui obrigada a me levantar.

Ouvi gritos pavorosos que ecoavam em todas as dire-
ções. As imagens nos meus sonhos com Felipe desfizeram-se
rapidamente.

— Socorrooooo! Alguém nos ajudeeee!!

— O que há? — indaguei. — Que gritos são esses? O que está acontecendo?

Sob a ponta dos pés, silenciosamente, saí do meu quarto e fui investigar os fatos. Nos corredores do castelo sem querer assustei-me, apavorei-me, pois toquei com os pés em corpos ensanguentados caídos pelo chão. Fiquei apavorada com as cenas, muitos servos e guardas assassinados, um cenário horroroso. Com o coração acelerado, quase saindo pela minha boca diante do genocídio, concluí que o castelo havia sido invadido e meu pai, deposto. Desci as escadarias correndo, clamando por Deus, e fui para o local onde sempre me escondi quando criança, ao qual dei o nome de Labirinto Secreto. Ele ficava atrás da adega. Uma parede falsa separava a adega de um corredor enorme que atravessava por baixo todo o castelo e levava para fora dele. Dizem que meu avô, antigo rei, construiu-o para que suas amantes pudessem fugir quando descobertas pela rainha, minha avó, que sem nenhuma piedade mandava decapitá-las.

Rapidamente fui para a adega e puxei sem fazer barulho a alavanca que abria a porta falsa. Entrei. Estava tudo muito escuro e empoeirado, as paredes rachadas. Nesse instante, vários morcegos saíram voando e se prenderam ao teto.

Senti medo, tremi, corri como uma louca e fui atravessando o castelo por baixo. No caminho, soavam passos apressados, vozes roucas que gritavam e o ruído das espadas, dos corpos tombando, além dos gritos de horror dos guardas, dos servos, das servas, das amas e babás e, ao fundo, o som de escandalosas risadas dos nobres que se vangloriavam da vitória rápida e fácil na tomada do reino do meu pai. Logo todo o barulho cessou, ficando apenas o som das taças de vinho, que certamente brindavam o desenlace da morte do nosso reino.

Empalideci, agonizei, sangrei em prantos... queria gritar, mas não podia. Em questão de segundos, enlouqueci... e naquele instante prostituí todas as minhas crenças, abandonei o mundo puro, sábio e mágico do meu pai, apaguei da memória todos os seus ensinamentos. Minha mente fermentava apenas e tão somente com o puro desejo de vingança. Não podia acreditar no que estava acontecendo.

Algumas palavras de papai ecoavam em minha mente: "Será, Estefânia? Será que terá mesmo forças para superar os erros e as falhas dos homens deste reino, repletos de interesses, expectativas, medos, ansiedade, impaciência, egoísmo, receios, inseguranças, desamor, desconfiança, orgulho, ressentimento, resistência, competitividade, controle e, principalmente, a vaidade, sem se destruir?".

Não conseguia acreditar no que ocorria, que os nobres reagiriam daquela forma por causa do meu casamento com o aldeão. Não conseguia aceitar que minha escolha, pautada no amor, fosse a causa da morte de toda a minha família. A culpa do que estava acontecendo era minha. A dor era insuportável, desejei morrer.

Parada, suando, parecia que nada era real e que eu estava morta também... Ao longe ouvia a voz do meu pai chamando-me: Estefânia, Estefânia... Passei a correr de um lado para o outro, desesperada, minha respiração já estava fora do controle, as imagens da minha infância vinham à tona e fugiam. Pelo caos caminhava... rangia os dentes... inconformada, indagava:

— Por que isto está acontecendo? Por que mataram minha amada família? O que vou fazer agora? Para onde vou? Quem são esses homens? E se me descobrirem viva? Por que traíram meu pai e invadiram o castelo? Pelo que sei há pouco firmaram um contrato de paz no qual ficou claro o limite dos feudos. Tudo isso por causa do meu casamento? Quem será o responsável por tamanha tragédia?

Chorava desesperadamente e pensava por que o meu casamento teria desencadeado tamanha traição. Assustada, apavorada, sentia muito medo e desespero. Meu corpo todo tremia. O ódio e o rancor tomavam conta do meu ser. Não controlei o choro nem a mágoa por não conseguir ajudar, salvar minha adorada mãe, meu querido irmão Eduardo II, minha pequena Caroline, meu amado pai e o meu príncipe Felipe.

Com os olhos arregalados, esbugalhados, um longo grito saiu de minha garganta traduzindo o meu horror. A culpa me corroeu por não ter podido salvar minha família e por ter gerado aquela tragédia. Não tive um só ferimento, escondi-me feito uma onça, encolhida e arrepiada. Horas depois, andava cambaleando pelo labirinto interno do castelo sem saber direito o que estava fazendo. Ouvia as conversas e pouco a pouco fui compreendendo o que se passava. Os nobres opositores, liderados por Dom Ricardo, queriam o trono, pois a administração do meu pai e o meu casamento com Felipe — notícia que já era do conhecimento de todos, após nossa viagem ao reino do Conde Pierre — incomodava-os. Achavam meu casamento um absurdo e meu pai muito bondoso, pois ele não cobrava altos tributos dos servos, doando-lhes terras. Acreditavam que, quando Dom Ricardo, após o casamento comigo, assumisse o trono, mudaria toda a administração do meu pai, garantindo-lhes privilégios e maior renda. Inconformados, tramaram contra o rei. Seduziram alguns homens de confiança de meu pai com falsas promessas e conseguiram quebrar a segurança e invadir o castelo. Miseráveis! Malditos!

Pobre papai, com o olhar cheio de angústia, ameaçado por todos os lados, não teve nenhuma chance. Num relance, vi a espada entrar em seu peito e vi seus olhos estatelados. Seu sangue escorreu pelo chão e algumas gotas alcançaram meu rosto, misturando-se com minhas lágrimas. Meu irmão, tentando defendê-lo, foi golpeado pelas costas. Mas, antes de morrer, percebeu que eu estava no labirinto, pois me viu entre as frestas de madeira. Com a preocupação de salvar-me, já sem forças, sussurrou-me:

— Estefânia, fuja! Não há saída, é o fim do nosso reino, esconda-se no convento, busque forças e aliados e retome o reino. Lembre-se de tudo o que papai nos ensinou e governe como uma verdadeira rainha. Cuide de nosso povo, não os abandone.

Ouvi atentamente as instruções do meu irmão, mas em seguida assisti à minha mãe cercada de mercenários sofrer mil torturas, ser estuprada e depois degolada. Minha irmã Caroline foi entregue a uma mulher por um dos mercenários, e desapareceu na noite sangrenta. Não pude impedir. E o meu Felipe, aquele com quem iria me casar, também sofreu golpes e foi morto tentando defender minha família. As servas também foram estupradas e mortas. Colocaram fogo no castelo, que se transformou em cinzas.

Estava no mundo das sombras, das trevas, conheci o inferno. Não conseguia esquecer o som dos gritos, as imagens dos olhos assustados e desesperados do meu pai, da minha mãe, do meu irmão, da minha irmã e do meu amor, Felipe. Assisti ao último ato de uma eterna tragédia. Fui devorada pelos pesares. O destino esmagou minha vida inteira. Meu coração se encheu de ódio e jurei vingança, pegaria um por um. Os cadáveres da minha família tornaram-me vingativa e impiedosa. Não pude sepultar o rei, a rainha e os príncipes, mas sepultei a fé nos homens. Estefânia? Profana princesa morta, presente de lágrimas, passado de saudades, futuro negro e obscuro.

Construiria a partir de então meu próprio inferno, onde seria o diabo dos nobres até que eles se fizessem em pedaços, um por um.

Já estava quase fora do castelo quando resolvi voltar e gravar na mente as vozes dos assassinos da minha família. Identifiquei as vozes de Dom Ricardo, Diderot, Françoa e Frederic, todos homens da maior confiança de meu pai e meu irmão. Após o massacre deram por minha falta e procuraram-me como loucos, gritavam meu nome desesperadamente, mas não me encontraram.

— Estefânia... Estefânia... onde você está? Queremos ajudá-la. Venha até nós.

As buscas foram intensas, mas acabaram desistindo. Achavam que eu não representava perigo algum. Enganaram-se. Um grande desafio me aguardava: uma vingança inteligente, uma caçada incessante, uma horrível carnificina em homenagem àqueles a quem eu amava.

Dentro de mim uma força imensa de ódio me dizia que conseguiria meu intento. Antes princesa de Welington, agora, diante da tragédia, em breve seria a rainha do trono mais cobiçado: a rainha de Welington. Para isso, tinha de seguir as instruções do meu irmão, esconder-me, dotar-me de paciência e buscar aliados. Deveria buscar a ajuda de homens fiéis a meu pai, caso contrário, seria morta também. Perdida em pensamentos, sentimentos de vingança e ódio, corri para o convento Sangrenaro e bati à porta da entrada. A madre superiora veio atender.

— Olá, irmã — falei para a madre superiora, quase sem forças e voz.

A irmã me olhou assustada e respondeu:

— Olá, Estefânia! Em que posso ajudá-la, minha filha? O que aconteceu? Seu estado é deplorável, suas roupas estão imundas, rasgadas! O que aconteceu, Estefânia?

— Pre... ci... so... preciso de abrigo, invadiram o castelo e mataram toda a minha família, precisa esconder-me!

— Invadiram o castelo? Como foi isso, querida princesa? Entre, entre, com satisfação iremos protegê-la, devemos muito aos nossos amados rei e rainha. Entre e conte-me tudo, nos mínimos detalhes.

— Obrigada, irmã, pelo apoio.

Entrei, agradeci e narrei os fatos detalhadamente para a madre superiora. Após tomar um banho e uma sopa, cansada, exausta, recolhi-me para o quarto que fora destinado para mim e tentei descansar um pouco.

Na manhã seguinte, após noturna insônia em céus negros, levantei-me. Sentia que meu coração batia forte, com muito ódio. Tecia a cada segundo, a cada minuto, todos os dias que sucediam, a teia do meu futuro... Vingança era a palavra de ordem. Demorasse o tempo que fosse, eu pegaria os carrascos da minha família.

Alguns anos se passaram desde a tragédia e por muito tempo fiquei escondida no convento Sangrenaro, protegida e amparada pelas irmãs, que sempre foram cuidadas e sustentadas por minha mãe e pelo meu pai.

A madre superiora serviu de intermediária entre mim e o conselheiro de confiança de meu pai — Riviero, um dos poucos que não o traíra e que escapara da tragédia, porque no momento do golpe estava viajando a pedido do meu pai. Ele era fiel e acreditava que eu iria reinar como ele.

Por muito tempo cuidou de preparar meu retorno, buscando aliados para dar início ao meu reinado, sem saber das minhas intenções de vingança. Para me agradar, tentou incansavelmente encontrar minha irmã Caroline, mas suas buscas foram em vão. Ela desapareceu.

Certa manhã, na capela do convento, as irmãs tentaram me acalmar dizendo que o que acontecera fora vontade de Deus. E eu me indagava: "Que Deus é esse que permite o assassinato de inocentes; de um rei, que pela primeira vez na história dos feudos estava cuidando do seu povo, dos servos, fornecendo alimentos, roupas e habitações decentes e baixando os tributos, dando condições para que praticassem a agricultura, além de protegê-los e libertá-los da insegurança e do medo?".

Ah, perguntava incansavelmente, que Deus é esse? Perguntava a Deus se era justo a baixa de tributos, a doação de terras para a prática da agricultura, o amor que sentia por Felipe terem sido as causas da traição dos nobres ambiciosos; tudo aquilo ter sido razão para liquidarem meus familiares amados. Indignada, por vezes gritei: "Deus, o rei, meu pai, era o único que estendia seus feudos sem guerras, por meio de negociações, e muitos que não possuíam terras férteis lhe permitiam o controle por conhecer o seu alto senso de justiça. Por que o Senhor deixou que o matassem?".

Que longo eram meus dias se comparados aos curtos dias de minha infância... era primavera, e não mais via as flores; elas não mais me encantavam; tampouco via as rosas, apenas seus espinhos. Por que Deus não me levou com eles? Queria juntar-me a eles na eternidade, sem coroa.

Por que fora condenada à vida? Agora compreendia algumas palavras de meu pai... *Estefânia, muitos homens se sentem condenados a viver seu destino, numa guerra sem tréguas de puro aborrecimento e dor. Perdem com facilidade a cabeça e apagam todas as luzes do mundo.*

— Deus, por que o Senhor apagou minhas luzes e condenou-me a essa triste, atormentada, mesquinha e miserável vida?

Na capela, uma fresta de luz se fez... um som suave e um perfume doce tomou conta de todo o ambiente... ao fundo, pude ouvir o som de uma doce voz... e ver um vulto iluminado.

— Estefânia, não desanime, você veio ao mundo para cumprir uma missão, não a abandone, encontre-a dentro de si mesma. Limpe seu coração do ódio, do rancor e do desejo de vingança e por ora aceite seu destino, siga em frente, aceite suas perdas, aceite os fatos, a vida como se apresenta, supere tudo isso! A cada manhã, erga-se sobre as rochas e veja que o sol a está esperando. Seu pai, sua mãe, seu irmão e seu amado, que agora estão na seara espiritual, não a esqueceram, não a abandonaram e pediram para Jesus intervir neste momento tão difícil da sua vida. Lembre-se: "Bem-aventurados os que choram, pois eles serão consolados. Bem-aventurados os que têm fome e sede de justiça, pois serão saciados. Bem-aventurados os que sofrem perseguição por amor à justiça, porque é deles o reino dos Céus."[2] Confie em Deus, em Jesus, na sua força, no seu amor e no seu poder. Abra seu coração, perdoe, esqueça a tragédia, escolha o amor, continue seguindo em frente, supere os sentimentos de ódio e vingança, liberte-se dessa enorme brutalidade. Pare de se maltratar, pois não se combate o mal com o próprio mal. Não faça justiça com as próprias mãos. Zele pelo seu próprio bem e evolução. Perdoe. Sinta

---

2. Mateus, 5:4, 6 e 10 (N.M.).

o amor. Confie em Deus e em seu filho Jesus Cristo. Estefânia, lembre-se: "Amai o próximo como a ti mesmo".

Senti arrepios, mas não compreendi o que vi e ouvi, como eu poderia estar vendo uma luz falante? O que seria aquilo? "Enlouqueci", pensei, mas, mesmo assustada, respondi:

— Bem-aventurados os que choram? Amar o próximo? Confiar em Deus? Limpar meu coração do ódio? Esquecer? Perdoar? Nuncaaaa! Jamaiiisss! Nuncaaaaaa! Vou matar todos os que mataram minha família, não sobrará um para contar essa triste história.

E retirei-me correndo da capela rumo ao meu quarto.

Durante a noite, novamente lembrei-me de algumas palavras de meu pai: *Será Estefânia, será que terá mesmo forças para superar os erros e as falhas dos homens deste reino... sem se destruir?*

Agora entendia que meu pai era louco! "Perdoar os erros e as falhas dos homens deste reino? Jamais! Vingarei a morte da minha família, pegarei um por um dos que fizeram parte daquele massacre! Acabarei com todos eles! Juro!", assim pensava. Dormi com um milhão de planos de vingança.

Na seara espiritual meus familiares, preocupados, conversavam, e eis que meu pai tomou a palavra e disse:

— Pobre Estefânia! Mergulhada no ódio e na dor, sepultou os meus ensinamentos e se esqueceu das palavras do

Cristo: "Bem-aventurados os humildes de espírito, porque deles é o reino dos céus";[3] esqueceu-se de que somente suportando com resignação suas terríveis provas poderá ser conduzida, no fim de sua existência, ao reino de Deus. Esqueceu-se de orar, pois a prece seria um apoio para a sua alma; esqueceu-se de confiar em Deus, pois ele, sendo um pai amoroso, não colocaria em seus ombros fardos pesados que ela não pudesse suportar. Estefânia esqueceu-se de que "Bem-aventurados são os que têm ocasião de provar sua fé, sua firmeza, sua perseverança e sua submissão à vontade de Deus, nos momentos de dor, porque terão centuplicada a alegria que lhes falta na Terra, porque depois do labor virá o repouso".[4]

---

3. Mateus, 5:3 (N.M.).

4. Lacordaire. Havre, 1863 (N.M.).

12

Amigos eternos

Porque se vós perdoardes aos homens as
ofensas que tende deles, também o vosso Pai
celestial vos perdoará os vossos pecados.
Mas, se não perdoardes aos homens, tampouco
vosso Pai perdoará os vossos pecados.

MATEUS, 6:14-15

Na Casa da Luz, num plano de regeneração desse imenso e misterioso Universo...

— Querido pai, precisamos pedir autorização para ir ajudar Estefânia. Ela precisa perdoar os seus inimigos, tirar o ódio do seu coração e seguir uma vida construtiva, seguir sua missão com amor e ajudar o nosso povo. Ela precisa adquirir conhecimentos espirituais, saber que será impelida a reparar qualquer dano que fizer contra o seu próximo.

Vamos pedir ajuda para o sr. Ismael, responsável em nos orientar aqui?

— Filho, podemos tentar, mas o coração de sua irmã está muito brutalizado, endurecido, cheio de ódio, rancor e ressentimento. Temo falhar... Não desejo que ela, por meio de atos nocivos, debilite-se e fique à mercê dos seres inferiores. Estou preocupado com seu futuro.

— Pai, ela é médium, poderá nos ouvir!

— O ódio a deixou insensível, cega e surda, meu filho. Neste momento, com muita tristeza, lembro-me das palavras de Jesus: "Ouvireis com os vossos ouvidos e não escutareis; olhareis com os vossos olhos e não vereis. Porque o coração deste povo se tornou pesado, seus ouvidos se tornaram surdos, e fecharam os olhos para que seus olhos não vejam e seus ouvidos para que não ouçam, para que seu coração não compreenda nem se converta, permitindo que eu os cure".[5] Filho, ela não ouve e não vê, fechou seu coração, precisamos orar muito por ela. Muito mesmo!

— Pai, não posso ficar parado vendo minha irmã se destruir por nossa causa. Vou pedir autorização para falar com ela. Vou até o seu quarto, tenho certeza de que ela vai me ouvir!

— Eduardo, nosso filho tem razão, precisamos ir até ela!

— Que bom, mamãe, que a senhora vai comigo! Vamos falar com o sr. Ismael imediatamente!

---

5. Mateus, 13:14-15 (N.M.).

No quarto, em profunda insônia, transpirando muito, com dor na nuca, no estômago, sentindo arrepios, rolando na cama de um lado para outro, eu tentava entender as razões da tragédia que assolara minha família. Sem saber de nada, sentia a presença do meu pai e do meu irmão, era como se eles estivessem ali comigo naquele instante. Achei a sensação muito estranha. Sentia-me muito mal. A revolta, a dor, a frustração, a desolação eram imensas. Não fazia outra coisa a não ser chorar muito pela morte dos meus familiares amados e pela morte do amor da minha vida, meu doce Felipe.

"Ah, Felipe, onde está?", perguntava incansavelmente. Cambaleando, o estômago embrulhando, com muito esforço levantei-me para beber um pouco de água. Fui até a janela olhar a lua e tentar encontrar uma resposta. Mas a única resposta que tinha era a dor no meu coração que sofria, que se sentia traído e abandonado. Tinha uma dor profunda, que me tirava a vontade de viver. Nem se eu quisesse poderia descrever o tamanho dela. Meu coração estava totalmente dilacerado; meu corpo parecia ter sido cortado em mil pedaços. Meus pensamentos eram desordenados e era como se eu estivesse fora da realidade. Não sentia meu corpo, muito menos minha alma. Dor — eu sentia apenas dor, e ela tomava conta de todo o meu ser. Deixei de viver. Nunca mais fui capaz de sorrir. A tristeza, a desolação, o ódio tomaram conta da minha alma. Revoltada, inconformada, apenas respirava. A revolta e o desejo de vingança me alimentavam.

Na madrugada ouvi sons estranhos... senti pavor e uma espécie de tontura. Impossibilitada de reagir, sem a ajuda de ninguém, pensei que ia desmaiar, acho que abandonei meu próprio corpo. Sabia que estava dormindo, mas ao mesmo tempo estava acordada num cenário meio nebuloso. Senti a presença de meu pai, da minha mãe e do meu irmão! Recordo-me das suas palavras...

— Estefânia, minha filha, esforce-se para suportar sua provação com paciência, tolerância, resignação e esperança. Perdoe os homens que destruíram o nosso reino. Cultive pensamentos de paz, amor e perdão para não atrair como um ímã os elementos espirituais inferiores e um triste e lamentável destino...

— Adorada filha, prevenir tragédias é fator essencial para a sua e a nossa felicidade. Controle os próprios impulsos, aprenda a aceitar os "nãos" da vida, evite maiores aborrecimentos, tenha cautela, seja responsável e prudente, invoque a chama sagrada do perdão divino... As causas de suas dores não estão apenas nesta vida, mas também em outras, Estefânia...

— Querida irmã, perdoe a todos os que nos feriram, volte a ver a luz, o sol, as flores, cultive as rosas vermelhas em seu coração. Faça um lindo jardim e cuide do nosso povo. Abandone essa ideia de vingança. Por favor, liberte-se do ódio. Recomece sua vida com o que lhe sobrou: você, apenas você. Se quiser, levantará dessa tragédia como a ave Fênix, que renasceu das cinzas, forte e vitoriosa, e construirá um reino mais feliz que o de papai. Abandone o desejo de se vingar. Supere. Perdoe. Seja humilde perante a vontade de Deus, que é pai generoso e justo!

⚜

Na nebulosidade da madrugada, estava completamente tonta e tendo alucinações. Lembrei-me de minha família e senti uma dor insuportável, parecia que ia dilacerar meu corpo inteiro. Chorei por muitas horas. Depois concluí:

— Delírios! Que noite insuportável. Como meu irmão, minha mãe e meu pai poderiam estar falando comigo? Controlar meus impulsos! Abandonar o desejo de vingança! Bah! Paz, paciência, tolerância e perdão? Aceitar os "nãos" da vida. Não! Nunca! Jamais! Nem depois de morta! Vou me vingar de todos os assassinos inescrupulosos da minha família, pegarei um por um, é só uma questão de tempo... não sobrará nem o pó deles...

Durante todo o tempo em que estive no convento, todos os dias me lembrava das cenas terríveis a que assisti e cuidava para não esquecer as vozes dos responsáveis pela morte dos meus familiares amados. Novamente, indaguei:

— Onde estava Deus naquele instante? Que Deus é esse de que tanto falam? Não acredito mais nesse Deus. Ele não existe. E, se existe, é injusto e perverso. Não vale a pena nem sequer pensar na sua existência, pois tenho muito com que me preocupar.

Certa manhã, com o nascer do sol, fui visitada por Riviero, que trouxe a notícia de que havia conseguido convencer boa parte da nobreza a apoiar o meu governo.

Sorri aliviada e feliz. Sabia que um grande desafio me esperava e que iria cumpri-lo melhor do que todos podiam imaginar. Trazia no peito uma vontade enorme de governar e uma dor imensa, um vazio sem fim no peito. Estava machucada por dentro, mas não queria me apiedar de mim mesma. A certeza de poder vingar meus pais, meu amor Felipe e meu irmão alimentava-me e era maior do que o mundo.

Enquanto eu ignorava as instruções dos meus entes amados e jurava vingança, eles, na Casa da Luz, encontravam-se entristecidos. Não conseguiram influenciar-me positivamente, por me encontrar surda e cega às verdades espirituais do nosso amado Pai maior e seu filho Jesus. Em suas orações, continuavam a buscar uma forma de me ajudar.

— Pai, o que vamos fazer? Estefânia não ouve nossas orientações. Cega pelo ódio não percebe o que vai fazer com a sua vida presente e com suas vidas futuras, não sabe que o que semear vai colher!

— É, meu filho, no momento só podemos orar para que Deus, nosso Pai, em sua benignidade e misericórdia, tenha piedade da sua alma e a ilumine. Não vamos desistir, vamos continuar orando. Tentamos de todas as formas desencorajar seu desejo de vingança e convencê-la de que não se paga o mal com o mal, mas ela faz questão de não nos dar ouvidos.

— Pai, estou muito preocupado. Estefânia pretende desrespeitar, negligenciar completamente as Leis Divinas. Quer fazer justiça com as próprias mãos, desconsiderando a lei de causa e efeito, não pensando nas consequências futuras! O seu coração maquina crimes hediondos!

— Filho, não podemos perder a fé em nosso Pai maior. Sei que ela pretende cometer atos lastimáveis e, no momento, seu coração se compraz no mal pela revolta que carrega. Vamos continuar orando, meu filho!

— Estefânia precisa compreender que não há malefício que não seja cobrado, que não há injustiça que não deva ser reparada.

— É, mãe, com os atuais pensamentos e planos de Estefânia, fica claro que em breve ela deixará de ser vítima para se tornar uma cruel carrasca. No que ela se diferencia de seus malfeitores? Ela esqueceu-se das palavras do nosso amado mestre Jesus: "Em verdade vos digo: amai a vossos inimigos, bendizei os que vos maldizem, fazei bem aos que vos odeiam, e orai pelos que vos maltratam e vos perseguem... Pois, se amardes somente os que vos amam, se saudardes somente vossos irmãos, que fazeis de mais?".

— Filho, se não conseguirmos convencer sua irmã a abandonar seus planos de vingança, ela sentirá por muitas vidas o amargor da perturbação e falta de paz, que a acompanharão na vida espiritual e nas futuras reencarnações, levando-a a terríveis desequilíbrios e dores profundas.

— O que mais podemos fazer para que ela se liberte dessa onda de violência que parece tomar conta de todo o seu ser, pai?

— Podemos orar, meu filho, apenas orar para que Estefânia lembre-se das palavras de Jesus: "Meu reino não é deste mundo"...

— Pai, como essas palavras poderiam ajudá-la neste momento? Não entendi!

— Meu filho, se ela guardasse em seu coração as premissas de Jesus, teria a certeza da vida futura, e não concentraria todos os seus pensamentos na atual vida terrena. Ela enxergaria os bens espirituais, que são muito mais preciosos do que os da Terra, e não alimentaria todo esse ódio, rancor, ressentimento, arquitetando planos de vingança. Ela está muito mal, assim como uma criança que não vê outra coisa além de seus brinquedos perdidos, e está fazendo da sua vida um verdadeiro inferno, entregando-se aos mais baixos sentimentos. Está abusando do seu poder de forma a provocar muita dor em razão do seu desespero. Seu coração foi corroído e corrompido, e ela se entregou sem perceber às energias trevosas. Esqueceu que a sua vida terrena é passageira, uma curta permanência, e que todas as suas dores e reveses também o são. Não percebe que deveria manter sua moral intacta e não deixar sua vibração se igualar com a de seus inimigos. Esqueceu tudo que lhe ensinei... Faltam-lhe o controle das emoções, a capacidade de aceitar os fatos como são, a humildade, a paciência, a tolerância, e a verdadeira fé em Deus e em Jesus. Vamos orar por ela... e que sua mãe, que hoje não está conosco, em oração, de onde estiver, junte-se a nós para que possamos gerar uma forte corrente de amor capaz de alcançar o coração da sua irmã e abrandar seu ódio.

13
O preço da vingança

*Ponha-te de acordo, sem demora, com teu
adversário, enquanto estás com ele a caminho,
para que não suceda que te entregue ao juiz,
e o juiz te entregue ao seu ministro e seja posto
no cárcere. Em verdade te digo que dali não
sairás antes de teres pagado o último centavo.*

JESUS CRISTO

No céu, dizia meu pai, escondem-se as estrelas e nelas temos todas as respostas sobre a vida. Basta olhá-las e depois guardá-las no coração.

Inúmeras vezes olhei para a lua, o mar, o sol, as estrelas, buscando respostas, mas todos se calavam. Guardaram as respostas para si mesmos, num ato tremendamente egoísta e impiedoso.

Apesar da dura oposição, nesse momento em que o sistema feudal estava em franco colapso, e o mercantilismo surgia, obtive apoio dos burgueses. Assim fizemos inúmeros acordos e assumi o trono numa manhã nublada. Tratei de governar tal qual meu pai, ainda que em um momento diferenciado, momento de centralização política. Qual o interesse dos burgueses em me apoiar? Naquele momento, a unificação política e jurídica, a unidade de moedas, impostos, leis e normas dos mercados internos e externos se organizariam e eram interessantes para que o mercado burguês se mantivesse e se expandisse. Assim, era necessário que eu unificasse o reino. Com o apoio de Riviero, montei um forte corpo burocrático e militar (arrecadadores de impostos, administradores, exército e marinha), pois iria enfrentar a oposição de alguns senhores feudais e a autoridade da Igreja. Criei companhias comerciais e desenvolvi uma política econômica protetora dos interesses burgueses, mas mantive baixos os tributos, fornecendo alimentos, roupas, moradia e permitindo a prática da agricultura com a doação de sementes e empréstimo de material necessário a todo o povo.

Sofria oposição e precisava encontrar uma solução política; tinha de tomar duas medidas. Primeiro, casar-me, aliar-me a um burguês, forte e poderoso, para manter meu reinado. Segundo, ir atrás dos assassinos da minha família... Aquele era o momento.

Sem hesitar, mandei organizar uma festa no castelo para todos os burgueses dos feudos próximos e distantes dos nossos para encontrar meu futuro marido.

Os preparativos foram minuciosos, desde a decoração, entretenimentos e alimentos. Muitos dias foram gastos. Mas o resultado foi excelente. Recebi a todos de braços abertos e sabia do meu dever — escolher um marido para que pudesse continuar governando. Riviero aconselhou-me desposar um burguês francês para a manutenção da ordem e a preservação do trono. Assim o fiz. Não nutria por ele nenhum sentimento. Na noite da festa, com o visual renovado, anunciei o meu casamento com o burguês Allan, que por meu intermédio iria se tornar rei. A satisfação foi geral.

Durante o baile conheci a todos e, o mais interessante, reconheci os assassinos da minha família. Rapidamente, tracei o plano para a concretização da minha vingança. E o iniciei imediatamente. Dom Ricardo foi o primeiro. Lembrei-me de suas risadas ao ver meu pai tombar. Por nossa história e sua fama de mulherengo não seria difícil conquistá-lo. Muitos diziam ser eu uma rainha extremamente bonita e atraente, meus cachos dourados e meus olhos azuis a todos encantavam. Persuadi Dom Ricardo, mesmo casada, e ele se entregou aos meus encantos. Embebedei-o. Em seguida, fiz com que assinasse os documentos que o faziam abrir mão de toda a sua fortuna. Tramei de modo que meu esposo, o rei, nos pegasse juntos, e eu, indefesa e desprotegida, recusava seus carinhos e lutava contra a sua ousadia. Não poderia ter sido melhor. Abarquei sua fortuna e assisti à sua decapitação em praça pública por desrespeito à honra do rei. Fiquei muito feliz, satisfeita e aliviada. A vingança foi doce e suave, e senti alegria e paz. Passei para o segundo:

Diderot, rei do feudo vizinho que assistiu e participou do estupro da minha mãe. A esse conquistei com riquezas, concedi-lhe vários feudos, aumentei seu poder e provoquei um desentendimento entre ele e o rei da Espanha, por posse de terras. Além disso, providenciei para que sua esposa o traísse com um de seus melhores amigos, o rei da Espanha, e para que seu filho, considerado afeminado, assumisse sua opção sexual, vivendo um grande amor com um homem contratado por mim. Os escândalos foram gritantes; o filho foi desmoralizado publicamente, pois a Igreja condenava o homossexualismo. Ele e toda a família foram excomungados. A esposa, acusada de feitiçaria, pois encantara o rei, foi condenada pela Santa Inquisição e queimada na fogueira. Agora, era com Françoa, o homem que comprou os guardas reais e provocou sem pestanejar a morte traiçoeira de meu irmão, capaz de doar minha irmã Caroline para uma mulher estranha.

Françoa era debilitado, mancava de uma perna e temia o fogo. Um acidente em sua casa resolveu o problema. Contratei mercenários que puseram fogo em sua morada, provocando a morte de toda sua família. Todos morreram queimados. Como ele estava dormindo, não teve chance de fugir, tampouco de salvar seus filhos e esposa. Ainda que quisesse, não conseguiria, pois sua perna não permitia que corresse.

Por fim, tramei a morte de Frederic. Deixei-o por último, pois ele matou meu amor, Felipe, com um golpe nas costas. Com Frederic fui menos piedosa ainda. Seu filho era muito charmoso e fogoso. Seduzi-o, quase o enlouqueci de paixão, mas o rejeitei. Como ele era um jovem fraco, provoquei o seu suicídio. A esposa de Frederic, em viagem, foi assaltada, estuprada e decapitada. Os assaltantes foram escolhidos a dedo. E ele, Frederic, de desgosto, enlouqueceu. Claro que antes passou toda a fortuna para mim, pois também o seduzi.

De certa forma, meu coração estava aliviado, pois conseguira me vingar de todos os responsáveis diretos pela morte da minha amada e adorada família. Os responsáveis indiretos também não escaparam. Alguns guardas que reconheci, todos, sem exceção, tiveram sua vida interrompida por acidentes medonhos e seus entes queridos assassinados. Alguns morreram queimados, outros afogados e outros ainda foram acusados de bruxaria. Não me vinguei de todos, pois muitos não identifiquei, infelizmente.

Achei que finalmente havia resolvido meus problemas. Minha vingança tinha sido completada.

Após a morte de Frederic, adoeci e meu marido perdeu pouco a pouco o apoio que obtivera dos nobres. Era um período de mudanças e a nobreza desejava outro tipo de governo.

Allan, meu marido, morreu de desgosto pelas questões políticas e pessoais, pois eu o traí, o que provocou sua doença e morte. Com seu falecimento, perdi de vez o apoio dos nobres e fui acusada de crimes que não cometi. Acusaram-me de praticar bruxaria e estou aguardando meu julgamento, correndo o risco de ser condenada a morrer queimada na fogueira.

Durante alguns dias, narrei minha vida para o Duque Jean, que, de um lado, ficou admirado, e, de outro, muito assustado com o desenrolar dos acontecimentos. Ele tentou de todas as formas provar minha inocência, com constantes interferências no alto clero, utilizando o auxílio dos aliados, mas, apesar de ter lutado com todas as forças, não conseguiu inocentar-me nem libertar-me daquele triste fim. O resultado não foi positivo e eu fui condenada à morte e executada no dia marcado pelos Senhores da Santa Inquisição.

Assim como o Duque Jean tentou me salvar no plano terrestre, do outro lado, meus amados familiares tentaram, por meio de orações, passes, energização a distância, afastar-me da negatividade. Oravam sem parar, mas tudo foi em vão. Cumpri com meus piores desejos, sem sequer imaginar as consequências que me aguardavam. Desencarnei sem ter a menor noção do tamanho do carma negativo que havia adquirido e do quanto teria de ajustar os efeitos à causa. Eu não tinha a menor noção sobre a minha imensa saga. Não tinha noção de que daquele momento em diante estaria só, sem consolação, apenas com minha consciência, e padeceria torturada pelos sofrimentos morais nos mundos inferiores onde reinavam paixões terríveis, onde a força bruta era a única lei, e a vida moral era quase inexistente, morada apropriada ao meu adiantamento. Minha colheita seria obrigatória para a transformação da minha postura, minhas crenças e meus valores.

1
O acerto de contas

*(...) Ainda que distribua todos os meus
bens entre os pobres, e ainda que eu entregue
meu corpo para ser queimado, se não tiver
amor, nada disso se aproveitará.*
EPÍSTOLA DE SÃO PAULO AOS CORÍNTIOS

Antes que anoitecesse, de repente, Estefânia acordou. Não reconheceu o lugar, estava atordoada, confusa, tentando identificar o local, mas não conseguia. Deitada no chão, fixou o olhar nas manchas de sangue espalhadas pela sua roupa, pelas paredes e pelo teto. Com muito medo, sentiu seu corpo inteiro paralisado, seus cabelos arrepiados com o que via e ouvia. Ela suava e estremecia assustada. O lugar todo estalava. Estava imersa num cenário pavoroso, muito escuro, imundo, repleto de insetos e bichos que chegavam e se instalavam. Ecoavam gritos por toda a parte. Não entendia o que estava acontecendo, sentia muito frio e estava completamente perdida. Após algum tempo, identificou pelos corredores pelos quais perambulava que estava num certo castelo — que com certeza não era o seu, no qual fora criada — onde corpos queimados, despedaçados, amontoados preenchiam todos os espaços. Em certo momento, ela parou no fim de um dos corredores, ouviu passos e levou um susto ainda maior: viu homens, mulheres e crianças se arrastando em sua direção, todos feridos e ensanguentados. Correu o mais que pôde. Saiu daquele corredor, buscando uma saída. Vozes altas e assustadoras a perseguiam, havia vermes, insetos, cobras e cães ferozes por todos os lados. A qualquer lugar que ela fosse daquele castelo esquisito via cenas refletidas de incêndios, decapitações, fogueiras com homens, mulheres, insetos, cães e cobras que tentavam mordê-la e se exibiam num ritmo alucinante, como se estivessem dentro de um rodamoinho. Não havia saída para ela. Onde estaria? Que chance de sobreviver naquele lugar teria?, perguntava-se intimamente. Não recebeu resposta. Era um mau presságio. Teria sido sequestrada por seus inimigos enquanto aguardava o julgamento?

Com muito medo e raiva, respirava feito bicho do mato — e não parava de tentar sair daquele lugar. Mas não tinha para onde ir. Desesperada, começou a correr, gritar e chorar. Tentou parar as cenas, em vão. Para onde se dirigia, os gritos, as cenas acompanhavam-na. Em pouco tempo, ela percebeu que não havia saída: estava em um local muito

PELA ESTRADA DO PERDÃO

parecido com o inferno; no convento já havia ouvido falar naquele lugar. Agora era prisioneira dos gritos de dor, que ecoavam sem parar, prisioneira do passado... E o que Estefânia estava fazendo ali? Como saíra do lindo castelo em que morava e se encontrava num outro castelo: feio, sujo e cheio de pessoas queimadas, feridas, com rancor nos olhos, com sede de vingança? E que cenas absurdas e horrorosas eram aquelas?

As imagens fluíam nas paredes, e em sua mente, vagarosamente, as lembranças tomaram conta de todo o seu ser. Eram cenas de sua infância no castelo, dos sapos, das tulipas vermelhas, do seu irmão, de Felipe, do seu pai e da sua mãe. De repente, corpos tombaram, viu sua mãe gritando. As cenas da morte da família se tornaram vívidas e ela se lembrou da sua vingança. Não se recordava direito das coisas e, algumas vezes, perdia a consciência. Não conseguia mais distinguir sonhos de realidade, não sabia onde estava nem por quê. Entre as lembranças das cenas horríveis vividas, havia vozes e gritos. Toda trêmula, aturdida e perdida, seu desespero aumentava e ela tentava transformar o seu medo em fúria, mas não tinha forças. Não conseguia se livrar das perseguições e agora sentia um mal-estar imenso em razão do mau cheiro, da sujeira, da vibração baixa e negativa, tudo era insuportável. Lentamente, levantou-se e caminhou rumo a um lugar que achou ser a saída, mas não havia saída alguma. Murmurou pedindo socorro. Perambulou pelo castelo inteiro e, como se estivesse num labirinto, voltou ao mesmo lugar. Viu as mesmas cenas. Um horror. Começou a gritar, e um bando de homens e mulheres apareceram e pediram que ela calasse a boca.

Alguns deles malvestidos, sujos, com trapos, feridas nas pernas, nos braços, com o rosto deformado, partes sem carne, apenas com os ossos expostos. Um deles parecia ter levado um tiro na testa, pois o furo era visível. Outro levava facadas no peito, outro ainda tinha as pernas quebradas; havia mulheres magras, com profundas olheiras, cheias de feridas e marcas por todo o corpo.

Realmente era um cenário assustador. Estefânia estava em um local com um grupo de espíritos liderados por um homem chamado Tijolo, que fazia coisas cruéis, torturas terríveis com todos os espíritos recém-desencarnados naquele lugar. Insuflava brigas, discórdias, jogava seus cães ferozes que despedaçavam muitos corpos espirituais. Cobras e insetos os mordiam e os flagelavam. Um local onde realizavam vinganças de toda a ordem. Estefânia estava nas trevas, no inferno, e ainda não havia se dado conta. Estava mergulhada num local regido pelos instintos, desprovido de qualquer tipo de benevolência e noções de justiça ou de injustiça.

Ela não entendia o que se passava até que Mirna, a líder das mulheres do bando, explicou que ela estava morta, que havia desencarnado e sido levada para a casa dos vingadores. Por tudo isso deveria se sentir privilegiada, pois de agora em diante faria parte de um bando de vingadores e teria a felicidade, a grande oportunidade de servi-los por toda a eternidade, fazendo o que ela fizera nos últimos anos

PELA ESTRADA DO PERDÃO

da sua vida, em sua última encarnação, ou seja, vingando-se, decapitando, queimando, torturando, seduzindo, bebendo incessantemente, eternamente, o doce veneno do ódio e da vingança.

Estefânia não aguentou o choque e desmaiou. Ficou muitos dias fora de si, fora da realidade, dormindo. Alguns dias depois, cansados de esperá-la acordar, um dos homens cravou suas unhas em seu rosto para fazê-la encarar sua atual realidade. Mediante imensa dor, ela acordou, chorou e se arrastou pelos corredores daquele lugar. Tentou se esconder, mas Mirna e suas capangas a encontraram e explicaram que ela, uma vadia hipócrita e suja, deveria parar de brincar com eles, de lutar contra o destino, pois estava sob a Lei Divina, havia ido parar no lugar de seu merecimento de acordo com suas vibrações.

Dessa forma, ela deveria parar de ser um lixo ambulante, uma pessoa fraca; teria de levantar e assumir seu lugar no bando. Logo lhe dariam outras instruções, ela teria muito serviço a realizar.

Deveria fazer de tudo para se adaptar ao bando, cumprir com todas as suas obrigações se quisesse que os chicotes, os cães e as cobras não a incomodassem. E mais: deveria servi-los para se livrar dos inimigos. Mirna deixou claro que, se continuasse com sentimentalismos, os cães ferozes, os vermes, os insetos e as cobras iriam para cima dela, e ela seria jogada aos espíritos por ela queimados, decapitados, para que eles sugassem toda a sua energia. Foi orientada no sentido de que, se quisesse sobreviver ali, teria de mudar totalmente sua aparência para não ser facilmente reconhecida por seus inimigos. Deveria aprender muito rápido a volitar para ir retirar energia dos idiotas encarnados na Terra. Estefânia não entendeu nada. Mirna tentou explicar, ensinar, mas a rainha não compreendeu e tentou fugir.

Contudo, ela não encontrou saída. Em todos os lugares encontrava com espíritos terríveis munidos de chicotes e acompanhados de cães ferozes, que logo a levavam de volta e a encarceravam.

Na cela, confusa, aturdida, desesperada, ela chorava muito. Seu lamento atravessava toda aquela escuridão, alcançando talvez as estrelas. Chorava porque não aceitava sua morte, seu triste destino, porque sua vida não dera certo, pelo seu amor não vivido, por sua família que fora assassinada, por sua irmã desaparecida, por seu casamento sem amor, por sua vida sem sabor. Agora, chorava mais ainda por sua vingança temporária, que acabara jogando-a naquele inferno nojento.

Estefânia não compreendia que, ao não ouvir as recomendações espirituais de sua família na última reencarnação, ela havia semeado a aflição, o pavor, a loucura, o desespero, o suicídio, o ódio, o rancor e o ressentimento. Estava sendo responsabilizada pelos atos hediondos que cometera e colhia o que plantara. Era a reação às suas ações, o seu livre-arbítrio em ação.

Mais uma vez Estefânia tentou abandonar a casa dos vingadores, mas as consequências foram terríveis. Ela foi enjaulada numa cela cheia de bichos, ratos, cobras, aranhas, escorpiões, entre outros. Com seu corpo espiritual quase todo despedaçado, rendeu-se às ordens do bando, pois sentia dores terríveis. Seu corpo todo doía. Retirada da cela, ela aprendeu a volitar, a roubar energia dos encarnados e desencarnados mais fracos que ela, e começou a cumprir as ordens do bando.

Os dias de Estefânia eram longos, intermináveis, e a cada dia sua revolta aumentava. Queria sair daquele lugar, voltar para casa, para seu jardim de tulipas vermelhas, mas não tinha como fazer isso. Não tinha sossego, não tinha controle sobre sua mente, navegava entre a consciência — enquanto fazia o que o bando mandava — e a inconsciência — quando voltava para a casa dos vingadores. Muitas vezes, perdia os sentidos, babava e ficava jogada numa cela escura qualquer.

Passado algum tempo, a rainha compreendeu que estava sem alternativas e que não adiantava querer fugir ou sair daquele lugar que agora parecia ser sua eterna morada. Ela tinha de aceitar aquela dura realidade a qualquer custo e atender às ordens terríveis do líder do bando ou seria torturada por ele e seus capangas.

Assim, passou a fazer todo tipo de serviço sujo. Por meio da mente, aprendeu a induzir os encarnados a usarem drogas e bebidas, a cometerem estupros, a incitarem brigas violentas, a cometerem assassinatos e muito mais.

Descia até a Terra para atender aos trabalhos de feitiçaria, magias, vodus, encomendados por encarnados e desencarnados.

O serviço era sempre o mesmo: vingança, acerto de contas. Em troca, todo o bando recebia energias de todo tipo, bebidas, cigarros, charutos e oferendas de forma geral.

Estefânia não queria prejudicar desconhecidos, muitas vezes tentou explicar para Tijolo que suas atitudes na última encarnação se justificavam, pois tratava-se de uma vingança pessoal ligada à morte de seus familiares: seu pai, sua mãe, seu irmão, sua irmã e seu amor, Felipe.

Tijolo ria de Estefânia e dizia que ela era hipócrita, que não tinha saída e tinha de fazer o que eles mandavam sem reclamar.

Apesar de não concordar com o que a mandavam fazer, sabia que não adiantava tentar fugir, pois sempre era capturada e torturada. Além disso, longe do bando, sentia-se muito mais fraca e cansada; o rosto e o corpo se deformavam. Ela não entendia por que, mas sentia dores terríveis. Recebia picada em todo o corpo de animais que desconhecia; sofria de ataques, perdia a consciência, o controle sobre si, e tinha devaneios terríveis.

Assim, dia após dia cumpria todas as ordens. Estefânia provocou mortes, suicídios, mas não atingia o menor equilíbrio e não se livrava das terríveis picadas.

Numa noite, perguntou para Mirna por que a picavam e por que perdia a consciência. Mirna disse que eram os vampiros astrais e os seus perseguidores cármicos.

Naquele momento, Estefânia lembrou-se das histórias de sua mãe. Já tinha ouvido falar de vampiros, mas aqueles eram muito diferentes.

Certa vez, cansada de praticar aqueles atos hediondos, disse para o chefe do bando, o Tijolo:

— Não conheço esse homem, ele não me fez nada! Por que tenho de provocar sua morte?

Tijolo, fora de si, começou a esbravejar:

— Sua vadia! Hipócrita, suja, nojenta! Cale essa boca e faça o que eu mando! Como ousa me desafiar? Você gosta de confusão, de arrumar encrencas; provocou a morte de muitas pessoas de formas variadas e terríveis: uns foram queimados, outros se suicidaram, outros foram assassinados! Você, Estefânia, provocou mortes muito mais terríveis que a desse infeliz por bebida, e agora fica dando uma de santinha. Vadia! Vê se não me amola. Ao menos esse cara vai morrer fazendo o que gosta: bebendo até se estourar na estrada.

— Mas, Tijolo...

Estefânia não chegou a terminar a frase. Levou uns tapas na cara, saiu e foi fazer o que Tijolo mandou. O homem morreu. Ela o induziu a beber e ele sofreu um acidente terrível na estrada. Entrou debaixo de um caminhão.

Tijolo gargalhou a valer! Mais um serviço encomendado e entregue!

Estefânia não aguentava mais aquela vida, estava desesperada. Todas as noites, em silêncio, chorava, mas o remorso não tocava o seu coração. Sempre que se lembrava dos assassinos da sua família, a ira e o ódio tomavam conta de todo o seu ser.

Mirna ouviu o choro de Estefânia, aproximou-se dela e disse:

— Pare de chorar, você é uma idiota! Quando se vingou das pessoas que mataram sua família, sentiu prazer; por que agora fica chorando por um babaca?

— Eu o fiz beber e entrar debaixo do caminhão! Por que tenho de provocar a morte de pessoas que não conheço e que não me fizeram absolutamente nada?

— E aí, tonta, panaca — respondeu Mirna, irada —, o sujeito que entrou debaixo do caminhão tinha batido na própria mulher e a estuprado! Por conta disso, ela perdeu um filho aos seis meses de gravidez, e mais: ele estuprou a filha de oito anos! Espere aí, preste atenção, companheira, o canalha não merecia continuar vivendo! A coitada da mulher, cansada de tanto sofrimento, encomendou sua alma ao inferno num trabalho de magia pesado! Qual é... trabalho lindo! Você livrou a humanidade de um traste, de um imbecil, de um verme!

— Tudo isso não justifica matá-lo — respondeu Estefânia.

O bando, que ouvia a conversa, gargalhou, e um dos capangas gritou:

— É uma besta, mesmo! Uma imbecil. Na hora de matar os caras que pegaram sua família tudo bem, agora fica aí dando uma de santa! Por que você não pensou assim antes de matá-los? Sua falsa, hipócrita e fingida! Acho melhor calar essa sua boca nojenta antes que eu a quebre inteirinha e corte sua língua!

Mirna deu uma volta na cela e falou:

— Oh, bonita, todos nós carregamos dores terríveis provocadas por pessoas sem escrúpulos, e por esse motivo assumimos o papel de vingadores do mundo e provocamos toda espécie de justiça, desde brigas, sem maiores consequências, até a morte de muitas pessoas, se é que estas podem ser chamadas de pessoas. Somos vingadores. Pediu, pagou, levou!

— É isso aí — gritou Tijolo —, essa é a minha Mirna!

— Aí, Tijolo, com o tempo ela aprende. Lembra quando eu era novata e também ficava chocada?

— Lembro, claro que lembro, você apanhou bastante também.

— Estefânia, é normal ficar chocada. Certa vez, fui até um bar para provocar um acidente no qual um tal de Juarez, metido a bacana, teria de ficar paralítico. Isso foi encomenda do Zininho, um cara muito parceiro, que era do nosso grupo. Contudo, depois de um tempo com a gente, ele afrouxou e se mandou. Zininho, quando esteve encarnado, foi um homem simples, um tonto, um frouxa, um bobão. Ajudava todo mundo. Um dia, pegou a mulher com o Juarez e não hesitou, vingou-se, matando a mulher com dois tiros na cabeça. Quando morreu veio para cá e aí quis pegar o "bacana" do Juarez, deixando-o em uma cadeira de rodas pelo resto da sua miserável vida. Trabalhou muito tempo com a gente até que foi embora.

— Oh, aí, quando der vontade de chorar, lembre-se de que todos esses caras que vamos pegar são trastes miseráveis, que não merecem viver, assim você sofrerá menos.

— Combinado — respondeu Estefânia.

Estefânia parou de chorar e, em silêncio, relembrou as palavras de Mirna:

"Trabalhou muito tempo com a gente até que foi embora..." Então um dia ela também poderia ir embora, mas teria de afrouxar. O que seria isso? Ela queria sair daquele lugar horroroso, mas como?

O tempo passava, cinquenta anos, cem anos... Estefânia não aguentava mais aquele lugar. Seu sofrimento, as dores das picadas dos vampiros, as imagens que se misturavam em sua cabeça, Felipe, seu pai, seu irmão, sua mãe, a pequena e doce Caroline... Lembrava-se de cenas agradáveis, depois das cenas dos assassinatos. Ninguém do bando fazia nada, a não ser esperar o tempo passar.

Sonhando em sair daquele lugar, ela começou a lembrar dos bons momentos que vivera. Desesperada, olhava para os lados, para cima, em busca do céu, tentando se lembrar das palavras de seu pai: "Estefânia, somos aquilo em que acreditamos! No céu se escondem estrelas, e nelas temos todas as respostas sobre a vida. Basta olhá-las e depois guardá-las no coração".

Pensava que, se encontrasse as estrelas, talvez elas pudessem lhe explicar como sair daquele lugar, como afrouxar... talvez elas tivessem a resposta. Que estava morta já havia entendido, mas onde estavam seus pais, seu irmão, sua mãe, sua irmã Caroline e Felipe?

Entre a realidade e a loucura, lembrou-se vagamente de algumas palavras ditas pelas irmãs no convento: "Acalme-se, lembre-se de Deus. Ele é bom e justo". E ela, do seu jeito, começou a orar...

— Deus, o que aconteceu com minha família foi sua vontade? É da sua vontade que eu esteja morta e em um lugar horrível desses? Por que deixou minha família ser massacrada, morta daquele jeito? Que Deus é o senhor? Um brincalhão, com certeza. Um ser superior egoísta, mimado, incapaz de se comover com minhas dores, incapaz de ajudar-me. O Senhor é bom e justo com quem? Com os assassinos da minha família?

Estefânia chorava sem parar. Seu choro era tão forte que alcançava alguém muito especial. Era um homem bondoso, que um dia fora rei, brincara com ela de faz de conta e adorava o Mago Merlim. Era seu pai, que agora não era mais o rei, mas um trabalhador da seara, e sentia as agruras de sua filha sem nada poder fazer a não ser orar para que ela afrouxasse, ou seja, para que despertasse em seu espírito o arrependimento, o remorso pelos atos cometidos, o amor, o perdão, o desejo de superação, a prática da resignação e sua submissão total a Deus, seu único e verdadeiro Rei.

Suas orações emanavam energia de amor, mas nem sempre Estefânia conseguia recebê-la, pois seu coração estava endurecido pelo rancor e pela revolta, e não permitia que o amor a envolvesse.

Com o tempo, ela lembrou-se novamente de Deus, começou a orar e, mesmo sem querer, resistindo, lutando, brigando com ele, começou a afrouxar...

Uma noite, ouviu chamar seu nome e lhe pareceu ser a voz de Felipe. Levantou-se rapidamente e foi procurá-lo. Não conseguiu vê-lo, mas, ao longe, viu uma luz azul. Teve a sensação de que deveria orar e pensar em Deus, em seu filho Jesus, na Virgem Maria; pedir perdão e ajuda para ter uma nova chance.

O tempo passava e seu desespero aumentava. Não gostava e não aceitava ter de fazer as coisas que Tijolo mandava.

Certa vez, Tijolo pediu que ela ficasse atrás de um garoto mandando-o cheirar um pó branco que ela não sabia o que era. Foi e viu o garoto cair morto no chão. Perguntou o que acontecera com ele e lhe disseram que ele havia morrido de overdose, e que não era para ela se preocupar, pois todos tinham livre-arbítrio. Bebiam, cheiravam, brigavam, fumavam, matavam por escolha própria. Eles apenas davam sugestões e não tinham de se sentir culpados, pois não obrigavam ninguém a fazer nada. A escolha era deles. Se eram fracos, pessimistas; se os vícios, as paixões lhes provocavam tragédias, não era culpa de ninguém e sim deles próprios, que eram fracos, sem controle de si mesmos, dos pensamentos, dos sentimentos e das emoções, e não acreditavam em nada a não ser na própria dor. Todos do bando, após a morte do garoto, gargalharam horas a fio.

Naquele momento, Estefânia lembrou-se da luz azul no seu quarto, do sonho que tivera com a família, que a induzia ao perdão, ao esquecimento e à superação. Lembrou-se de sua reação, de suas palavras e de como não controlou a si mesma, de como não aceitou as perdas e só acreditou na sua própria dor e no seu desejo de vingança. Lembrou-se que no papel de coitada, de vítima da vida, do destino, matara muitas pessoas, provocando todo tipo de sofrimento nos que mataram sua família, mas também em muitos inocentes: parentes que não tinham nada a ver com o que eles haviam feito. A moça, num *flash*, compreendeu que estava numa morada espiritual de acordo com a necessidade de cura das suas enfermidades morais para expiar os seus graves erros. Desesperou-se. O remorso e o arrependimento começaram a assolá-la, e ela resolveu rezar. Lembrou-se das orações do convento, dos contos de fadas da sua adorada mãe e dos magos.

Tomou uma decisão. Iria fugir, afastar-se do bando. Ficaria desamparada, à mercê dos bichos, das sombras e dos vampiros, mas recusava-se a continuar prejudicando jovens, homens, mulheres; provocando vícios, desavenças, brigas de toda espécie por vingança; e mortes. Recusava-se terminantemente a realizar acertos de contas em inocentes com os trabalhos encomendados.

Assim, ela saiu da casa dos vingadores. Perambulou por muito tempo em lugares escuros, repletos de seres sem formas, que sugavam suas energias e a enfraqueciam cada vez mais; mas a todo instante lembrava-se das palavras de seu pai, das conversas com seu irmão, com sua mãe e de Deus.

Orou muito, gritou, esperneou, brigou com Deus, mas reconheceu a Sua força, o Seu poder, a Sua justiça, a Sua misericórdia; reconheceu-O como seu rei. Entendeu suas falhas, seus erros e orou muito pedindo perdão por seus crimes e solicitando uma nova chance. Deus, em sua benignidade, misericórdia e amor, ouviu-a.

Por muito tempo, Estefânia caminhara pelas trevas, vítima de todo tipo de vampirismo astral, sem que conseguisse chegar a lugar nenhum, até que num dado momento, em razão de suas preces constantes e sinceras, foi socorrida.

Algum tempo depois, foi para um acampamento espiritual.

— Ah! Foi a senhora que me ajudou a chegar até aqui? Tudo começou quando fugi, abandonando a Casa dos Vingadores. Corri e o que vi foi assustador, muitas criaturas urrando de ódio, jurando vinganças sanguinolentas. Começaram a me perseguir, aproximaram-se, esbarrando uns nos outros, como se disputassem quem chegaria primeiro para me pegar; bufavam em fúria, de todos os lados investiam contra mim. O desespero tomou conta de minha alma, estava angustiada e suplicava por ajuda; queria desesperadamente sair daquele local úmido e funéreo, local que eu nunca deveria ter conhecido. Saí das redondezas e deparei com penhascos. Com passos frenéticos e muita dificuldade, tentei encontrar uma saída, mas foi tudo em vão. Tremia dos pés à cabeça. As passagens eram muito estreitas, um passo em falso e seria o meu fim. Ao longe, avistei o castelo, tal qual me lembrava. Corri para lá. Atrás de mim ouvia fortes gargalhadas e gritos: "Vamos pegá-la...". Procurei a adega, achando que se a encontrasse receberia ajuda. Não demorou muito e a encontrei. Rezei com muita força, lembrei-me de Deus, das histórias que minha mãe contava sobre o Messias, das palavras das freiras, e pedi perdão e auxílio. Precisava sair daquele lugar, arrepender-me e reparar meus erros. Não tinha ideia de como isso se processaria, mas no fundo senti que, se orasse com força e sinceridade, eu conseguiria. Ouvi ao longe uma voz de anjo... "Estefânia... minha querida, aproxime-se, não tenha medo, venha rápido!". Senti uma mão me puxar com força e logo depois senti uma brisa leve tomar conta do meu corpo, era como se eu estivesse entrando em um barco e navegasse suavemente. "Estefânia, você será levada para um pronto-socorro espiritual e lá receberá o tratamento de que necessita. Por ora, você não pode me ver, apenas me ouvir. Consulte o seu coração e reconhecerá minha voz." Felipe — gritei! — É você, meu amor? Onde você está? "Em um pronto-socorro espiritual, trabalhando. Ore com fervor, arrependa-se dos seus erros, aceite que necessita repará-los e, em breve, vamos nos encontrar e você poderá me ajudar. Estou esperando-a, minha amada princesa." Orei muito e vi, atrás da adega, uma grandiosa luz azul. Levemente, puxei a alavanca e, como mágica, a porta se abriu. Como no castelo de meu pai entrei no labirinto secreto para fora do castelo. A diferença é que ali não era um labirinto e sim um imenso túnel. Ao fundo, vi uma luz clara e forte. Andei pelo túnel apressadamente, orando com fervor, e, depois de muito andar, senti um toque em meu ombro. Rapidamente me virei e vi a senhora, risonha e meiga, estendendo-me suas mãos caridosas.

2
A redenção

O homem é um aprendiz,
a dor é o seu mestre.
ALFRED MUSSET

Estefânia acordou em uma cama macia e perfumada. Estava em um acampamento com milhares de pessoas. Uma senhora risonha aproximou-se dela e disse:

— Seja bem-vinda, Estefânia, não tenha medo, vamos ajudá-la. Meu nome é Charlotte, conte comigo sempre. Você foi trazida pela Nena, uma grande amiga nossa, foi ela quem a socorreu, é um espírito de muita luz!

— Sinto um frescor por dentro e um perfume doce e suave no ar. Lembrei-me de mamãe, de como ela era carinhosa e sempre me contava histórias para eu dormir. Eram tantas histórias de fadas madrinhas, bruxas, príncipes, princesas, gnomos, dragões... Ah! Como eu adorava a hora de ir dormir, podia sentir o final feliz das histórias.

— Aqui em nosso pronto-socorro, procure esquecer todas as suas dores, perdas, medos; limpe sua mente, sua memória; viaje por mundos infinitos repletos de luz e alegria. Por ora, procure esquecer todos os momentos negativos que vivenciou; mais adiante, quando estiver preparada, saiba que você conseguirá lembrar-se de suas experiências com outro olhar, com outros sentimentos, e conseguirá desvendar em cada situação um momento único de aprendizado para a sua evolução rumo ao nosso Pai Celestial e seu filho Jesus. Conseguirá reeditar seu passado.

— Como faço isso?

— Antes de dormir, relaxe. Feche os olhos e imagine-se em viagem pelos céus na companhia de seres iluminados, ao som de lindas canções. Depois, imagine-se andando na areia morna e molhando os pés nas ondas do mar. Em seguida, imagine-se banhando-se em cachoeiras, rodeada de amigos. Mergulhe em toda natureza para refazer suas energias. Ande pelas florestas, pelos bosques, tome sol, ande na chuva, sinta o perfume das flores, da mata, da terra, e perceba a beleza, a magnitude da vida vibrando em todo o seu corpo, em todas as suas células. Imagine os raios de sol penetrando por todos os seus átomos, espalhando-se em seu corpo inteiro!

— Nossa, que fantástico! Só de ouvi-la falar já estou me sentindo leve como uma pluma!

— Ah! Outra coisa, nunca se julgue. Perdoe todos os seus erros, enganos, pois, mesmo estando equivocada, sem conhecer as verdades sobre si mesma e as verdades do Mestre Jesus, você fez o melhor que podia naquele momento. Acredite que você é capaz de reconstruir tudo do nada, como a ave mitológica Fênix. Contam que ela renascia na sua morte, nas suas cinzas, e voava pelos céus, maravilhosa! Você é como Fênix, Estefânia, é maravilhosa e vai voar muito alto, e nenhuma libélula vai alcançá-la ou prejudicá-la. Você vai conhecer as verdades sobre você e as verdades do Nosso Senhor Jesus Cristo; vai renascer da sua morte, das suas dores e horrores, das suas cinzas. Você precisa apenas querer aprender e desejar fortemente evoluir. O processo de evolução exige que aceite, por ora, todas as suas imperfeições; que as enxergue, reflita sobre elas, para, depois de estar consciente delas, poder aliar-se a elas e transcendê-las. Perdoar-se, aceitar-se é o primeiro passo rumo à evolução.

— Nossa! Eu quero muito evoluir! Não sabia que existia vida após a morte. Papai me falava da imortalidade da alma e mamãe falava dos magos, das fadas, mas eu não tinha certeza, sempre duvidei... achava que eram coisas da cabeça deles. Cada um ao seu modo tentou me ensinar, inspirar, orientar, mas eu fui cega...

— O seu passado deixará de existir, seus erros e fracassos ficarão para trás, mas você carregará consigo a responsabilidade por todos os seus atos e as riquezas que sua alma conquistou. Aqui você vai conhecer o milagre da vida, que é ser capaz de renascer a cada dia, a cada manhã, a cada pôr do sol, renovando suas esperanças, sua fé, enchendo seu coração com as verdades divinas. Você vai conseguir reparar todos os seus erros com algumas armas secretas: a responsabilidade pelas suas escolhas, a consciência e aceitação de si mesma, o conhecimento profundo das suas fraquezas e virtudes, o amor, o perdão, a tolerância, a paciência, a compaixão, a fraternidade, a solidariedade e a caridade. Será uma longa jornada de aprendizados e descobertas. Não se esqueça: durante seu caminhar procure perdoar os erros daqueles que a feriram profundamente. Se achar que é impossível, pare, pense e lembre-se de Jesus, que, no ápice da sua dor, próximo da morte, pregado na cruz, pediu ao Pai que perdoasse a todos os que o feriram, com a frase: "Pai, perdoa-os, pois eles não sabem o que fazem". Como vê, Jesus foi um grande exemplo de vida para nós, exemplo de equilíbrio, força, coragem e amor.

Naquele instante, a senhora fez o coração de Estefânia encher-se de esperança; ela sentiu que estava entre amigos. Era como se todo o passado tivesse desaparecido num passe de mágica. Por alguns instantes, suas dores morais sumiram. E dentro dela surgiu a certeza absoluta de que seria possível recomeçar, refazer sua história e a de todos os que prejudicara. Parecia que tudo era muito simples, muito fácil, uma dose de amor, um pouco de perdão, uma gota de compaixão, uma pitada de tolerância e de compreensão, e pronto! Estefânia sentiu que tudo ficaria bem novamente. Naquele exato momento, ficou clara a importância do amor, da amizade, de ter alguém que a aceitasse do jeito que era, alguém que com suas doces palavras a incentivasse, estimulasse e acreditasse em suas capacidades.

PELA ESTRADA DO PERDÃO

Recolhida com carinho e compreensão, ela se sentiu muito mais segura e confiante. Após fazer uma oração, acomodou-se na cama e dormiu.

Durante a noite acordou várias vezes com o coração em frangalhos, cheio de tristezas, ressentimentos e rancores. Teve pesadelos terríveis; viu homens e mulheres gargalhando com armas na mão e a ameaçando. Aos gritos, acordou e foi socorrida. Um senhor não muito alto, de cabelos grisalhos, sorriso largo e olhos de jabuticaba, aproximou-se e disse:

— Estefânia, meu nome é Ismael. Acalme-se, você está entre amigos. Não se desespere, suas faltas foram muito graves, filha. Por essa razão, de vez em quando, ainda que esteja sob os cuidados espirituais desse pronto-socorro espiritual, você será importunada em seus sonhos por alguns irmãos nossos, ainda com o coração endurecido, prisioneiros do passado, do mundo psicológico, da triste sina, do ódio, do orgulho, da vaidade, do ego ferido e do desejo de vingança. São os efeitos das suas ações, daquilo que plantou. Levará mais algum tempo até se libertar completamente dos pesadelos, das dores morais que provocou e das dores que lhe provocaram. Todas as vezes que for acometida por sentimentos de raiva, perceber mágoas e ressentimentos, ore, ore muitas vezes. Vibre amor e envie pensamentos de paz, saúde, prosperidade a todos os que você prejudicou e a todos os que a prejudicaram. Saiba que os sentimentos negativos funcionam como germes espirituais, que tentam corroer a alma; são eles que abrem as portas para que os inimigos entrem e a perturbem. Precisa fechar a porta, ou seja, precisa livrar-se desses sentimentos e substituí-los por outros nobres, pois somente o amor e o perdão funcionam como chaves dessas portas e podem impedir que os inimigos ocultos a importunem. A compreensão e a caridade são bálsamos para a alma e somente elas são armas potentes contra os seus inimigos cármicos. Tenha paciência e compreensão para com eles, afinal você interrompeu algumas vidas, desvirtuou outras, gerando muita dor, rancor e ódio. Compreenda e perdoe tudo e todos. É assim, filha, que Deus, com Sua bondade e misericórdia, lhe dá a chance de um novo recomeço, rumo ao progresso do seu espírito.

— Eu pensei que aqui estaria livre de todos os perseguidores, das imagens, dos gritos...

— Estefânia, aqui você está entre amigos, com pessoas que querem o seu bem e torcem por sua evolução, mas nós não temos como apagar o seu passado, ou seja, os efeitos das suas ações, que são as causas do seu atual sofrimento. É sua a colheita. "A semeadura é livre, mas a colheita é obrigatória." O que você semeou, colherá; não tem saída, é inegociável e intransferível. É a lei divina em ação. Somente com a reforma íntima, a superação dos seus traumas, o ajuste das suas emoções, a aceitação de si mesma e dos fatos que ocorreram em sua vida, a resignação, o desejo legítimo de resgatar tudo isso com o amor, praticando o perdão e o esquecimento, desenvolvendo a ética, resgatando valores e querendo se superar, é que você encontrará forças para suportar o que precisa em sua próxima reencarnação.

— Nossa! Fiquei com medo agora, o desafio é enorme!

— Estefânia, em sua próxima vida terá de ajustar os efeitos às causas. Terá de ser ética, ainda que não o sejam com você. Terá de perdoar ofensas e suportá-las com paciência, tolerância, tato e jogo de cintura. Veja, as causas de todas as suas transgressões estão em seus sentimentos negativos, em seu temperamento e sua personalidade. O plano da sua nova vida será traçado de forma a permitir que você atinja o objetivo.

— E qual é esse objetivo, sr. Ismael?

— Ora, a sua progressão moral, a ampliação dos seus sentimentos, pensamentos e atitudes positivas. Você precisa aprender a amar, mas sem apego; a perdoar; a confiar na justiça divina, superando a tendência ao ódio e ao desejo de vingança; a entregar-se verdadeiramente a Deus e aceitar com amor o cumprimento das tarefas que ele lhe designar. A maior tarefa de todas que Ele, a cada existência, nos dá é: aprender a se amar e a amar nossos irmãos incondicionalmente. Reflita sobre suas ações e atitudes, fruto das suas más tendências nessa última encarnação, e verifique se a maior tarefa que Deus lhe concede, que é a de amar, foi cumprida. Verifique o quanto está distante do cumprimento dessa missão chamada amor! Somente com a reforma íntima, fé, esperança e caridade você vai vencer as provas que lhe serão atribuídas. Não se esqueça! Alguns dos que você prejudicou já a perdoaram e seguem seu caminho. Eles aceitaram que você em uma próxima reencarnação de alguma forma os auxilie a evoluir. Você vai encontrá-los

para reparar seus erros, eliminar as causas, curando, aprendendo e ensinando.

— Puxa! Que bom que alguns espíritos me perdoaram.
Lembrando-me do que fiz, sei que estou muito distante do
amor! Não quero nem pensar! Por hoje acho que é o suficiente, minha cabeça vai explodir!

— Calma, já vou retirar-me, mas lembre-se: não se
iluda, sua tarefa será árdua e não vou enganá-la: em muitos
momentos não será nada fácil. Muitas vezes você correrá o
risco de desanimar e cometer os mesmos erros novamente.

— Coooo... mooo assim?

— Algumas situações difíceis e dolorosas serão necessárias para o aprimoramento, a higienização mental e emocional e o desenvolvimento de virtudes. Evoluir; superar
as provas; aprimorar o caráter; ajustar a personalidade, as
emoções; deixar de transgredir as leis divinas; fazer justiça
com as próprias mãos, em razão do que lhe acontecer, tudo
isso dependerá unicamente de você. Precisará suportar as
provas sem desânimo, com coragem, buscando resignação,
e na prece as forças para sua alma por meio de uma fé viva
na bondade de Deus e de seu filho Jesus, aconteça o que
acontecer em sua existência. Vai superar o seu carma a cada
nova passagem terrena e ser merecedora de recompensa,
se passar pelas tribulações com paciência, força, amor, coragem e praticar a caridade! O auxílio espiritual necessário
lhe será dado, mas o livre-arbítrio será sempre seu. Nesse momento, espero que se lembre das premissas do Cristo: "Bem-
-aventurados os aflitos, pois deles é o reino dos Céus".

— Nossa, sr. Ismael, falando assim parece fácil, mas no fundo sei que vou precisar de muita força mesmo! Por que tudo isso? O senhor não acha muito?

— Querida Estefânia, as dores provocadas por você foram muitas. Muitos de nossos irmãos ainda não estão em condições de compreendê-la e perdoá-la. Encontram-se presos às dores físicas e psicológicas, às perdas materiais. Infelizmente, ainda estão presos ao passado, ao orgulho ferido, à vaidade e aos fracassos e às dores intermináveis do ego. Não aceitam o que você lhes fez e lhe cobram de forma violenta, cruel e até brutal.

— Ah, senhor Ismael... Pensei que, me convertendo, pedindo perdão, as coisas estariam em ordem e tudo ficaria bem!

— Mas estão em ordem, minha filha! Após tantos anos, você saiu daquele lugar horrível, e, em breve, sairá deste acampamento, que tem poucos recursos, e vai para outra dimensão, na Casa da Luz, onde estudará as verdades do nosso Pai celestial e de seu amado filho Jesus. Lá participará de cursos, palestras; terá acesso a livros; receberá todo tipo de auxílio e recursos variados para dissolver essa personalidade da Estefânia aos poucos, e voltar ao seu eu verdadeiro a fim de enfrentar sua próxima existência. Em sua nova jornada, você terá de provar com pensamentos, atitudes e ações que jamais transgredirá novamente as leis divinas! A lei do amor, do crescimento, a Lei da Ação e Reação! Fará cursos sobre mediunidade e desenvolverá seu poder de cura para atender nossos irmãos necessitados.

— Oh! Desenvolver a mediunidade? Poder de cura? A próxima vida será tão complicada e difícil assim? Estou ficando com medo!

— Estefânia, desenvolverá a mediunidade e o poder de cura para que possa resgatar no amor e não na dor parte dos seus débitos. Nesse sentido, a mediunidade será em sua vida uma benção, pois você vai curar por meio de ervas e passes os irmãos, e com a ajuda dos mentores terá a oportunidade de captar atributos, força, coragem altruísmo, bondade, paciência, tolerância, ampliando suas próprias virtudes e reforçando seu caráter, por meio do exemplo deles. Será uma oportunidade maravilhosa de redenção!

— O senhor fala com tanto entusiasmo e paixão que parece que a mediunidade é a melhor coisa do mundo!

— E é, minha filha! Pense um pouco... muitas pessoas morreram, algumas queimadas, outras decapitadas. Você interrompeu a vida dessas almas e prejudicou seus descendentes! E não é só isso... Mandou matar um homem que tinha mulher e cinco filhos, que se casaram e também tiveram filhos... Percebe, por sua causa várias gerações tiveram a vida alterada, muitos regrediram, desviaram-se no caminho, ficaram facilmente sujeitos aos infortúnios da vida... Alguns dos que ficaram sem pai, sem mãe, não tiveram quem os sustentasse e caíram em pobreza, em descrédito. Muitos se perderam nas drogas, nos crimes, na prostituição etc. Buscaram soluções mais rápidas, pois não viam saída. Perderam seus valores e até a dignidade, consequentemente, interferiram de forma negativa na vida de outras pessoas.

— Que horror! Eu não tinha ideia...

— Arrume-se e vamos à sala das memórias. Vou dar-lhe um exemplo.

Estefânia levantou-se rapidamente, arrumou-se e seguiu Ismael até a sala de memórias. Sem saber, havia iniciado sua doutrinação.

— Preste atenção — disse Ismael com tranquilidade.

Estefânia, com os olhos fixos na tela, não acreditava no que estava assistindo e ouvindo. Ficou aturdida e desesperada. Naquele momento, viu cenas da casa em chamas de seu inimigo Françoa, um dos assassinos da sua família, aquele que era debilitado e mancava de uma perna. As cenas mostravam Estefânia contratando assassinos profissionais para colocar fogo em sua casa e toda sua família morrendo queimada. Mas não foi só o que Estefânia assistiu; na sequência das imagens, viu que um dos filhos de Françoa, o caçula, com o nome de Gerald, sobreviveu à tragédia — coisa que ela não imaginava que tivesse acontecido enquanto encarnada — e precisou fugir daquele lugar, pois sabia da fúria da rainha.

O filme mostrou que ele viajou quilômetros, indo parar em um país distante no qual tentou refazer sua vida, em vão. Sem dinheiro, sem casa, sem dote, não pôde se estabelecer em lugar nenhum; não teve condições de ser comerciante. Dessa forma, sem ofício, tentou realizar todo tipo de trabalho, mas não se adaptou às tarefas duras e pesadas em razão de ter sido muito mimado por seus pais e, sem vontade de aprender algum trabalho, resolveu viver de golpes.

Certa noite, como não tinha onde morar, jogado nas ruas, foi violentado por delinquentes. Inconformado, passou a ter uma obsessão: vingar-se de seus estupradores. Assim, revoltado, ano após ano, carregando sentimentos de ódio, rancor e desejo de vingança — iguais aos seus —, ele procurou anos a fio pelos homens que o machucaram profunda, física e moralmente. Passados dez anos, encontrou dois deles e deu cabo dos homens, matando-os a sangue-frio, sem dó nem piedade!

Estefânia contestou o filme incrédula:

— Ah! Não acredito que tudo isso aconteceu e que a culpada fui eu! Minha nossa! Que horror! Que absurdo!

Ismael, com muita calma, em vez de contestar, passou a mão em seu rosto suavemente e disse:

— Sei que quase não aguenta mais assistir a todas essas cenas, mas estou cumprindo com o meu dever. É importante você compreender as consequências das suas ações, os dramas que elas desencadearam por gerações, para que possa refletir e aceitar a sua saga. Acalme-se, tem mais um pouco, precisamos continuar, fique atenta.

— Desculpe... é que eu não imaginava que... nossa... tudo é tão triste! Pode continuar.

As cenas que se seguiram mostraram que Gerald saiu ileso dos dois assassinatos, pois havia recebido uma educação requintada e, com sua aparência e lábia, enganou facilmente os policiais, dizendo que os delinquentes tentaram assaltá-lo, matá-lo, e que os matou em legítima defesa. Prestou depoimento, mas sua história foi aceita, até porque os dois delinquentes eram negros e o preconceito racial naquela época era absurdo. As cenas mostraram ainda que Gerald tornou-se especialista em vários tipos de golpes, um exímio estelionatário. Falsificava assinaturas em contratos, duplicatas, vendia terras, todo tipo de propriedades, levando centenas de homens de bem à falência sem o menor sentimento de culpa e remorso. Aplicava golpes em jovens mulheres carentes e em mulheres de meia-idade. Fingia estar perdidamente apaixonado por elas, prometia-lhes uma vida cheia de amor e paixão e roubava-lhes todos os bens. Muitas mulheres casadas foram suas vítimas e tiveram sua vida e a vida de seus filhos totalmente destruídas. Algumas mulheres solteiras, jovens, perderam a honra, tão valorizada naquela época, e tiveram filhos, mas foram rejeitadas por eles, pela família e por toda a sociedade em razão da perda da virgindade. Muitas, por conta da gravidez indesejada, desesperadas, perderam-se na bebida, na luxúria e também na desonestidade. Tanto as casadas como as solteiras, desonradas, foram expulsas de casa pelos maridos traídos e pelas famílias, ficando na miséria completa, sem ter como sobreviver. Dessa forma, tiveram de se sujeitar a golpes e à prostituição. Algumas, nos prostíbulos, envolveram-se com drogas, abortos e tramas, que resultaram em mortes.

— Como pode perceber, Estefânia, as consequências dos seus atos foram trágicas e provocaram diversas tragédias, inúmeras dores, mortes, vícios, golpes, misérias, aflição, desespero, loucura, rancor e muito ódio. Um efeito negativo gerou outro, ininterruptamente.

Estefânia arregalou os olhos, nunca poderia imaginar o tamanho das consequências de seus atos. Ela pensou que tudo se resumia em uma única vida, na vida em que fora princesa e rainha. Perdeu a noção do tempo e não percebeu que havia ficado tantos anos no umbral. Não sabia do seu carma nem que seus atos se estenderam a tantas famílias e haviam gerado reações em outras gerações, muito menos que todo o carma gerado pela força do seu ódio geraria mais carma e mais ódio em outros, e, principalmente, que esse carma adquirido transmigraria nas suas próximas vidas, no núcleo moral do seu ser, pois as causas por ela produzidas tornaram-se imortais até serem totalmente compensadas. Com certeza, Estefânia teria muitas vidas futuras para acertos de todas elas. Uma única vida não seria o suficiente.

Após a apresentação de Ismael, as lágrimas rolavam por sua face e em prantos ela se retirou.

Em seu quarto, orou e pediu perdão pelos seus pecados a Deus e forças para suportar o que mais estaria por vir. Durante a noite, os pesadelos voltaram. Sentiu um chacoalhar na sua cama. Era como se muitas pessoas a estivessem puxando para outro mundo. Ouvia vozes horríveis. Num dado momento, sentiu que estava em um local diferente, escuro, sujo e com odor horrível. O desespero e o pavor tomaram conta de todo o seu ser, andou de um lado para o outro, pois queria fugir, mas não havia saída.

Viu um vulto andando em sua direção — um homem vesgo e manco que lhe disse:

— Ainda que se passem mil anos vou desgraçá-la e desgraçar a vida dos seus descendentes. O que você fez à minha família e a mim é imperdoável. Maldita seja entre as mulheres!

— Quem é o senhor?

— Não me reconhece, Estefânia?

— Não, senhor, mas com certeza foi alguém que magoei muito, porém gostaria que soubesse que me arrependi muito. Perdoe-me, por favor!

— Perdoá-la? Sim, claro! Como não? Vou perdoá-la daqui a cem milhões de anos, depois de vê-la sofrer todo tipo de dores físicas, morais e espirituais. Vou persegui-la eternamente. Nunca vou lhe dar paz. Numa vida muito próxima vou aleijá-la e estuprá-la, noutra vou provocar a sua morte com doenças terríveis como fogo-selvagem, câncer, lepra... Você pode escolher. Em outra vida, para variar um pouquinho, vou provocar um afogamento num rio ou mar, ou que tal queimá-la como fez com minha família? Sua miserável! Ah! Para completar, acabarei com seus futuros filhos da forma mais terrível que eu conseguir. Vou acabar com todos os seus maridos, mães e todos os que nutrirem algum sentimento de amor por você. Há, há, há, há, há... Depois, se você me perdoar, eu a perdoo. Mas vai chorar muito antes disso, querida princesa, tenha certeza!

— Perdoe-me, por favor, sei que o senhor foi um dos homens responsáveis por matar minha família. Matou meu pai, minha mãe e meu irmão — respondeu Estefânia, sem graça e apavorada. — Eu o perdoo por ter matado minha família, e o senhor me perdoa por eu ter matado a sua. Ficamos quites. O senhor segue em paz e eu também, em nome de Deus.

— Perdoá-la? Nunca! Jamais!

Estefânia, tremendo dos pés à cabeça, começou a correr. Não adiantou... Sentiu-se puxada e pregada em uma grande cruz. Lá, toda amarrada, começou a conhecer as dores do mundo. Levou muitas chibatadas de homens comandados pelo homem manco e vesgo, que gargalhava a cada golpe. Estefânia levava as chibatadas e, a cada corte, resignada, pedia perdão por suas faltas. Orava para Deus com fervor, pedia forças para suportar tamanha dor. Orou com tanta força que sua prece sincera subiu aos céus e imediatamente promoveu ajuda espiritual. Foi resgatada por uma equipe de mensageiros e, de volta ao seu quarto, recebeu passes espirituais de muitos companheiros. Após os passes, Estefânia pôde dormir.

No dia seguinte, Ismael se dirigiu ao quarto de Estefânia para convidá-la a ir até a sala de cursos, porém, quando a viu, levou um choque. O seu corpo estava todo marcado, cheio de vergões. Indignado, perguntou:

— O que é isso, Estefânia? O que aconteceu com você esta noite?

— Acho que me distraí, não orei como devia e fui sequestrada para um lugar tenebroso. Lá, apanhei de uns homens estranhos. Mas eu sei por que apanhei, sr. Ismael. Estou orando muito para que aquele homem que eu prejudiquei no passado encontre paz e consiga me perdoar.

— É, filha, entender a gravidade de suas ações e aceitar a Lei de Ação e Reação com resignação é um grande passo, é o começo da sua cura. Pelo que sinto, você está buscando forças em nosso Pai maior, para suportar as perseguições espirituais de que hoje é vítima, e isso é maravilhoso. Estefânia, ontem revivemos o passado e você deve ter descuidado de seus sentimentos e emoções. Deve ter sentido ódio de novo, e provavelmente deve ter sentido medo também. Quando isso aconteceu, você entrou na vibração dos seus inimigos e permitiu que eles invadissem sua alma. O ódio e o medo são a chave de que eles precisam para entrar em contato com sua energia. Para evitar essas invasões, existe um remédio que você deve tomar todos os dias. Pegue um copo e encha-o de amor, de paciência e tolerância por todos aqueles a quem você prejudicou. Em seguida, plante em seu coração a resignação e o desejo de superação. Fique alerta: nunca revide, nunca permita que em seu coração os vermes espirituais como a raiva, o medo, o desânimo, o ódio proliferem ou façam morada dentro de você. Não importa quais sejam as provas futuras que venha a enfrentar, dores físicas, morais, espirituais, seja qual for a dor ou a decepção que você enfrente em vidas futuras, resista e deixe que somente o amor, o entusiasmo, a força, a coragem, a verdade, a justiça, a temperança, a bondade e a caridade façam morada em seu coração. Quando o medo surgir, mentalize Jesus e ele vai fortalecê-la. Se assim o fizer, e se abraçar as causas espirituais em detrimento das materiais, servindo ao próximo, suas faltas serão resgatadas de forma mais amena; do contrário, terá de sentir todas as dores que provocou em seus irmãos. Deus, nosso Pai, dá a cada um segundo as suas obras; por esse motivo, precisamos semear amor para colher amor.

— Está certo, sr. Ismael, vou orar, vigiar e pedir forças a Deus para suportar o que preciso. Vou assumir com coragem as consequências dos meus atos.

— Continuando nossa conversa de ontem... certamente que Gerald, o filho de Françoa, e seus descendentes, poderiam ter tido um destino promissor, feliz, diferente, caso tivessem tido o dobro da força de vontade, coragem, resignação e atenção para com as virtudes e a ética. Se tivessem suportado suas provas de forma a não terem se desviado e magoado tantas pessoas, não teriam adquirido um carma tão intenso. Mas não conseguiram. A preguiça, o desânimo, a acomodação e os bens temporais falaram mais alto. É certo que muitos espíritos aceitaram encarnar nas condições necessárias à sua evolução, mas muitos imprevistos alteraram o plano inicial da vida de cada um, por essa razão foi necessário ajustá-lo. Quando os caminhos são desviados e as pessoas se afastam de sua missão original, somos obrigados a fazer "arranjos". Entretanto, nem sempre eles são suficientes, pois os envolvidos não têm forças bastantes para superar as dificuldades que os desvios lhes impuseram. Muitas mulheres, se tivessem resistido aos encantos do filho de Françoa, se não tivessem se perdido na paixão, não teriam se desviado do seu caminho inicial, de sua missão, e não teriam sido expulsas de seus lares com seus filhos (estes, que quando chegaram, não contavam com o desvio da mãe; acreditaram que o amor materno falaria mais alto). Essas questões são imprevisíveis, pois algumas mulheres sufocam as paixões e se mantêm casadas, como se nada tivesse lhes acontecido; outras, perdem-se na loucura da paixão, que chamam de amor, e abandonam seu lar e filhos. Com os homens acontece a mesma coisa. É o livre-arbítrio de cada um que tece os destinos felizes ou infelizes. Nem tudo é vontade de Deus nem coisas acertadas no plano espiritual. É dessa forma, Estefânia, que a vida é uma grande teia, em que estamos ligados, interdependentes. Uma ação nossa remete a uma reação no outro, que gera outra ação e reação, e assim, sucessiva e infinitamente, geração após geração. Nossa responsabilidade para conosco e com os outros é imensurável. Às vezes, encontramos famílias que passam por inúmeros problemas financeiros, afetivos, excessos de vícios, abusos sexuais e todo tipo de desvio moral, e a raiz do problema é espiritual, encontra-se em um antepassado que transgrediu as leis divinas e acabou gerando profundas dores aos seus descendentes, que passaram a ser perseguidos por espíritos carregados de ódio e desejos de vingança, sofrendo obsessões cruéis. Por tudo isso é que todos nós somos chamados à responsabilidade de nossos atos, recompensados pelas alegrias e amor que espalhamos, e obrigados a ressarcir as dores que causamos. Gostaria que hoje você iniciasse a leitura do Evangelho. Amanhã, continuaremos nossa conversa.

— O senhor falou que a vida é uma teia e eu concordo. Explique-me uma coisa... estou confusa; é certo que provoquei a morte de muitos, outros se desviaram. Isso eu já entendi, mas se minha família não fosse assassinada eu não teria me desviado... minha vida foi arruinada. Provoquei a morte dos que me tiraram os que eu amava.

— Claro, Estefânia, você foi desviada, mas não se esqueça de que você tinha o livre-arbítrio e aqueles que provocaram a morte de seus familiares, também. As ações de todos provocaram crimes hediondos, dores, tragédias, e todos terão de resgatar seus débitos mais dia, menos dia. Estão interligados e terão de se encontrar no palco da eternidade para profundos reparos. Todos, sem exceção. Vejamos, você poderia ter optado por reinar e entregar a justiça dos seus malfeitores ao nosso Pai celestial. Poderia ter escolhido não se vingar de ninguém, ter optado por aceitar com resignação e fé as perdas que as circunstâncias lhe impuseram. Poderia ter se dado outra chance de amar e ter casado por amor ou, no mínimo, por afeto, respeito e companheirismo, mas jamais por interesse político e de vingança. Poderia ter sido fiel ao seu marido. Poderia ter ajudado seu povo a viver sem exploração e humilhação. Quantas vidas teria poupado? Mas você optou por se vingar e alimentou o ódio em seu coração por muito tempo.

— É, o senhor tem razão. Agora entendi, cega de ódio escolhi me vingar e prejudiquei muitos inocentes. Confesso que não tinha noção do alcance dos meus atos.

— Antes de reencarnar você aceitou a missão de ser rainha, de ser semeadora da vida, e achou que teria forças para suportar as condições que esta enorme tarefa iria lhe impor. Lidar com o poder, Estefânia, todos sabemos que é uma tarefa muito difícil, pois, se não tomarmos cuidado, ele nos corrompe. Os justos, os bons, aqueles que têm boa intenção, que visam o bem comum sofrem muito. Os habitantes da Terra ainda são muito ambiciosos e egoístas e colocam os bens temporais acima dos espirituais, não considerando, não respeitando, nenhuma forma de vida. Sua família foi assassinada e a única sobrevivente foi você. Sua irmã não aguentou o choque e adoeceu tempos depois, vindo a desencarnar. Sua missão era governar seu país e continuar o trabalho do seu pai, que foi um bom rei, que proporcionou uma vida razoável ao seu povo com atitudes de justiça. Foi o egoísmo, a ambição desenfreada de alguns homens, que anteciparam o desencarne dele e de seus familiares. Não fosse isso, eles teriam vivido muitos anos. Seus pais, seus irmãos e seu amado não morreram porque estava escrito nas estrelas. Morreram porque aceitaram uma missão difícil de realizar, de administrar: governar um reino, ter nas mãos a vida de milhares de pessoas. E essa não é tarefa simples, é muito complexa e arriscada.

— Como assim? Não morreram no dia em que deveriam morrer?

— Não, minha querida, a morte de sua família foi consequência do egoísmo, da disputa pelo poder entre homens que não mediam suas atitudes, que visavam apenas ao seu próprio bem. Talvez você esperasse que eu lhe revelasse que sua família morreu por determinação divina, que você aceitou reencarnar numa família que se extinguiria com dia e hora marcados. Não, Estefânia, não foi isso o que aconteceu. Não determinamos a morte de ninguém, não somos responsáveis pelas guerras, epidemias, fome, miséria e violência que assolam a vida de todos. O plano divino é pura vida, que tem seu ciclo natural. O tempo para a vida é todo o tempo possível, o máximo. Se você estudar a evolução do mundo vai perceber que as pessoas atualmente vivem muito mais que no tempo em que você foi rainha. Um bom exemplo é que nesse processo evolutivo os homens inventaram a penicilina e muitos outros medicamentos, que auxiliam a estender o tempo de vida das pessoas. Antes da penicilina todos estavam condenados a morrer de tuberculose aos 20, 30 anos. Seria pela vontade de Deus? Claro que não. Deus concedeu ao homem inteligência para criar possibilidades de estender a vida. Outro exemplo: os homens desenvolveram a odontologia para poupar dores de dentes em milhares de pessoas, ainda que nem todas tenham acesso aos tratamentos mais sofisticados. Porém, o simples fato de um dente poder ser extraído sem provocar infecções significa um alívio para as pessoas, que antes sofriam dores terríveis. A tecnologia dos tempos modernos fornece ao homem facilidades de toda a ordem, e isso deveria proporcionar-lhe uma vida de qualidade. A cesárea é outro exemplo: poupa milhares de vida, pois muitas mulheres, se dependessem do parto normal, morreriam. Assim, a inteligência do homem está sempre a serviço dos desígnios de Deus, que é o Cosmos, a vida, jamais a morte.

— Eu não poderia imaginar tudo isso!

— Estefânia, tragédias, fome e epidemias poderiam ser evitadas se todos visassem ao bem comum, se lembrassem a famosa frase: "Amai-vos uns aos outros como eu vos amei". Pois amar é sinônimo de proteger, cuidar, educar, amparar. Se as nações amassem seu povo e desenvolvessem um sistema político capaz de amar, cuidar, proteger a população, quantas mortes, tragédias, horrores e dores seriam evitadas? Claro que muitos, em razão de seus débitos anteriores, teriam situações específicas de aprendizado, mas a violência seria reduzida sensivelmente. Hoje em dia, a humanidade vive infeliz e deprimida. O egoísmo, a ganância e a maldade continuam presentes; milhares de pessoas passam fome, sede, morrem em guerras, pelo abuso dos vícios — sustentados por homens inescrupulosos —, como as drogas, que arrasam milhares de famílias em todo o mundo. Quantos jovens provocam a própria morte com o uso da cocaína? Quantos drogados estupram e matam? Quantos homens envolvem-se em tráfico de crianças para vender seus órgãos ou de mulheres para práticas sexuais? Quantos bêbados se matam e provocam a morte de inocentes nas estradas? Quantos homens sem escrúpulos roubam, desfalcam, provocam falências e suicídios? Quantos pais bêbados estupram filhas, filhos ou fogem da responsabilidade, abandonando sua família à própria sorte? Quantos irmãos bêbados ou drogados estupram as irmãs? Quantos não aceitam suas falhas, sentem-se donos de seus companheiros e, por ciúme ou despeito, perseguem, aleijam e matam? Não faz muito tempo recebi aqui na colônia uma jovem de bom coração que se encantou por um jovem desmiolado. Ele, drogado, depois de uma discussão banal, colocou fogo nela e provocou o seu desenlace. Minha querida Estefânia, o plano divino é vida, pura vida. Os homens é que permitem que a ambição e os sentimentos ruins de toda ordem dominem o coração deles, provocando o caos. Assim, todos os homens com suas ações provocam reações que determinam sua vida presente e futura.

— Tudo isso é muito triste, mesmo!

— Imagine por um instante se, a partir de amanhã, todos os países resolvessem se ajudar mutuamente para o bem da humanidade. O mundo viveria em harmonia, sem guerras, tráfico de drogas, miséria... Os países ricos ajudariam os pobres, cedendo dinheiro, tecnologia, para que as populações tivessem saúde, alimentação, transporte, moradia. E para que todos tivessem uma forte formação moral aliada à formação intelectual. Você acha que o índice de tragédias de toda ordem seria o mesmo?

— Claro que não! Não haveria morte por guerras, fome, drogas! — exclamou Estefânia.

— Como pode perceber, minha querida, muito do que acontece não é expressão da vontade divina, e sim expressão da vontade humana. Por tudo isso, precisamos educar a vontade humana. Tudo o que existe é expressão dessa vontade. Se ela for educada, o mundo pode mudar para melhor. Então lhe afirmo com toda a certeza de que o plano divino é pura vida e que muitos morrem, sofrem de males morais e físicos pela vontade do próprio homem. Outro exemplo é que no tempo do reinado do seu pai as pessoas viviam menos, e hoje, com os muitos recursos da medicina, podem viver mais. Como pode perceber, as pessoas não são condenadas por Deus a sofrerem dores físicas e morais, a morrerem de fome e em acidentes. É a falta de valores e de princípios morais que gera o descaso com o semelhante, com o próprio eu, que domina os corações e provoca todo tipo de tragédia, moral ou física. Existem vermes espirituais como o ódio, a inveja, a baixa autoestima, a ambição, a luxúria, que são os verdadeiros responsáveis por inúmeras desgraças. Todos nós somos responsáveis pelos nossos atos e escolhas. Deus não condena crianças a morrerem de fome, os rios e mares a serem contaminados e as florestas a serem devastadas. Se as crianças morrem de fome e as florestas são devastadas, é porque muitos homens são egoístas e extremamente gananciosos. Se pessoas morrem assassinadas é porque alguém as assassinou intencionalmente por conta do ódio, da raiva, da ambição, do egoísmo, da vingança, ou por outras razões que não são de forma alguma determinadas por Deus, que é Perfeição. Se pessoas morrem no trânsito, é porque existem motoristas descuidados, que não respeitam as normas de trânsito. Se morrem com cirrose é porque abusam da bebida. Se morrem com câncer no pulmão é porque fumam. Se ficam doentes o tempo todo é porque não têm resistência para os problemas da vida e permitem que estes as abalem a ponto de adoecerem. Algumas cometem suicídio por desespero, medo; porque desistiram da vida; porque não aceitaram os próprios erros ou a dura realidade que criaram com seus atos, pensamentos e sentimentos; não aceitaram as perdas, as dores etc. São muitas as razões, cada caso é um caso. Você acha que Deus é responsável pelos vícios?

— Não, senhor. A escolha é de cada um. Mas me explique uma coisa: por que nascem crianças com defeitos físicos?

— Por várias razões — Ismael respondeu calmamente. — Em alguns casos, isso acontece por conta da justiça universal. Muitas crianças nascem com problemas, pois estes constituem as condições necessárias para o reparo de suas faltas em vidas passadas. Outros casos são provocados pelo descuido ou abuso dos pais. Por exemplo, um homem viciado em bebida, que bate na esposa grávida, pode provocar um aborto ou deficiência no bebê que está sendo gerado, mas que não estava previsto, pois o homem, com seu livre--arbítrio, poderia deixar de beber e de bater na esposa, não causando deficiência no filho. Muitas vezes, os "arranjos" são feitos pelos senhores do carma e, dependendo da gravidade, o nascimento de uma criança pode ser interrompido, adiado, pois as condições que a mãe e o pai estão fornecendo em razão de um desvio de comportamento, para o desenvolvimento do bebê, deixa de ser adequado.

— E o que acontece? — perguntou entusiasmada.

— O plano é refeito. Pode ser que o grupo espiritual estude e encontre outra família para receber o espírito, ou pode ser que venha na mesma família, numa próxima geração. Por tudo isso existem as sagas. Faltas graves geram sagas, que muitas vezes passam de uma geração para a outra. E em alguns casos chegam até a sétima geração.

— Impressionante!

— Exemplificando melhor: um casal aparentemente feliz deseja ter um filho e todos têm condições de serem felizes até que ele, o marido, apaixona-se por outra mulher e vai embora. A mulher, desesperada, começa a beber e bater na criança, colocando sua vida e a dela em perigo. Ora, ele poderia não assumir a paixão, superá-la e ficar com a família, evitando aquele sofrimento. Por outro lado, se ela tivesse maturidade suficiente para aceitar a separação, respeitar o livre-arbítrio dele e ter forças para lutar e refazer sua vida sem bebida, sem tragédia, a criança ainda assim teria condições de se desenvolver plenamente, ao lado dela, e o marido poderia se separar e refazer sua vida com a nova esposa, sem maiores sofrimentos. Assim, tudo depende do grau de maturidade, de aceitação, compreensão, evolução e superação de cada um diante dos problemas. Por tudo isso, muitas vezes tudo tem de ser reajustado e revisto. Cada caso é um caso, pois as reações humanas são muito variadas.

— É, sr. Ismael, tenho muito que aprender!

— É mais ou menos assim que funciona, Estefânia, com exceções, é claro: o planejamento geral de aprendizado de cada um é realizado pelo Plano Divino, mas no caminho muitos ajustes precisam ser feitos. Um ser tem o poder de atrapalhar a vida de outro, de retardar a felicidade, independentemente da vontade de nosso Pai celestial, assim como tem o poder de adiantar a felicidade, orando e auxiliando-o nas duras provas existenciais. Deus nos deu o livre-arbítrio e fazemos uso dele, por esse motivo respondemos pela intenção das nossas atitudes, mas, ainda assim, mesmo quando estas nos prejudicam e geram dores e horrores, nosso Pai nos acolhe, nos dá forças, mas para isso temos de estar ligados a Ele em pensamento, sentimento e com o coração.

— Senhor Ismael, nunca imaginei que fosse assim, não tinha ideia da confusão que provoquei. E agora, o que vai ser de mim daqui para a frente?

— Você vai reencarnar em breve, e sua nova vida não será nada fácil, por conta das lições que terá de aprender e dos erros que terá de reparar. Precisará superar o ódio e a vingança. Assim, vai deparar com situações capazes de lhe provocar o ódio e o desejo de vingança novamente. Muitas delas poderão ser agravadas ou amenizadas, dependendo de como as encare, de como reaja a elas. Mas isso não significa que você deverá ser passiva, pelo contrário, terá de lutar por seus sonhos e superar todo tipo de perda, decepção e frustração, em qualquer situação, seja profissional ou afetiva. Por acaso não foi a perda de seus familiares que provocou o ódio em seu coração? E não foi esse ódio alimentado diariamente o gerador de inúmeras tragédias? Como você reagiu às perdas que a vida lhe impôs nessa última vida? Com violência. Na próxima, precisará reagir com resignação, coragem, esperança e força. Não poderá desistir, deverá perdoar e sempre recomeçar. Você terá a oportunidade de optar por aceitar, superar suas perdas sem violência, sem ódio, sem vingança, e construir uma vida na qual a base seja o amor, o perdão, a compreensão, a coragem, a força para suportar seus problemas. Poderá escolher a paciência, a tolerância, a fé e encontrar força interior nas palavras de Jesus para reconstruir sempre, para ressurgir do caos, mesmo quando tudo parecer perdido e sem solução. Se confiar em Deus e em Jesus sairá de qualquer situação difícil, conseguirá enxergar sempre um clarão e verá sempre uma saída.

— Ontem li o Evangelho e tem uma citação de Jesus mais ou menos assim: "Bem-aventurados os aflitos, pois deles será o reino dos céus". Com a sua explicação, agora entendi o que Ele quis dizer com isso. Se alguém nos faz perder alguma coisa, ficamos aflitos, então temos de superar a perda com resignação, porque, ao morrermos, descobrimos que tudo poderá ser pior e que não vamos para o céu, certo? É, acho que entendi.

— Estefânia, deixe de ser engraçadinha. Não brinque com coisa séria... Claro que no seu caso você piorou a sua situação, perdeu sua família, vingou-se e ganhou dezenas de inimigos mortais, que vão persegui-la por muitas vidas. Quantas encarnações serão necessárias para você colocar tudo no lugar?

— Não tenho ideia, sr. Ismael. Estou perdida.

— É, minha filha, se tivesse aceitado não se vingar e tivesse governado o seu reino como o seu pai lhe ensinou, não teria adquirido tantos inimigos, e sim muitos amigos espirituais. Sua jornada seria mais tranquila. Com certeza, você agravou suas existências futuras. Mas isso agora não importa mais. Você deve se forçar na convicção de que, aconteça o que acontecer, não deve se perder na estrada triste do ódio e da vingança, e sim se fixar no amor Divino, sempre.

— Acho que entendi tudo o que me explicou.

— Ao retornar ao planeta Terra, pratique o desapego e superará qualquer perda que a vida lhe oferecer. Dependerá de você, apenas de você e de mais ninguém. Talvez encontre amigos, parentes, livros que digam qual o melhor caminho, mas eu lhe afirmo: o melhor caminho é aquele que tem coração, que constrói, que nunca separa, nunca divide, apenas soma. Mas não se iluda, vai encontrar pessoas que certamente vão magoá-la, mas, se você se deixar afogar pelas mágoas, pelo rancor, pelo ódio, terá perdido mais uma vida e terá de aprender tudo novamente. O amor de nosso Pai é infinito, sua paciência e bondade são eternas. Não se esqueça: não há sofrimento mental, moral ou físico que não seja fruto e consequência de vidas precedentes e atitudes atuais. Tenha certeza de uma coisa: você vai reencarnar em um planeta no qual o homem, nesses últimos anos, evoluiu muito com novas tecnologias, mas não espiritualmente. O planeta Terra vive a síndrome da falta de valores, de amor ao próximo, em que imperam a violência, a ganância e a intolerância. Atualmente, os homens vivem a síndrome da "distração". Estão distraídos de suas verdadeiras missões, da sua verdadeira essência, do seu verdadeiro eu, que é Deus em ação. Muitos esquecem que carregam dentro de si o Criador, querendo manifestar-se por meio deles. Esquecem que Deus é puro amor, portanto, a principal lição que devem aprender é sobre a importância do amor vivido, experimentado, compartilhado. O planeta está em processo de transformação. Não vai demorar para que todos despertem para a importância dessa verdade; logo vão descobrir que cada um é a manifestação do Deus vivo e aprender a valorizar as pequenas coisas como a figura de uma criança brincando, de um idoso sorrindo, de um bebê aprendendo a falar, a andar, da importância de dizer: eu te amo, preciso de você, e assim terão mais qualidade de vida.

— Agora entendo quantas bobagens cometi.

— A dor assolou seu peito e você a alimentou com ódio e vingança, distanciou-se da harmonia e beleza divinas. Desviou-se de sua missão centralizando suas energias na realização da sua vingança pessoal. Assim, a vingança a impediu de cumprir sua missão social e a fez adquirir um gigante carma pessoal. Distraiu-se daquilo que realmente era importante. Condenou-se a uma vida cruel e absurda, pois colocou uma força imensa em ação, que destruiu, separou, criou dores profundas e gerou as forças cármicas, que agora retornam a cada um de seus causadores.

— Com certeza, sr. Ismael, agora eu entendo, prejudiquei muitos inocentes. Como vou reparar tudo isso?

— Esse processo precisará de muitas vidas, Estefânia. Só cessará quando o último homem que prejudicou se elevar. Pode levar mil anos, dois mil anos, pois são muitas as pessoas envolvidas, são muitos os reparos. Com sua vingança, condenou-se, e a outros, a uma vida de choro e sofrimento por milhares de anos.

— Do jeito que o senhor fala, parece que fui a bruxa malvada das histórias que minha mãe me contava. Eu, a malvada bruxa, matei, degolei, persegui. Sanguinária, maldita... Espere um pouco, eu era uma linda princesa que foi vítima de monstros que destruíram minha família, que foi degolada, violentada etc. Acho que a história está deturpada. De vítima, passei a monstro. Não sou tão má como o senhor está afirmando. Sou vítima da maldade humana. Na verdade, sou uma coitadinha. O que fizeram comigo não se faz. Nesses dias que aqui estou li a bíblia e gostei muito daquela parte que diz "olho por olho". Assim está certo, certíssimo. Foi isso que fiz.

— É, se você pensar bem, transformou-se em uma bruxa mesmo. Por acaso não mandou queimar uma família inteira? Não provocou mortes de várias maneiras? Estefânia, você está brincando para aliviar as coisas, mas tudo isso é muito sério. Como vai reparar? Amando, perdoando, servindo, auxiliando, inspirando, ajudando o tempo todo e todo o tempo. Sabemos que foi vítima de uma fatalidade, e por essa razão está entre nós. Caso fosse uma assassina perversa, inescrupulosa por razões absurdas, não estaria aqui. Ficaria nos planos inferiores. Precisa ser claro para você que o ódio e a vingança provocam dores em inocentes e você precisa eliminar esses sentimentos dentro do seu coração para sempre. Muitos inocentes sofreram...

— Sim, senhor, isso é verdade.

— Inocentes sofreram e ainda vão sofrer. Isso, Estefânia, é que dá origem às sagas. Inocentes são perseguidos durante milhares de anos por uma vingança do passado. Um neto é perseguido por um ato errado do avô. Na noite passada, não encontrou um espírito sofredor que prometeu perseguir você pelos próximos mil anos? Pensa que ele estava brincando?

— Mas ele vai me perseguir mesmo? Deus não vai impedi-lo? E vocês, do plano espiritual, não vão poder fazer nada?

— Claro que vamos ajudá-la, mas dependerá de você convencê-lo a perdoá-la. Você, por meio de orações, poderá iluminar seu coração até que ele a perdoe de fato. A única chave, que manterá seu coração protegido e impedirá que ele entre, é a chave chamada amor.

Estefânia ouvia as palavras de Ismael com esperança, mas com muita preocupação. Apesar de estar aprendendo muito com ele, sabia que seus desafios não seriam nada fáceis.

3
Os estudos

Algum tempo se passou e Charlotte juntou-se a eles.

— Graças ao Pai celestial você chegou! — exclamou Ismael.

Charlotte, com seus grandes olhos azuis e cabelos brancos, balançou a cabeça e indagou:

— Quer que o ajude a explicar para Estefânia os efeitos das suas ações?

— Claro, claro! — falou sorrindo.

— Agradeço a oportunidade.

Charlotte, olhando profundamente nos olhos de Estefânia, e segurando docemente suas mãos, começou a falar:

— Somente com muito amor, fé, coragem, força e resignação você poderá vencer os obstáculos que surgem em seu caminho. Seu carma com esse nosso irmão que está preso à dor pela perda da família um dia cessará, e vocês ainda vão se perdoar. Quando vocês se perdoarem e servirem um ao outro, encontrarão a paz. "Concerta-se sem demora com seu adversário enquanto estás posto a caminho com ele. (...) Em verdade te digo que não sairás de lá até não pagares o último ceitil."[6]

— Dona Charlotte, eu li sobre a reconciliação com os inimigos e agora sei que tenho muito trabalho pela frente... Não será nada fácil! Acho que eu quero desaparecer no ar!

— Calma, minha filha, confie em Deus.

— Com as lições que tive até aqui, entendi que, se não me distraísse da minha missão de reinar soberana após a morte dos meus familiares, teria assumido o reino com o coração puro; teria lutado para superar minhas perdas e aceitar minha triste realidade; teria centralizado minhas forças para manter o governo; teria sentido saudades dos meus entes queridos, mas teria lutado para ver o sonho de meu pai realizado; e teria permitido a entrada do amor na minha vida novamente; certamente teria filhos e poderia ter governado com o apoio de um rei amado. E, talvez, quando madura, teria visto meus filhos assumirem o poder com amor, continuando o trabalho de meu pai. O povo teria ficado mais feliz e hoje certamente faria parte de outra nação. Eu teria tido uma existência centralizada em coisas dignas e fatalmente teria reencontrado meus amados familiares. Mas não foi o que aconteceu. Estilhacei meu coração, casei-me sem amor, pensei apenas em vingança a qualquer preço e, após a vingança, fragilizada, fui condenada pela Inquisição.

---

6. Mateus, 5:25, 26 (N.M.).

Tornei-me criminosa, prisioneira de mim mesma, das minhas dores e de meus gemidos. Hoje sei que poderia ter escrito outra história...

— Parabéns, Estefânia! Você já aprendeu muito... ficamos muito felizes — afirmou Ismael com ar de satisfação.

E Charlotte acrescentou:

— Essa nossa menina vai superar tudo isso em breve, seu coração é puro!

— Dona Charlote, sr. Ismael, estou atordoada. Preciso descansar. Vou passear um pouco. Não consigo esquecer que sou uma criminosa. Apesar de meus crimes terem seus motivos no amor, sou criminosa e terei de reparar cada dor, cada lágrima que gerei. Misericórdia é o que eu preciso. Mais tarde vou ler o Evangelho para saber mais sobre a "minha distração" e sobre a doutrina espírita. Amanhã conversaremos. Muito obrigada por tudo.

— Está bem, Estefânia, descanse. Por hoje é só. Vá passear pelos jardins — disse Charlotte.

— Amanhã você terá uma entrevista com a sra. Nena, que vai lhe apresentar as oportunidades de estudo e trabalho aqui no pronto-socorro — acrescentou Ismael.

Os dois amigos saíram felizes com Estefânia. Sua capacidade em compreender as verdades do Pai celestial era imensa. Ambos estavam satisfeitos e serenos. Sabiam que estava valendo a pena o esforço que despendiam para ajudar a moça a refletir sobre seus atos.

Estefânia retirou-se e dirigiu-se ao jardim. Ficou encantada com as flores, margaridas brancas e amarelas, tulipas vermelhas, magnólias, orquídeas, rosas, flores-do-campo, uma variedade sem fim. Seus olhos azuis brilhavam de contentamento. Naquele instante, lembrou-se das histórias de sua mãe, das fadas e dos duendes... das rosas vermelhas...

Depois do passeio, Estefânia foi conhecer as instalações do pronto-socorro, conheceu a biblioteca, a sala de música, a cozinha, as salas dos cursos, os laboratórios, as salas de produção de brinquedos, de livros, invenções etc. Ficou maravilhada e se interessou particularmente pela sala de produção de livros...

Foi à biblioteca e começou a ler sobre a história da humanidade. No dia seguinte, recebeu a visita de Ismael, que chegou acompanhado de Olavo.

Daquele momento em diante, Estefânia estaria sob os cuidados de Olavo; a Ismael fora atribuída outra missão, em outra dimensão.

— Estefânia, bom dia, você está melhor hoje? — perguntou Olavo.

— Sim, estou me sentindo leve e muito disposta.

— Eu estou aqui para ajudá-la e orientá-la no que for preciso nessa sua nova jornada.

— Que bom. Estive na biblioteca estudando, mas apesar disso estou sentindo-me solitária e com saudades dos meus familiares, embora seja muito reconfortante estar aqui neste lugar limpinho e tranquilo. É bem diferente do lugar onde eu estava, não quero nem pensar!

— É, Estefânia, você demorou muito para chegar aqui, mas não importa mais, tudo já passou.

— Senhor Olavo, o senhor poderia me dizer onde estão meus familiares? Gostaria muito de revê-los.

— Estefânia, você precisa continuar estudando, aprendendo mais sobre a doutrina para recuperar suas energias. Amanhã falaremos a respeito, está bem?

— O senhor não pode me dizer onde eles estão? Estou ansiosa para abraçá-los.

— Calma, não é possível resolvermos tudo de uma vez, o que importa agora é você, seu bem-estar geral. Depois veremos as outras coisas. Aqui, Estefânia, você terá tempo para tudo e tenho a certeza de que a paciência será sua primeira conquista.

Mesmo sem estar de acordo, Estefânia acatou as sugestões de Olavo e dirigiu-se à biblioteca para continuar seus estudos. Passou um dia calmo, lendo, estudando, com alimentação leve, um bom banho e uma pequena caminhada pelos jardins ao entardecer. Ficou encantada, mas sentiu muita falta das rosas vermelhas. Ao anoitecer retirou-se, e pela primeira vez dormiu em paz, apesar de seu coração estar apertado de saudades e ansioso por notícias de seus entes queridos.

Acordou bem mais disposta e se pôs a caminhar pelos corredores, quando deparou com um jovem rapaz. De súbito, ela se emocionou, pois ele parecia muito com Felipe. Mas logo ela percebeu seu equívoco e, de cabeça baixa, voltou para seu quarto.

Olavo não demorou a chegar.

— Senhor Olavo, gostaria de ver meu pai, minha mãe, meu irmão e Felipe — pediu Estefânia.

— Estefânia, venha cá, sente-se. Ouça com atenção. Seus pais e entes queridos não estão aqui no momento e você ainda não tem permissão para revê-los. A distância entre vocês é necessária para o adiantamento de cada um. Seu irmão, por exemplo, já reencarnou e somente depois de você estar servindo é que poderá visitá-lo na Terra. Caso contrário, você iria prejudicá-lo muito, pois ainda não está em condições de transitar lá na Terra sem se fragilizar. Quanto a sua mãe e seu pai, ambos estão em outras colônias a serviço, não estão juntos, e sim em missões separadas. Assim que lhes for possível, com certeza virão. Para sua ansiedade passar, pense fortemente em cada um deles e espere alguns segundos, você sentirá a presença e o conforto de cada um. Treine isso todas as noites, assim estará realizando sua primeira lição: telepatia. Esvazie sua mente e pense com força em cada um separadamente. Aguarde as mensagens, sensações, emoções que virão, pois tudo o que sentir e perceber com certeza virá deles. Depois, esvazie a mente e pense neles, enviando uma mensagem carregada de emoção ou sentimento. Aguarde alguns segundos, pois eles receberão sua mensagem. O conforto vai chegar, você vai ver. Treine hoje à noite e conte-me os resultados amanhã.

— Está bem, vou tentar. Agora, gostaria de ir novamente à biblioteca. Quando encarnada não podia estudar. Só o meu irmão estudava e, às escondidas, ensinou-me a ler e a escrever. Falou-me de Platão, Sócrates e muitos outros homens sábios e importantes.

— Nossa! Ontem você ficou o dia inteiro lendo, tem certeza de que quer voltar?

— Absoluta. Estou adorando aprender.

— Então, vamos. Vou acompanhá-la. Fique lá o quanto quiser.

O dia passou e Estefânia ficou o tempo todo na biblioteca, pesquisando e lendo. Estava encantada, fascinada, nunca tinha visto tantos livros. Ao anoitecer, foi fazer sua refeição e retirou-se para treinar telepatia com os familiares. Mentalizou a mãe e teve a impressão de vê-la sorrindo. Sentiu muito conforto. Mentalizou o pai e recordou-se de suas palavras fundamentadas nos estudos de Platão: "Filha, se um dia eu me ausentar, cuide dos que estão em volta de ti, pois uma alma normal torna-se-á boa ou má segundo as lições que receber, segundo os exemplos que a sociedade lhe der. Nesses nossos dias é possível criar monstros morais e não vai demorar correremos o perigo de fabricarmos criminosos em série. É certo que sofremos uma derrocada total dos valores morais. Destrua o germe do crime que habita o fundo de sua alma e nunca aniquile o seu entusiasmo, que vai levá-la em direção ao bem, deixando intacta todas as formas de vida. Fortifique sua alma. Cultive o bem e o belo".

Duas lágrimas rolaram em sua face. Naquele instante, Estefânia lembrou-se de que no decorrer de sua última existência, desgraçadamente, havia esquecido tudo o que seu pai lhe ensinara... Sentiu vontade de fugir, esquecer, apagar suas últimas ações e intenções! Envergonhou-se, orou, e mais uma vez pediu perdão.

Um pouco mais tarde, Estefânia recebeu a visita de Ismael, que lhe perguntou como estava se saindo com Olavo. A moça respondeu que muito bem e perguntou a ele se ela não iria voltar à sala da memória para continuar revendo suas ações e consequências. Também lhe disse que gostaria de rever os familiares.

— Estefânia, de agora em diante você vai iniciar seus estudos doutrinários. Você vai estudar *O Evangelho Segundo o Espiritismo, O Livro dos Espíritos* e *O Livro dos Médiuns*. A partir das oito horas da manhã, você assistirá a palestras e deverá fazer uma leitura sistemática das obras de Allan Kardec, nosso mentor espiritual, e de outros autores a fim de adquirir os conhecimentos necessários para seu regresso. Em razão das suas necessidades de correção, está muito próximo de você reencarnar. Aproveite bem o tempo em que está aqui para conhecer ao máximo as verdades espirituais, que muito lhe serão úteis em sua nova reencarnação na Terra. Prepare-se para a sua segunda morte, a morte da sua personalidade mortal!

— Como assim? Segunda morte? A que o senhor está se referindo?

— Estefânia, a morte não é apenas a dissolução do corpo físico. É a dissolução da personalidade mortal também. Você vai renascer livre dessa atual personalidade. Ela se dissolverá e permanecerão apenas suas qualidades eternas, ou seja, o seu eu eterno, o núcleo do seu ser. A personalidade, o conjunto das emoções, sentimentos, que atendia pelo nome Estefânia, desaparecerá; restarão apenas as causas geradas por sua personalidade.

— Que coisa maluca! Agora o senhor caprichou! Vou desaparecer? Vou sumir no ar?

— Filha, quantas vidas você viveu e em cada uma delas desenvolveu uma personalidade diferente? Com maneiras de pensar, sentir e agir diferentes também! Essas sucessivas personalidades dissolveram-se. E o que ficou? Seu verdadeiro eu, com as qualidades que desenvolveu, como a compaixão e o amor. A experiência dessa vida, sua consciência pessoal, não perdurarão; apenas as qualidades espirituais e a autoconsciência (sua essência) sobreviverão e serão transmitidas para a sua próxima personalidade na nova encarnação. Entendeu?

— Mais ou menos, isso é muito complicado. Pensei que seria Estefânia pela eternidade.

— Não, minha querida, você provavelmente já foi Helena, Fátima, Marieta, Marcela, Paulo Afonso etc. Todas essas personalidades dissolveram-se, sobrevivendo apenas a sua essência, o seu eu verdadeiro!

— É difícil entender.

— Não se preocupe, a dissolução da sua personalidade é gradual e de acordo com seu ritmo.

— Vou dizer uma coisa: gostaria de ficar aqui muito mais tempo...

— Estefânia, infelizmente você não terá muito tempo no plano espiritual...

4
Compreensão

Não demorou muito tempo, Estefânia teve sua personalidade dissolvida e encontrou-se com ela mesma, com seu eu eterno e verdadeiro. Durante o processo adquiriu conhecimentos aprofundados sobre muitos assuntos espirituais. Aprendeu sobre a importância da paciência, da fé em si e nos outros, do respeito, da resignação, da renúncia, da sinceridade, da honestidade, do perdão, da coragem, da força, do equilíbrio, da luta pela paz interior, que só é possível por meio da reforma pessoal. A moça compreendeu que a vida é generosa e dá a cada um o necessário, e providencia momentos constantes de tensão para o aprendizado dentro de um cenário de perdas e ganhos. Percebeu que era nesses momentos que se encerravam as possibilidades de correção das faltas. Aprendeu que a dor, a alegria, a tristeza, o otimismo, a esperança, a felicidade, os ganhos e as perdas fazem parte do palco das escolhas e, principalmente, da necessidade de aprendizado, aperfeiçoamento, do merecimento de cada um, da ação benéfica ou maléfica a si ou ao outro que cada um despende.

Humildade, paciência, tolerância, perseverança fizeram parte do aprendizado de Estefânia. Viu que, de tudo o que sabia, nada sabia; que amor era poder e era preciso sempre ter força e coragem para recomeçar. Sentia que era preciso esquecer para poder perdoar. Ao longo de seus estudos concluiu que suas dores, amores, desamores, ilusões, desilusões e frustrações eram fruto de uma memória e que era apenas e tão somente essa memória capaz de fazê-la sorrir ou chorar. Por que sofria tanto?, indagava. Em sua memória seus entes queridos estavam vivos e próximos. Por que sentia remorso? Por que sua memória não lhe permitia esquecer que machucara, ferira profundamente, magoara de forma indelével muitas pessoas. Por que sonhava? Por que lembrava os bons momentos de sua infância? Assim, concluiu que a memória era seu cárcere, seu juiz. Apenas e tão somente sua memória e nada mais...

Seus estudos foram sistemáticos, tamanha era sua vontade de rever Felipe e os pais. Na leitura diária dos livros, muitas dúvidas desfilavam sobre sua mente: causa e efeito, mediunidade, canalização, clarividência, intuição, livre-arbítrio, reencarnação compulsória, vampirismo etc. Os mestres espirituais esclareciam-na dentro do possível, já que seus conhecimentos eram limitados. Agora lhe restava um aliado: o tempo.

Ela percebeu que cada um tem o seu tempo, sua oportunidade, sua singularidade, e que todos estão envolvidos em um processo evolucionário irreversível.

Os espíritos sabiam dos esforços despendidos por Estefânia para aprender as verdades do nosso Pai maior e seu filho Jesus e de reformar-se com o intuito de adquirir o direito de rever aqueles a quem tanto amava. Certa manhã ela recebeu a notícia de que já havia surgido uma oportunidade e que ela deveria retornar à Terra em uma grande missão: conhecer a si mesma, superar suas limitações, vencer desafios e obstáculos, que teriam o papel de auxiliá-la a se livrar do orgulho, da vaidade, do desejo de vingança, do ódio, do rancor, e de aperfeiçoar-lhe o caráter, para tornar-se uma humana melhor, capaz de ser Deus na ação, no pensamento e no sentimento; livre, responsável e feliz.

1
O retorno

O nascimento de uma criança é a prova
de que Deus ainda confia na humanidade.
CARL SANDBURG

— Chamem o padre! Em nome de Deus todo-poderoso, chamem o padre! Ela não vai aguentar! — gritava a parteira, desesperada. — Força! Mais um pouco... isso, mais força, já estou vendo a cabecinha do bebê... isso! Força! Resista! Não desista de viver, Caroline... não desista! Não.

Assim foi possível ouvir o choro da criança que acabava de nascer. A parteira a pegou nos braços e levou-a para os primeiros cuidados. No caminho, lágrimas corriam-lhe pela face; afinal, a mãe da criança era uma amiga sincera e antiga e não aguentara o parto.

E agora? Sua mente navegava no passado. Pensava nos momentos que haviam vivido juntas! Tinham passado fome, frio e humilhações; viviam num tempo em que os alimentos e as roupas eram caros e raros, e as terras eram de pastagens, o que as obrigara a abandonar a aldeia, o campo, o local em que viviam e trabalhavam para buscarem alternativas de vida na cidade.

No campo se produzia lã, e os camponeses não tinham mais acesso à terra; eram tempos difíceis. Em razão das brigas por posse de terras, ambas ficaram órfãs ainda meninas. Quantas lembranças se misturavam naquele trágico momento em sua mente! Lembrou-se de que quando chegaram cheias de sonhos na cidade tentaram trabalhar para famílias nobres, tentativas vãs; foram rejeitadas, excluídas, desprezadas e, o pior, molestadas por alguns burgueses inescrupulosos, pois eram muito bonitas. Sem dotes, desonradas e sem perspectivas de trabalho para vencer o frio e a fome, não encontraram alternativa melhor a não ser a de se tornarem cortesãs na residência de madame Bourbon. Na época, pareceu-lhes a única alternativa.

Na casa de tolerância elas passaram por inúmeros testes e foram aprovadas, pois ambas eram educadas e belas. Na residência de madame Bourbon passaram a ter de tudo: especiarias, vinhos, tecidos finos e raros vindos do Oriente, ganharam joias, amantes dedicados, generosos, fogosos, carinhosos, mas apenas preocupados em ampliar suas relações comerciais.

Assim, como cortesãs, não estavam frágeis e suscetíveis à fome, ao frio e às epidemias. A mente de Brigite não parava. Com aquela criança nos braços, chorava desesperada e implorava clemência a Deus por seus pecados. Precisava de ajuda; como educaria aquela menina? Apesar de viver em um ambiente luxuoso, sabia que ele não era adequado àquela linda menina pura de olhos azuis. O pai, um homem esguio, olhos brilhantes, alegre, moreno, muito rico e poderoso, o Conde de Norteville, cabisbaixo e revoltado, retirou-se do recinto assim que soube que sua amada Caroline não resistira ao parto. Não quis sequer conhecer a filha bastarda; rejeitou-a imediatamente e seu destino sem sua proteção e amparo certamente não seria dos melhores. Madame Bourbon, quando o dinheiro era escasso, tornava-se inflexível, severa e rígida, sem a menor disposição de ajudar quem quer que fosse. E agora? Ninguém poderia saber que o Conde de Norteville acabara de ter uma filha com Caroline, uma simples cortesã. Tudo seria escondido, abafado, caso contrário, a Condessa de Norteville, enraivecida, poderia querer se vingar e mandar matar a criança; e, o mais grave, poderia querer fechar a casa de madame Bourbon. Como educar e proteger a filha de sua querida amiga? Brigite, que acabara de fazer o parto, chorava, até que alguém a interrompeu:

— Brigite, venha cá! — chamou madame Bourbon. — Sei que Caroline era sua amiga preferida e que viveram muitos momentos juntas antes de chegarem aqui. Mas, independente disso, a criança será levada para fora de minha morada e você não poderá fazer nada por seu destino. Aqui não é lugar para ela e, sem os cuidados da mãe, não terá como sobreviver, não terá quem cuide dela. Amanhã providenciarei para que se vá.

— Não, madame, eu lhe imploro, deixe que eu cuide da menina. Faço o que a senhora quiser, muitas vezes a senhora pediu-me favores aos quais não pude atender, com aqueles seus clientes "especiais"; se permitir que fique com a criança, à qual darei o nome de Camile, farei tudo o que a senhora mandar.

— Brigite, não é possível ficarmos com essa criança aqui! Ficou maluca? Esqueça!

— Madame, pelo amor de Deus, ela não vai atrapalhar, eu cuido direitinho dela! Eu juro que realizo todos os seus caprichos!

— De jeito nenhum. Se insistir, coloco você na rua, entendeu? Na rua! E agora, chega desse assunto! Você me irritou!

Aos prantos, Brigite se retirou, porém à noite, nos braços de seu amante preferido, o Duque de Champanhe, chorou até dormir. O Duque era perdidamente apaixonado por Brigite e, ao vê-la chorar, quis saber o que estava acontecendo com sua amada. Brigite contou-lhe tudo em detalhes. Sem demora, o Conde, para satisfazer os seus caprichos, interferiu com madame Bourbon e conseguiu persuadi-la a deixar a menina na casa de tolerância, evidentemente com a promessa de uma imensa ajuda financeira para a casa e para custear todas as despesas da menina.

E, assim, a menina recém-nascida recebeu o nome de Camile e ficou sob os cuidados e amor de Brigite, cercada do luxo da casa de tolerância, sob os olhares de todos, como uma linda princesa! A menina cresceu rodeada de carinho e paparicada por todos.

Onze anos se passaram...

— Camile! Venha cá!

— Calma, já vou! Espere um pouco, estou em meu quarto, muito ocupada, ocupadíssima! — gritou Camile para Brigite, sua adorada mãe adotiva.

— Vê se não demora, vai ser pior para você...

— Pior por quê? Você acordou com péssimo humor hoje, hein? Por acaso está fora de si? Enlouqueceu? Desequilibrou-se? A noite com o Conde não foi das melhores?

— Não demore!

— Um momento, acho que você está muito nervosa! E, a propósito, você pensa que está falando com quem? Não sou sua empregada, sou sua filha adotiva. Pode tratar de me respeitar e de falar baixo comigo. Não suporto que gritem comigo. Assim, desse jeito horroroso, não vou ajudá-la mesmo! Pode esperar sentada que vai ficar cansada!

— O quê? O que você está falando, mocinha?

— Brigite, não poderei ajudá-la agora! Estou me arrumando, pois vou até a casa do poeta Moliére, amigo de madame Bourbon, aprender a ler e a escrever! Não posso perder a oportunidade. Ele se ofereceu para me ensinar por pura amizade, sem custo algum! Você sabe que não posso ir para os colégios por causa da minha origem, não sou aceita em razão de ser uma bastarda, e principalmente por morar numa casa tão... tão... fina... tão... maraaaaviiiilhosa... e tão distinta como esta! Sabe como é, acham que eu sou uma pu... uma... pu...pu... pu... uma pura donzela! Pura demais para eles! E que minha mãe é uma pu... uma pu... ra donzela também!

— Chega! Sem ironia, sem sarcasmo. Pode parar! Já entendi! Não sou burra!

— Então, adorada, amada mamãe Brigite, veja que minha condição familiar, tão fina, tão distinta e tão digna... impede-me de frequentar os colégios desta cidade. Por essa razão sou excluída, banida e estou condenada, fadada, à eterna ignorância. E o pior, tampouco posso ter aulas particulares em domicílio, pois bem sabe que a madame Bourbon não gasta uma moeda de ouro com a minha educação. Tenha dó, Brigite... Não posso perder essa oportunidade! Sonho em escrever minhas memórias em um livro! Um dia serei escritora, escritora!

— Aprender a ler e escrever! Ficou maluca? De jeito nenhum, pode parar de sonhar, coloque os pés no chão e trate de vir me ajudar a limpar os quartos e os banheiros, mocinha, agora! Já! Caia na real, encare que vive numa casa de moças e que seu futuro está aqui conosco. Pare de dizer bobagens. Isso não é importante. Neste momento, a prioridade é limpar os quartos e os banheiros. Não demora e os clientes começaram a chegar. Se tudo não estiver na mais perfeita ordem madame Bourbon nos mata, ou pior... nos expulsa da sua casa! Ficou maluca, menina? Onde vamos morar?

— Eu, maluca? Você não compreende minhas necessidades, é uma egoísta, só pensa em você e nos seus clientes! Isso é futuro? Espera que eu seja como você, uma prosti...

— Não ouse completar sua frase! Não ouse, mocinha. Se precisar, vou dar-lhe umas palmadas!

— Ah é? Bata, quero ver! Apanho, mas juro, pode esperar sentada, não serei uma mulher como você, não vou ser uma cortesã. Nunca! Jamais, ouviu bem? Jamais! Graças a Deus tenho o sr. Abelard para conversar. Ao lado dele fico protegida e não vejo as barbaridades que acontecem aqui. Ele sempre me conta histórias lindas e mágicas. É um artista maravilhoso, um verdadeiro poeta!

— Chega! Não me tire do sério! Quebro seus dentes!

— Quebre, pode quebrar, quero ver se tem coragem, depois você é que vai ter de chamar um médico às pressas, e o pior, vai ter uma filha banguela! Meu sorriso vai ficar encantador! Os seus clientes vão adorar!

— Você é terrível! Desisto! Pode subir e me ajudar agora, sem demora!

A reação de Camile foi dar um chute bem forte na poltrona do seu quarto e jogar com raiva tudo o que tinha na mão no chão, e depois dizer que foi sem querer. Não iria desistir de aprender a ler e a escrever!

Camile era um menina esperta, alegre, atrevida, cabelos cor de mel, olhos azuis como o céu, mas carregava no olhar uma profunda tristeza. Brigite se esmerava para que ela tivesse uma infância feliz, mas por mais que se esforçasse não conseguia suprir suas carências.

Os momentos mais felizes da sua vida era quando estava ao lado de Abelard ouvindo suas histórias. Brigite sabia do sofrimento e dos sonhos de Camile e sofria, pois pouco podia fazer para ajudá-la; ou cumpria com as determinações de madame Bourbon, mesmo a contragosto, ou não teria onde morar. Gostava de Abelard, pelo bem que ele fazia à menina. No fundo, gostaria de liberar Camile dos afazeres da casa de tolerância para ela aprender a ler e escrever, mas madame Bourbon não permitiria. Brigite já havia discutido essa questão com ela várias vezes, em vão.

Camile sonhava com a possibilidade de aprender a ler e escrever e ter um lar verdadeiro, em pertencer a uma família como as meninas da cidade. Ela detestava o fato de morar com prostitutas, em uma casa de tolerância, apesar de tratar-se de um prostíbulo fino. Ela morria de vergonha, sabia que as mulheres da casa de tolerância eram difamadas e malvistas por todos da cidade, menos pelos seus clientes.

Entre sonhos, vergonhas, tristezas, conflitos, insatisfações, frustrações, carências, culpas, medos, pequenas alegrias, histórias mágicas, Camile foi crescendo.

Certa tarde de outono, as folhas caíam suavemente das árvores e da janela do quarto sob sua arrumação no segundo andar. Camile, distraidamente, observava as folhas voando no ar e Abelard — seu melhor amigo e confidente — trabalhando incansável e freneticamente com uma pá nas terras de madame Bourbon. Ele cavava um enorme buraco na terra e a amontoava do outro lado, próximo às árvores. Carregava muitas pedras também. Aquele trabalho deixou Camile muito intrigada e, ao mesmo tempo, preocupada. Ela começou a imaginar coisas. Teria alguém sido assassinado durante a noite e madame Bourbon o mandara enterrar o corpo? Sim, pois Camile já havia ouvido muitas histórias que tinham acontecido na casa de tolerância. Que coisa terrível! O que poderia fazer a respeito de tamanha tragédia? Deveria avisar a polícia? Como Abelard, um homem com o coração tão puro, seu melhor amigo e confidente, poderia aceitar ser cúmplice de um crime terrível? Como o seu amigo fiel e leal, o único naquelas bandas a ensinar-lhe um pouco sobre Deus, poderia estar sendo cúmplice em um homicídio? Ou teria sido um suicídio, ou quem sabe uma morte por overdose? Sim, Camile sabia que na casa de tolerância as drogas estavam presentes!

A garota ficou desesperada, pois gostava muito de Abelard. Não o queria metido em encrencas; no fundo sabia que a corda sempre arrebentava do lado do mais fraco, dos pobres, pois os ricos sempre se safavam das falcatruas e crimes que cometiam. Isso ela cansou de ver na casa de tolerância.

Desesperada, começou a gritar:

— Senhor Abelard! Senhor Abelard! Não faça isso, não enterre o corpo! Entregue os assassinos para a polícia!

— O quê? Ah! É você, Camile? Está me vendo trabalhar? Entre, feche a janela, não quero que me veja fazendo
isso! Entre já! Agora!

— Hum! Como assim? Por que não posso observá-lo?
Então o senhor está mesmo enterrando um corpo? Quem
foi assassinado? Quem o senhor está enterrando? — Camile
gritava da janela aos prantos.

— Pare já com isso! Fique quieta! Por favor, não grite
e não chore! Não faça isso! Não chame a atenção dos outros!

Camile, agora mais apavorada, fechou a janela. Imediatamente, correu para dentro do quarto disposta a descer, chamar a polícia e denunciar o crime, custasse o que custasse!

Desceu, atravessou as terras e correu em direção a
Abelard para convencê-lo a não enterrar o corpo e a denunciar o crime para a polícia.

— Senhor Abelard, pare! Pelo amor de Deus, não faça
isso! Não enterre o corpo! Denuncie o crime para a polícia.
madame Bourbon tem de pagar pelo que faz!

— O que você está dizendo, menina? Que corpo? Ficou
maluca? Acha que estou fazendo uma cova para enterrar
um corpo? Acho que você não está boa da cabeça, precisa
procurar imediatamente um médico!

— Como assim? O senhor não está fazendo uma cova?

— Ficou maluca? Doida? Claro que não! Estou prepa-
rando uma surpresa para você!

— Ah?! Uma surpresa para mim? Como assim?

— Uma surpresa encantadora! Há, há, pensou que eu
estivesse acobertando um crime! Nossa, que imaginação!

Camile, jamais faria isso. Sou um homem simples, mas creio em Deus e em seu filho Jesus. Sigo suas premissas e procuro cumprir Seus mandamentos!

— Do que se trata, então?

— Confie em mim, vá para dentro terminar seus afazeres e, amanhã, no fim da tarde, abra a janela e veja a surpresa que preparei para você.

Intrigada, repleta de curiosidade, Camile entrou para terminar seus afazeres e aguardou o fim da tarde do dia seguinte. As horas pareciam não passar. Foram as vinte e quatro horas mais longas da vida dela. Parecia uma eternidade! Ela olhava no relógio: oito horas, nove horas, dez horas... Foi dormir para o tempo passar mais rápido. Na manhã seguinte, olhava o tempo todo no relógio: sete horas, nove horas, onze horas, treze horas, dezessete horas. Pronto! Já podia abrir a janela!

Como combinado, ela abriu a janela do quarto do segundo andar e teve uma enorme surpresa! Abelard havia feito uma piscina natural, na qual ela poderia refrescar-se nas belas tardes de verão.

— Nossa! O sr. Abelard fez uma piscina natural para mim?! Que surpresa, que lindaaaaa! Que fantásticaaaa! Que maravilhosaaaa! Que fenomenal! Que perfeitaaaa!

Encontrando-se com ele, disse:

— O senhor é o meu melhor amigo, o melhor companheiro que uma menina pode sonhar em encontrar na vida! Senhor Abelard, você não é meu pai, mas o amo como se fosse!

— Amo-a muito também, minha pequena! Penso que, se tivesse tido uma filha, ela seria como você: encantadora, alguém que merece esta piscina e muito mais! Amo-a como a uma filha! Tenho muito respeito por você. Saiba que tem em mim um aliado eterno. Vou cuidar de você e protegê-la sempre!

— Que bom, sr. Abelard, que Deus o colocou em meu caminho. Com as coisas horrorosas que vejo nesta casa todos os dias, quase não creio mais nos homens, mas o senhor é especial, generoso e puro! Adorei a piscina! Muito obrigada! Adoro o senhor!

As últimas palavras de Camile quase tiraram a respiração dele, pois o deixaram muito emocionado. A menina pulou no seu pescoço e lhe deu um forte abraço!

Com certeza, era a piscina natural revestida com pedras mais linda que ela já havia visto! A água límpida, pura, refletia toda a sua beleza, pureza e alegria.

— E eu que pensei que estava cavando uma cova para esconder um homicídio!

— Pois é, pequena, esta piscina é toda sua! Pode aproveitá-la!

Rapidamente, ela foi se trocar e desceu correndo, mergulhando na piscina! Brincou na água até cansar! Foi dormir tarde, exausta, mas muito feliz. Em agradecimento, deu um grande beijo na testa de Abelard.

"Ele é simplesmente fantástico! Um homem maravilhoso! E o engraçado é que parece que eu o conheço há muitos séculos! Seus olhos me são familiares!", pensou.

Foi o fim de tarde mais feliz da vida de Camile.

No dia seguinte, todos foram ver a piscina de água natural! As meninas queriam banhar-se, mas Camile não permitiu. A piscina era dela, só dela!

É, parece que Camile desde cedo desenvolvera a sua intuição; tinha a impressão de que conhecia Abelard havia muitos anos. E o conhecia mesmo! Sequer imaginava que o conhecia de outra vida! Ele era uma pessoa muito especial...

Jamais poderia imaginar o que ele representara em sua vida anterior.

Algumas décadas antes de Camile nascer, Eduardo II solicitou aos mentores espirituais para reencarnar antes dela, para poder, mesmo a certa distância, apoiá-la, ampará-la, inspirá-la, ajudá-la na atual encarnação.

Ele não vacilou ao solicitar sua reencarnação:

— Senhor Ismael, por favor, solicite ao conselho cármico autorização para rever meu plano existencial. Gostaria muito de reencarnar em breve para poder estar no ambiente em que Estefânia reencarnará. Ela terá sérios desafios e poucos aliados. Sei que poderei auxiliá-la nessa nova jornada, ambos sabemos que seus desafios não serão fáceis de enfrentar! Ela vai precisar de toda ajuda disponível.

— É, meu querido Eduardo, ela vai precisar de muita ajuda mesmo! Sei que é um irmão amoroso, que se preocupa com ela. Não vou lhe prometer nada, mas farei todo o possível para conseguir que reencarne antes dela. Em breve, estarei planejando a próxima existência dela e, com certeza, darei a sugestão do seu reencarne com o intuito de poder auxiliá-la. Veremos, meu caro, veremos se será possível.

Algumas semanas se passaram e tal foi a surpresa de Eduardo, o antigo príncipe Eduardo II, ao saber que reencarnaria a tempo de criar condições para estar próximo de Estefânia e ampará-la emocionalmente em sua próxima reencarnação.

Camile nem de longe imaginava que o seu querido Abelard, que lhe havia feito uma piscina natural revestida de pedras, que sempre que podia lhe falava sobre as leis de Deus e as premissas do Cristo, havia sido seu amado irmão Eduardo II na vida precedente.

Assim, envolta a um segredo maravilhoso do nosso Criador, Camile, entusiasmada, recebia apoio moral e muito amor fraternal daquele senhor e, dadas as circunstâncias, vivia uma infância relativamente feliz.

De certa forma, a piscina mudou a vida de Camile; agora ela era ligeira, rápida, fazia todos os seus afazeres sem enrolar, para poder nos fins de tarde banhar-se nas águas límpidas e brincar a valer!

Certa tarde, Abelard falou para Camile:

— Minha pequena, enquanto estiver brincando na água, observe-a, sinta-a, perceba-a, e as pedras também. As águas e as pedras são criações divinas e têm muito para nos ensinar. Quero que reflita sobre isso e amanhã me revele suas descobertas. O que as águas e as pedras podem lhe ensinar, pequena Camile?

— Certo, sr. Abelard, enquanto brinco, vou pensar e amanhã lhe darei as respostas.

Abelard, exímio poeta e filósofo, antigo amigo de madame Bourbon, sempre que podia nutria a alma de Camile com valores morais. Propositadamente, nem ele entendia direito as razões, mas provocava profundas reflexões, contava histórias, parábolas e lhe transmitia muitas verdades espirituais.

No dia seguinte, no fim da tarde, Camile procurou Abelard para apresentar-lhe as respostas às suas indagações.

— Senhor Abelard, observei atentamente a água e percebi que ela é transparente, pura, límpida, então provavelmente o Criador deseja que nós humanos aprendamos com as águas sobre a importância da transparência e da pureza. Outra coisa, as águas não param, vão sempre em frente e ultrapassam todos os obstáculos; veja, passam por cima das pedras. Então, acho que temos de aprender a seguir adiante, ultrapassando os obstáculos para atingirmos nossos objetivos e sonhos! As pedras estão sempre no mesmo lugar, podem ficar paradas anos a fio, mas podem se movimentar com a ajuda da natureza. Assim, temos de aprender a ficar quietos, a ter paciência. Elas são firmes, resistentes e fortes. Existem algumas que são pequenas, outras grandes e de várias cores. Todas ficam juntas. Acho que precisamos aprender a ser firmes, resistentes, fortes, e a conviver com os que são diferentes de nós. É isso que observei; tem mais alguma coisa?

— Nossa, Camile, como é inteligente! Pedi para refletir, e veja só: quase escreveu um livro sobre as águas e as pedras! Que lindo! Você é muito especial, mesmo! É tudo isso que você falou, as águas nos ensinam sobre a importância de sermos transparentes e isso significa falar a verdade, a nossa verdade, não a verdade dos outros ou da razão, mas a verdade do nosso coração. As águas nos convidam a ser puros de coração, a deixar a vida fluir e sempre seguir adiante, com firmeza, resistência e força, aconteça o que acontecer! Camile, algumas pedras são preciosas, mas para que brilhem precisam ser lapidadas! Nós, seres humanos, somos preciosos, o nosso coração é uma joia, e precisamos brilhar como as estrelas do céu do nosso Criador, mas, para que isso aconteça, muitas vezes precisamos ser lapidados, e a vida nos lapida.

— Como assim? — indagou Camile.

— Somos preciosos, mas nos esquecemos disso, e nos deixamos contaminar com os sentimentos negativos. Com o tempo, envolvidos com nossos problemas, dores, perdas, deixamos de brilhar. A vida nos proporciona desafios para que eles nos ensinem, lapidem e devolvam o nosso brilho original.

— Acho que não entendi! Isso é muito complicado!

— Por exemplo, todos somos importantes perante o Criador, mas tem algumas pessoas que se acham mais importantes que outras e, assim, enchem-se de orgulho e vaidade e humilham os outros, às vezes sem motivo. Apagam o próprio brilho e o dos outros.

— Agora entendi perfeitamente! E temos um grande exemplo: a madame Bourbon! Ela se acha a perfeita, superior, maravilhosa, e humilha todo mundo! Ah! Agora ficou fácil de entender.

— Camile, você não existe! Mas é isso mesmo, madame Bourbon se sente superior aos outros e humilha quem ela acha que é menos do que ela. Porém, um dia vai compreender que não é melhor do que ninguém e que todo o seu orgulho e a sua vaidade de nada valem. Um dia vai aprender sobre a importância da humildade e perceber que tudo isso a leva a esconder suas fragilidades, seus medos e suas inseguranças.

— Será? Quero ver!

— Minha pequena, não esqueça: a vida é cheia de altos e baixos; um dia estamos por cima, noutro podemos estar por baixo. A lei divina não escolhe rico ou pobre, belo ou feio, ela atinge a todos, sem exceção! Cada um tem o seu momento de aprendizado. A vida é eterna! Temos a eternidade para nos aperfeiçoar. Nem sempre as coisas acontecem como e quando desejamos, mas as leis divinas não escapam a ninguém! Tenho certeza de que o coração endurecido, mas de rubi da madame Bourbon, voltará a brilhar!

— E ela será menos arrogante?

— Com certeza! Um dia ela conseguirá ser verdadeira consigo mesma e encontrará sua verdadeira essência! Enfrentará seus medos, lidará com equilíbrio com suas fraquezas e vai se tornar forte! Todos nós viveremos esse processo. Por esse motivo, não devemos julgar ninguém. Cada um tem a sua hora, o seu momento de ser lapidado e de fazer amadurecer suas emoções.

— Nossa! Como o senhor é sábio. Está certo, não vou mais julgar madame Bourbon. Quando ela estiver gritando vou me lembrar de suas palavras para não esquecer que um dia ela vai crescer e brilhar!

— Muito bem, Camile, é assim que se fala!

— Senhor Abelard, adorei nossa conversa sobre as águas e o brilho das pedras!

— É, Camile, você me surpreendeu! Suas conclusões foram maravilhosas! Espero que guarde todas as lições em seu precioso coração! E continue a pensar! Quero que pense sobre as flores. Em breve falaremos sobre elas.

— Que bom! Gosto muito de pensar, de sonhar e de livros; sempre que posso entro às escondidas na biblioteca de madame Bourbon e folheio os livros dela. Ainda não consegui aprender a ler e a escrever.

— É mesmo? Você ainda não sabe ler nem escrever? Que horror! Isso não pode ficar assim, você precisa, deve aprender! Vou dar um jeito nessa situação ou não me chamo Abelard!

— Então pode tratar de mudar seu nome para Paolo, Gerard, Francesco ou Francis, pois Brigite não vai me deixar frequentar as aulas; diz que tenho de fazer muita limpeza, faxina e arrumação. Falou que a madame Bourbon não abre mão dos meus serviços. Sou a melhor faxineira que ela tem, sabe por quê? Porque faço tudo de graça, sem ela gastar uma única moedinha em troca de casa e comida!

— Veremos se você vai continuar fazendo apenas faxinas! Saiba que tenho cá meus segredos e argumentos. Pode deixar comigo! Você vai aprender a ler e a escrever e não vou mudar de nome!

Camile não conhecia o poder de influência de Abelard sobre madame Bourbon. Artista plástico, poeta, por muitos anos perambulou pela Europa, divulgando seus trabalhos nas cortes. E foi justamente na corte inglesa que conheceu madame Bourbon e se apaixonou perdidamente por ela. Viveram por algum tempo um amor alucinante, porém ela, uma mulher da vida, não podia assumir qualquer tipo de compromisso e, mesmo o amando, precisou abandoná-lo. Depois disso, uma grave doença o acometeu, impedindo-o de realizar sua arte e comprometendo seriamente sua so-brevivência. Em alguns anos, suas economias terminaram. Vendeu tudo o que possuía, ficou na mais profunda po-breza. Madame Bourbon, assim que soube de sua sina, tratou de recolhê-lo em sua casa de tolerância. Afinal, ele fora o grande amor de sua vida. Instalado na casa de tole-rância sua saúde melhorou e ele assumiu a administração da casa, tornando-se o braço direito dela.

Com certeza, Abelard seria capaz de convencer ma-dame Bourbon a permitir que a menina aprendesse a ler e a escrever! Ele sabia que a vida de Camile não era nada fácil naquele lugar. A menina sofria calada. Ele estava sempre atento para que ela não sofresse nenhum tipo de abuso com os "clientes".

A casa de tolerância sempre amanhecia bagunçada, imunda, cheirando a cigarro e a bebida. Garrafas vazias, pratos com restos de comidas, copos espalhados, papéis jogados nos quatro cantos e cinzeiros lotados. Sem falar nas roupas, sapatos, meias, cuecas espalhados pelos corredores, sofás. Um horror!

Todas as manhãs, Camile tinha muito trabalho e, pacientemente, arrumava tudo. Recolhia pratos e copos, esvaziava cinzeiros e jogava as cinzas no jardim — diziam que fazia bem para as plantas. Coincidência ou não, as roseiras cresciam tão belas que a muitos causava inveja. Eram rosas vermelhas. E estas fascinavam Camile. Elas possuíam um mistério, como se encerrassem um segredo. Todas as vezes que ela aproximava seu rosto delas, parecia que iam lhe contar algo...

Sem saber por que, Camile era fascinada por rosas vermelhas. Achava que eram mágicas, que tinham um poder especial! Eram maravilhosas!

Esse era mais um motivo pelo qual madame Bourbon chamava-a de "maluca". Ela conversava com as rosas vermelhas e para piorar a situação tinha sonhos com princesas, rainhas, fontes, sapos e fadas!

O tempo passava e a garota adorava sonhar. Se deixassem, ficava diante do espelho o dia todo. Colocava as roupas, os adereços e as perucas das meninas. Experimentava vestidos, sapatos, colares e brincos. Elas não se importavam. Deixavam-na usar seus vestidos e sapatos mais velhos. Mas ela gostava mesmo era de um vestido dourado de Brigite. Ficava feliz quando colocava o vestido e o sapato dourado dela. Mas isso não acontecia com frequência, porque Brigite vigiava suas coisas e não gostava que ela as usasse. Shirley era mais simpática, emprestava suas joias — desde que as usasse dentro do quarto. Camile tinha medo dela... por esse motivo não a desobedecia. Mas não tinha graça brincar no quarto... ninguém via! Não podia mostrar-se. Mesmo assim, era melhor que nada.

Algumas manhãs eram chamadas de "manhãs de trabalho geral". Todas as mulheres da casa, com raras exceções, juntavam-se para se arrumar. Elas falavam de tudo e de todos enquanto cortavam e arrumavam as unhas dos pés e das mãos, e faziam depilação.

— É bom que aprenda tudo desde criança.

"Será que eu também vou ter pelos como elas? Não! Recuso-me a pensar que meu corpo tão delicado e alvo vá se transformar. E os peitos, então? Ah, não! Comigo será diferente... muito diferente", pensava ela.

A casa onde Camile passou a infância ficava afastada da cidade. O comércio era longe, porém na casa de madame Bourbon nada faltava. Carruagens abasteciam suas despensas (que não eram poucas). Muito vinho, comida boa, queijos... presentes chegavam sempre! Joias, perfumes, vestidos e flores...

Ao escurecer, as mulheres que moravam lá começavam a se arrumar. Escolhiam as roupas, os sapatos, o perfume ideal — sempre muito forte para o gosto de Camile —, a maquiagem e o brilho. Elas pareciam tirar de alguma gaveta a alegria que lhes estampava o rosto a noite inteira... todas deveriam estar sempre belas, sensuais, alegres e sorridentes...

Camile ficava zanzando pela casa escondendo-se de canto em canto, pois não gostava da cara daqueles homens. Eles chegavam falando alto, fumavam muito e bebiam demais. Alguns fediam e ela tinha pena das meninas que tinham de servi-los.

A garota detestava tudo aquilo e sonhava em sair daquela vida. Aos doze anos, ela sonhou que era uma princesa e que beijava os ratos na fonte de um jardim do castelo, que era repleto de rosas vermelhas. Sonhou também com uma fogueira enorme...

Não falava de seus sonhos para Brigite, pois temia não ser compreendida. Falava deles com Abelard. Este lhe explicava que podiam ser lembranças de vidas passadas e que ela deveria ficar atenta às mensagens recebidas, pois muitos dos seus antigos entes queridos, por meio de sonhos, podiam estar o tempo todo tentando ajudá-la. Camile ficava admirada com as explicações do amigo, e procurava aprender tudo. Abelard sempre a instruía a guardar segredo dos seus sonhos, pois eles não eram bem-vistos pela igreja.

Na casa de madame Bourbon, todos tinham medo de sonhar, pensar e até de falar. Algumas mulheres questionadoras foram acusadas de transgressoras, pois tinham sonhos estranhos, e também foram consideradas bruxas pelos tribunais da Santa Inquisição e queimadas nas fogueiras.

Camile adorava sonhar... Apesar de muitas vezes seus sonhos serem verdadeiros pesadelos, sabia que não devia comentá-los com ninguém. Sonhava que estava sendo perseguida por alguns homens horrorosos e que eles queriam pegá-la. Sofria calada, e, às escondidas, pegava um crucifixo que pertencia a sua mãe e rezava a oração que Brigite lhe havia ensinado.

A vida de Camile obedecia a uma rotina sem descanso. Certa tarde, sem que esperasse, um grito de madame Bourbon despertou-a inesperadamente de seus pensamentos.

— Camile! Venha cá! Agora!

— Estou indo, madame, um momento! Estou terminando de limpar estes banheiros nojentos do segundo andar!

— Largue tudo. Vá fazer a toalete e vá imediatamente à casa do poeta Moliére aprender a ler e escrever! Eu disse imediatamente! É uma ordem! A partir de hoje terá aulas com ele regularmente!

— Sim, senhora! É para já, estou indo! Na verdade, já fui!

— Vá bem depressa — gritou num ultimato.

— Já fui, não se preocupe!

E, assim, Camile, sem compreender direito o que estava acontecendo, correu para a casa do poeta para finalmente realizar seu grande sonho: aprender a ler e a escrever!

Em seu coração tinha a certeza de que Abelard era o grande responsável pela proeza. Ele, com certeza, estava por trás daquela atitude.

Com o coração transbordando alegria, em alguns meses Camile aprendeu a ler e a escrever. Incansável, com muito entusiasmo, todas as noites ela exercitava sua letra, sua escrita, relatando o cotidiano da casa de tolerância. Observava os fatos engraçados, tristes, bizarros, os dramas das meninas, os amores não correspondidos, as aventuras de alguns cavalheiros, as confusões, as brigas, as baixarias, os escândalos etc.

Assim, Camile sonhava um dia tornar-se uma grande escritora. Tudo para ela agora tinha uma importância redobrada. Fazia anotações todo o tempo, investigava e anotava sobre todos os assuntos. Perambulava por toda a casa de tolerância em busca de fatos interessantes!

Certa noite, de modo furtivo, Camile dirigiu-se ao quarto andar e fixou o olhar, intrigada, naquela porta que havia muito a deixava fascinada. Teve medo, afinal aquele andar e aquela porta eram temas proibidos. Mas a curiosidade foi mais forte que o medo e Camile aproximou o ouvido da porta. Tentou olhar pelo buraco da fechadura, mas só viu escuridão. Sua mão, desobediente, dirigiu-se à fechadura com uma chave mestra que abria todos os outros quartos. A chave girou com força e, para sua alegria, escancarou a porta. Surpresa, mesmo na escuridão, ela percebeu um vulto sentado em um pobre catre. Assustada, quis voltar. Um grito de horror paralisou Camile. Recuperada, correndo, fechou a porta e toda assustada voltou para a sala principal da casa.

Vendo a palidez de Camile e o tremor que a assaltava, Brigite perguntou:

— O que houve, Camile? O que aconteceu?

— Nada, Brigite! — respondeu Camile cabisbaixa.

Preocupada em cuidar das unhas, Brigite a esqueceu.

Inquieta, a menina buscou madame Bourbon e, enchendo-se de coragem, narrou o acontecido.

Pasma, madame Bourbon refugiou-se com Camile em seu gabinete para falar de forma confidencial sobre o assunto. Camile se encantou com o gabinete, as coleções de medalhas, os retratos de homens ilustres, tudo a distraía. Madame Bourbon, ignorando a admiração dela pelo seu gabinete, encheu-se de cólera e aplicou umas boas palmadas nela, esbravejando:

— Eu já disse que o quarto andar é proibido, ouviu bem? Se voltar lá... sabe o que farei?

— Não, senhora — respondeu Camile, apavorada e arrependida.

— Vou expulsá-la desta casa. Expulsá-la, ouviu bem?

Camile apenas chorou e nada falou. No seu íntimo sabia que havia um segredo a ser desvendado. O que escondia aquele quarto? Aquele grito? Formou-se em Camile um desejo muito grande de ajudar o vulto, que ela percebeu ser de uma criança como ela.

Depois de alguns dias, inconformada com a proibição de madame Bourbon, Camile, ignorando suas recomendações e ameaças, retornou ao quarto andar na tentativa de descobrir o mistério. Não sentiu mais nenhum medo. Teve a certeza de que precisava fazer algo. Alguma coisa lhe dizia que estava prestes a resolver um grande mistério daquela casa. Resoluta e confiante, entrou no quarto proibido. Não se assustou com o grito, aproximou-se do vulto e descobriu a figura meiga de uma menina como ela. Entreolharam-se e trocaram sorrisos. Camile perguntou:

— Quem é você? O que faz aqui sozinha neste quarto escuro?

Assustada, a menina, de súbito, revelou que se chamava Catherine e que vivia ali desde que nascera, convivendo apenas com a mulher que lhe levava água e alimentos diariamente, e que vez por outra era visitada por madame Bourbon.

A revelação da menina comoveu Camile, que se comprometeu em visitá-la em segredo com regularidade, sempre que fosse possível.

Um barulho no corredor fez com que Camile se retirasse de imediato do quarto e retornasse aos seus aposentos.

Alguns dias se passaram e Camile não conseguia esquecer-se de Catherine, dos seus lindos olhos verdes, pele branca e rosada e cabelos negros cacheados. Seus sentimentos ficaram confusos; de um lado sentia alegria, de outro pavor em ser descoberta.

Camile não conseguia explicar, mas aquela doce menina lhe era muito familiar, era como se já a conhecesse por toda a eternidade.

Seu pensamento voava livre nas asas da imaginação. Apavorou-se, inquieta, com medo; sentiu-se à beira de um desastre, e com culpa resistiu, lutou, mas após longo conflito interno recostou-se na cama, encheu o coração de coragem e resolveu que iria conviver em segredo com Catherine e ajudá-la no que fosse necessário. Depois da decisão, abriu um sorriso e dormiu.

No silêncio da madrugada, Camile, durante o sono, sonhou e viu a imagem de uma família real num ambiente muito acolhedor e repleto de amor, na sala principal de um enorme castelo. As cenas mostravam uma linda rainha contando lindas histórias de fadas para os filhos. Entre eles, uma garotinha ficava toda arrepiada, tremendo como vara verde. Na cena seguinte, a menina chorava, correndo para os braços do pai, que a tranquilizava.

De súbito, Camile acordou suando... teve a impressão de que a menina era Catherine e que era sua irmã! Parou, pensou e concluiu que só podia estar ficando maluca, doida! Como aquela menina do sonho podia ser Catherine e também sua irmã? E, se fosse, que família real era aquela? Quem era aquela rainha? Seria ela a irmã mais velha? Que loucura! Estaria imaginando ou de fato tinha sido uma princesa? E como uma princesa tão linda poderia ter nascido em um prostíbulo?! Será que Abelard falava a verdade quando alegava existir vidas passadas? Teria sido uma vida passada dela?

Camile virava de um lado para o outro, com insônia, e recordava-se dos ensinamentos de Abelard. Finalmente, o cansaço a venceu. Adormeceu cheia de indagações, mas com a certeza de que seus sonhos tinham um propósito. No dia seguinte, Camile resolveu dar mais atenção e carinho para Catherine do que de costume; afinal, ela poderia de fato ter sido sua irmã, então, aquele encontro não era por acaso! E somente ela, Camile, poderia ajudar e, quem sabe, salvar Catherine daquele lamentável destino!

O tempo passava depressa, e Camile o dividia entre seus afazeres e obrigações, suas conversas com Abelard, seus escritos, e a atenção dispensada à Catherine, a menina bonita de olhos arregalados e cabelos espetados do quarto andar.

Catherine acostumou a dividir seus medos, tristezas e sonhos com Camile.

— Camile, às vezes penso que vou enlouquecer! Não aguento mais esta prisão! Não mereço viver desta maneira.

— Bela Catherine, acredito que ninguém merece esse tipo de vida que está levando, mas aprendi com o sr. Abelard, que nada acontece a cada um de nós sem motivo. Então, essa sua prisão deve ter um propósito, que agora não conseguimos enxergar, mas deve ter sua explicação em vidas passadas.

— Vidas passadas, o que é isso?

— Vou lhe explicar...

Camile explicou detalhadamente para a menina tudo o que sabia sobre vidas passadas, suas causas e efeitos. No fim da conversa, Catherine parecia estar bem mais tranquila e cheia de esperanças de que um dia sua vida mudaria e ela seria libertada. Conhecendo um pouco sobre Deus e Suas leis, decidiu confiar Nele!

As meninas conversavam quase todas as manhãs, horário em que todos na casa de tolerância estavam dormindo.

Em determinada manhã de outono, sob o som das folhas das árvores, Catherine confessou para Camile que seu maior sonho era poder sair daquele quarto, conhecer pessoas e andar pelas ruas sob o luar, na semana do Natal, para ver os efeitos e a alegria espalhada pelo ar.

Camile pensou bastante e tomou uma importante decisão: na semana de Natal, iria tirar Catherine daquele quarto horroroso e passear com ela pelas redondezas, sem que ninguém soubesse! Para isso, arquitetou um plano.

O primeiro passo seria compartilhar com Abelard o seu mais sagrado segredo. Revelaria que no quarto andar, havia quase onze anos, morava uma menina linda de olhos esbugalhados, chamada Catherine, que, sem dúvida, devia ser filha de alguém muito importante e rico, que a mantinha na casa de tolerância de madame Bourbon em segredo, para que ninguém descobrisse seus erros. Contaria também sobre os sonhos. Ela imaginava que, ao saber, o grande amigo, com certeza, seria seu cúmplice e ajudaria no que fosse preciso.

— Senhor Abelard!

— Ahn? O quê? Ah... quem está me chamando?

— Sou eu, sr. Abelard, Camile! Senhor Abelard, venha depressa, largue o que está fazendo, sente-se aqui do meu lado, quero lhe contar um segredo. Vou revelar-lhe uma história terrível, dramática, muito parecida com as histórias que o senhor me conta.

— Credo, Camile. Isso lá é jeito de falar! Você está me assustando! O que aconteceu?

A expressão dela era de espanto e deixou-o muito preocupado.

— Está bem, sua maluca. Vou largar tudo aqui para ouvir sua história. Ande logo, conte-me tudo; você me deixou morrendo de curiosidade!

— Vou contar a história, mas antes o senhor terá de me prometer, jurar, que vai me ajudar!

— Como assim? Como vou prometer que vou ajudá-la sem ao menos saber do que se trata? Ficou louca?

— O senhor tem de confiar em mim, jurar que não vai contar nada para ninguém e que vai me ajudar. Jura! Jura!

— Está bem, Camile. Eu juro, pode contar.

E, assim, Camile revelou o seu grande segredo para o amigo, que ficou de queixo caído, completamente penalizado pela situação da menina, que havia sido feita prisioneira no quarto andar. Jurou, sem pestanejar, que iria ajudar Camile no que fosse preciso, custasse o que custasse.

Em uma noite de dezembro, próxima ao Natal, Abelard acordou esquisito! Camile estava pendurando roupas no varal quando escutou um assobio. Ele a chamava. Sua expressão era muito séria. Camile ficou preocupada. Ele a avisou que naquela noite ajudaria Camile a tirar Catherine do quarto para levá-la para passear, pois havia sido incumbido de cuidar da carruagem de um nobre. Camile ficou atônita e, ao mesmo tempo, eufórica. Finalmente, ajudaria sua amiga depois de tanto tempo. Pensou consigo: "Para onde levarei Catherine? Já sei, vou levá-la ao grande parque para que ela possa ver o movimento do Natal, sentir a neve caindo em seu corpo e brincar comigo na pista de gelo! É isso! Será muito divertido! Maravilhoso!".

O dia passou muito rápido e, ao anoitecer, conforme combinado, Camile entrou no quarto de Catherine e mandou que ela a acompanhasse.

— Vamos sair daqui imediatamente! — E a menina, mais que depressa, obedeceu-a.

As duas, na ponta dos pés, desceram as escadarias e atravessaram o salão principal do andar térreo rumo à porta de saída da rua.

Lá fora, Abelard as aguardava na linda carruagem que estava sob seus cuidados.

As meninas, sorrateiramente, saíram pela porta, fecharam-na com delicadeza e entraram na carruagem num piscar de olhos. Imediatamente, Abelard colocou a carruagem em movimento e desfilou com as meninas pelas ruas naquela noite iluminada.

Pela janela da carruagem, as meninas viam o movimento nas ruas. Havia muitas pessoas andando de um lado para o outro, comprando de tudo para realizarem a grande festa de Natal!

Naquela noite, Camile esqueceu-se das obrigações que a aguardavam dentro da casa de tolerância. A limpeza dos cinzeiros, a reposição de bebidas, a retirada de garrafas vazias etc.

— Camileeee! Camileeee!

Madame Bourbon se esgoelava na porta da cozinha, chamando Camile para o trabalho. Após alguns minutos, desistiu, pois a casa estava cheia e precisava de cuidados. Chamou outras auxiliares e foi cuidar da limpeza e da higiene das salas da recepção, dos quartos, dos banheiros.

Enquanto isso, para Camile e Catherine a noite parecia mágica. Tinha muita gente fazendo compras, muita alegria e magia espalhadas pelo ar.

A carruagem parou, elas desceram no parque e foram para a pista de gelo. Abelard ficou na carruagem, aguardando-as.

Catherine ficou encantada. O lugar era lindo. Tudo era novidade para ela.

— Não consigo entender como madame me deixa presa naquele quarto há tantos anos! Como ela é má!

— Calma, Catherine, não pense nisso agora, aproveite a noite!

— Para você é fácil falar, você é livre, pode ir aonde quiser! Eu fico no exílio daquele quarto dia após dia, noite após noite! Ninguém vai me ver, ninguém sabe que eu existo. Um dia serei livre!

— Claro que sim. Qualquer dia desses, madame Bourbon vai libertá-la e você vai conviver com todas nós.

Catherine sorriu levemente e pensou que jamais voltaria para o exílio daquele quarto na casa de tolerância. Olhou para o céu e agradeceu a Deus, pois aquela noite seria a grande noite da sua vida, seria a noite da sua libertação. Ela iria fugir para bem longe.

Camile, toda sorridente e feliz, patinando, não imaginava os planos da amiga. Não tinha ideia da confusão em que estava se metendo.

— É melhor procurarmos algo para comer e beber, estou com fome e com sede — disse delicadamente Catherine.

— É mesmo, já está na hora de comermos alguma coisa. Vou pedir para Abelard comprar alguma coisa! Vamos!

— Não, pode ir que eu espero você aqui.

— Não tem medo de ficar sozinha?

— Não, claro que não!

— Tem certeza?

— Claro, pode ir! Não saio daqui, fico esperando-a!

Camile, inocente, confiou na amiga e foi até a carruagem pedir que Abelard comprasse algo para elas. Catherine ficou observando a cena e, quando achou que Camile estava longe o bastante, saiu correndo e se misturou às centenas de pessoas que estavam caminhando pelas ruas da cidade. Antes, porém, olhou para a amiga e fez um aceno.

Camile, após falar com Abelard, retornou ao local onde estava Catherine e não a encontrou, procurou por toda a parte e não a achou.

O pânico tomou conta dela, que saiu gritando:

— Abelard! Abelard! Catherine sumiu! Desapareceu!

— Calma, Camile, ela não deve estar longe!

Abelard ficou bastante admirado! Nunca tinha pensado que aquilo pudesse acontecer. O que eles iriam fazer? Quando madame Bourbon soubesse, o que ela faria com eles? Mil pensamentos passaram pela sua cabeça, e o pânico tomou conta Camile. Os dois ficaram desesperados!

Abelard baixou a cabeça; com muito esforço, olhou para Camile, que estava pálida, e disse:

— Não vamos perder tempo, não vamos nos apavorar, vamos procurá-la. Vamos encontrá-la!

Caminharam pelas ruas e pelo parque. Passando por um trecho de mato, viram preso a um arbusto um pedaço da blusa da menina. Animados, seguiram em frente na esperança de encontrá-la. Alcançaram um caminho estreito, à beira do precipício. Desceram com cuidado o extenso caminho cheio de pedras. Camile perguntava mentalmente onde estaria a menina e por que havia fugido. E agora? O que fariam? Ir à polícia pedir ajuda não podiam, pois ninguém sabia da existência da menina. Camile teve a sensação de que algo de ruim poderia ter acontecido com Catherine. Após caminharem horas e horas, cansados, Abelard arregalou os olhos e, segurando Camile pelo braço, ordenou que saíssem dali, que desistissem. Disse que sabia que a menina havia fugido de caso pensado e, àquela altura, devia estar bem longe.

— Abelard, o que vamos fazer?

— Vamos pedir ajuda da polícia!

— O senhor ficou maluco? Ninguém sabe que essa menina existe, ela viveu escondida no quarto andar todos esses anos. É um segredo da madame Bourbon! Ela nos mata se levarmos isso a público!

— Então, Camile, o que faremos? A menina está perdida nesta enorme cidade, cheia de perigos!

— Vamos voltar para casa e ficar calados! Não vamos contar para a madame o que aconteceu de forma alguma! Ela vai dar falta de Catherine e vai achar que ela fugiu, mas nós dois vamos guardar segredo. Não vamos abrir o bico. Entendeu, Abelard? Senão vamos ser expulsos da casa de tolerância, ficar sem ter onde morar, sem ter o que comer. O que vai ser de nós, já pensou nisso?

— Já pensei e concordo com você, Camile. Vamos continuar procurando a menina em segredo e orar para que Deus cuide dela, que a encaminhe para uma vida melhor. Afinal, ser prisioneira não é vida para ninguém!

— É, a vida da Catherine era um eterno exílio, no fundo acho que ela fez muito bem em fugir para tentar outra vida. Também vou orar para que ela seja encaminhada por Deus. Vamos voltar para a casa de tolerância.

Decepcionados, preocupados e tristes, voltaram para a casa de tolerância.

Não muito distante dali, Catherine, propositadamente, aproximou-se de um casal e perguntou:

— Por favor, senhores, onde estou?

O casal prontamente explicou que ela estava num bairro nobre, porém perigoso.

Catherine inventou uma história trágica, contou para o casal que vinha com seus pais de outra cidade para se estabelecerem naquela região, mas que durante a viagem foram assaltados e seus pais e irmãos foram mortos. Assim, ela estava completamente sozinha, abandonada, desprotegida, sem saber o que fazer e sem ter para onde ir.

O casal, comovido com sua história e impressionado com sua boa aparência — pois Catherine era uma menina muito linda e usava roupas muito boas fornecidas por madame Bourbon —, prontificou-se a cuidar dela por alguns dias, e depois encaminhá-la para o serviço social da cidade para que pudesse encontrar uma família disposta a adotá-la. E assim aconteceu. Alguns dias depois, Catherine estava no serviço social e em pouco tempo foi adotada por uma família de nobres que sonhava em ter uma filha.

No dia seguinte, ao longe, ouviam-se os gritos de madame Bourbon.

— Isso não pode ter acontecido! Onde está aquela menina? Como fugiu? Será que Camile a ajudou? O que direi ao conde? Como pude deixar que sua filha bastarda desaparecesse? E agora ele vai cortar a gorda ajuda financeira que me enviava todos os meses.

— Camile! Venha cá imediatamente! — gritou madame Bourbon.

— Sim, senhora, em que posso ajudá-la?

— Você tem certeza de que não está envolvida com o desaparecimento da menina do quarto andar?

— Menina do quarto andar? Que menina, madame? Fui lá uma única vez, e a senhora me encheu de palmadas e me fez jurar que eu nunca mais me aproximaria de lá! Acatei suas determinações e nunca mais fui naquele andar, tampouco sabia que lá havia uma menina, o que vi foi só um vulto. Não sabia que era o vulto de uma menina!

— Tem certeza?

— Claro, madame. Acha que iria mentir para a senhora?!

— É, tem razão, você não sabia que eu mantinha uma menina no quarto andar. Agora, não entendo por que e como ela fugiu. Ela tinha tudo, comida, roupas boas. Nada lhe faltava.

— Será, madame, que nada lhe faltava? Coitada! Ela vivia isolada! Como alguém pode viver dessa maneira? Eu, no lugar dela, teria fugido também!

— Cale-se, Camile. Volte ao seu trabalho e bico calado, não comente isso com ninguém. Com ninguém, entendeu?

— Sim, senhora! Pode deixar, não vou comentar com ninguém que a senhora mantinha uma linda menina, pura, inocente, como sua prisioneira no quarto andar, e que ela fugiu! Deus me livre! Boca de siri!

— Cale a boca, Camile, não fale assim, parece que sou um monstro! O pai dela me pediu que a deixasse aqui para que ninguém a conhecesse e para que ele pudesse acompanhar seu crescimento, pois todas as vezes que vinha na casa subia e via a filha dormindo. Ele nunca a abandonou. Quando ela completasse dezesseis anos, eu providenciaria para que ela se estabelecesse em uma excelente casa. Ela seria libertada, emancipada e teria muito luxo. Seu pai nunca poupou esforços para mantê-la, comprar suas roupas e guardar seu dote. Ela foi precipitada. Teria uma vida maravilhosa futuramente, era uma questão de mais um pouco de paciência. E agora? Onde será que está? Como será que está?

— Não tenho a menor ideia, madame; mas do fundo do meu coração espero que esteja muito bem!
— Não sei como dizer ao pai dela o que aconteceu. Ele vai me responsabilizar pelo ocorrido!
— Calma, madame. Logo a senhora descobre onde ela está, é só procurar. Já ouviu aquele ditado que diz "Quem procura, acha"?
— Você está cheia de graça hoje, hein!

Camile tinha razão, não demorou muito, madame Bourbon descobriu o que acontecera com Catherine. Um dos seus clientes, feliz da vida, contou para a amante Anita, que acabara de adotar uma linda menina, que estava perdida na cidade.

Madame ouviu Anita contar a história para as meninas e deduziu que se tratava de Catherine, pela descrição dos olhos, cabelos e vestuário.

A mulher pensou e resolveu dar o caso por encerrado; afinal, a menina estava bem e o pai dela não poderia contestar a adoção, pois ela era uma bastarda.

Não demorou muitos meses e Camile confirmou que nada na vida acontece por acaso. O encontro dela com Catherine e sua fuga não foram em vão. Dois meses depois de a menina ter fugido, o pai dela, que a mantinha às escondidas, faleceu numa briga por posse de terras com os colonos. Se a menina tivesse permanecido na casa de tolerância, com o pai morto, qual teria sido seu futuro?

Sem que Camile soubesse, ajudara a encaminhar Catherine para uma vida bem melhor. "É, nada acontece por acaso mesmo!", pensava Camile, contemplando o céu antes de dormir.

Assim, ora com alegrias, ora com tristezas, a infância e adolescência de Camile não foram das piores, tampouco das melhores. Ela prestava todo tipo de serviços às cortesãs de madame Bourbon. Convivia com uma realidade que desconhecia os valores familiares, dando prioridade apenas ao divertimento, à luxúria, ao prazer, mas tinha Brigite, que a enchia de cuidados e carinhos, e o seu adorado amigo Abelard, que alimentava sua alma com a sabedoria dele.

No fundo da sua alma alimentava o sonho de formar uma família, de ter um pai carinhoso para seus filhos, de ser uma mãe dedicada e respeitável. Sonhava acordada em encontrar um verdadeiro príncipe!

— Camile, venha depressa, madame Bourbon a espera!

— Já vou!

— Ande logo!

Madame Bourbon, totalmente fria e indiferente aos sonhos e problemas de Camile, apenas percebia nela, por estar crescendo com sua exuberante beleza, com seus lindos olhos azuis e cabelos dourados, uma futura e bela cortesã, retorno certo para sua casa em muito pouco tempo.

Camile teve uma educação fina, aprendeu a andar, a se portar à mesa, a receber convidados, a se vestir adequadamente, e, para madame Bourbon, era um excelente investimento.

— Camile, venha cá! Bela menina, você está com seus catorze anos! Até agora nos garantiu muitas despesas. Está na hora de começar a pagar pelos enormes favores que lhe foram despendidos.

— Mas, madame, pelo que eu sei o Conde de Norteville ajudou em todas as minhas despesas, e tem sido generoso por todos esses anos, não é verdade? E além do dinheiro dele a senhora economizou muitas moedas de ouro nas faxinas, eu as fiz de graça!

— Sim, sim. Mas você está se transformando em uma linda mulher e meus clientes estão ansiosos pelo dia de sua iniciação na casa.

— Madame, gosto e respeito muito a senhora, sou grata por tudo o que a senhora e suas meninas fazem e fizeram por mim, mas confesso que não tenho a menor intenção de ser uma cortesã, tal qual minha mãe. Não quero ser jamais parecida com a senhora, morro de vergonha! Deus me livre ter esse triste e horroroso destino!

— O que disse? Isso lá é jeito de falar comigo?

— Morro de vergonha por morar nesta casa! Por conviver com prostitutas! Jamais serei uma cortesã!

— Sua petulante, arrogante e ingrata! Veja como fala comigo ou vou dar-lhe uns bons tapas!

— Por que vai me agredir? Por que não quero ser como a senhora? Tenho vergonha mesmo! E não sou ingrata. Todas as minhas despesas foram pagas, a senhora guardou uma bela fortuna todos esses anos, não gastou um centavo comigo! Fiz faxina, lavei seus banheiros, limpei seus quartos imundos! O que a senhora gastou comigo? Onde colocou o dinheiro do conde? No mínimo guardou tudo debaixo do colchão! Aumentou sua fortuna com minha presença aqui! Onde está minha ingratidão?

— Como ousa! Quem pensa que é? E todos esses anos de dedicação estão perdidos?

— Que dedicação? A senhora é bem esperta!

— Brigite! Venha cá depressa e dê um jeito nessa insolente, sua protegida! Antes que eu acabe com ela! Convença-a a trabalhar para mim, caso contrário, você ficará em apuros! Já está velha e caindo aos pedaços, ela que a substitua e a sustente! Sem minha ajuda, vão fazer o quê? Morar onde?

Brigite chamou Camile e a levou para o quarto para conversarem.

— O que se passa? — Brigite perguntou delicadamente.

— Madame quer que eu seja uma cortesã e eu não aceitei. Esta noite tive um sonho estranho: uma mulher linda, vestida de rainha, disse para eu não seguir esse caminho, e eu acreditei nela.

— Uma mulher vestida de rainha? Que história é essa, Camile?

— Nada, deixe para lá...

— Eu sei que você tem outros planos para a sua vida, e não precisa inventar sonhos estranhos... mas pense no que vai fazer se madame colocar você para fora. Onde vai viver, quem vai sustentá-la? Por acaso essa rainha do seu sonho virá sustentá-la?

— Confesso que não sei do meu destino saindo daqui. Mas sei que não almejo ser cortesã. Às vezes, escuto vozes que me dizem para eu não ser cortesã. Mas por favor, Brigite, não conte para ninguém o que estou lhe contando...

— Deixe essa história de sonho para lá... Ponha o pé na realidade! O que você vai fazer da vida, Camile? Não tem dote. Pense bem, aqui ao menos você tem casa, comida...

— Não se preocupe, Brigite. Vou seguir minha vida. Vou procurar trabalho de babá na casas de nobres. Tenho a certeza de que vou encontrar; afinal, agora sei ler e escrever e posso cuidar e ensinar as crianças o que sei. O meu coração me diz que conseguirei um emprego maravilhoso! Não há de me faltar trabalho honesto! Parto amanhã. Gostaria muito que você viesse comigo, que deixasse esta vida...

— Não se preocupe comigo, essa é a vida que escolhi há muito tempo. Madame não me fará nada. No começo, vai esbravejar... depois vai esquecer.

— Mas ela disse que eu tinha de substituí-la...

— Claro, para ela seria ótimo iniciá-la. Teria clientes garantidos. Você é jovem, bonita e virgem! Eles pagariam uma fortuna para a madame para ter a primeira noite com você.

— Brigite, por favor, não diga à madame que vou partir...

— Claro, fique sossegada.

Camile retirou-se para o seu quarto e Brigite preocupou-se com os sonhos estranhos da menina. Ansiosa, dirigiu-se até seus pertences e do fundo de um baú retirou todo o dinheiro que havia guardado para dá-lo a Camile quando chegasse a hora. Não queria que ela sofresse, que fosse babá de nobres; desejava uma vida feliz para ela, na qual jamais fosse privada de conforto; não queria que lhe faltasse o necessário. Por tudo isso, durante longos anos guardara todas as suas economias para a filha adotiva e adorada.

Antes de dormir, enquanto Camile arrumava os seus pertences, Brigite, aos prantos, chamou-a em seu quarto.

— Camile, coloque isso no fundo da sua mala, é tudo o que eu tenho, mas agora é seu. Utilizando-o de forma adequada não lhe faltará nada, entendeu? Não é nenhuma fortuna, mas é o suficiente para não precisar ser babá. Dará para você comprar um bom pedaço de terra cultivável, com uma boa casa e alguns animais. Você poderá começar bem a sua vida, estabelecer-se em algum povoado bom no interior e arrumar alguns criados para cuidar dos animais e das plantações. Assim que chegar ao povoado, compre um pedaço de terra, estabeleça-se e diga aos moradores da região que é órfã, que seus pais e irmãos morreram em um acidente, mas deixaram-lhe um pequeno dote. Depois de instalada na sua própria terra, com certeza receberá ajuda de todos os moradores e acabará adaptando-se e encontrando um homem bom para marido e pai dos seus filhos. Não se esqueça: tome muito cuidado! Não fale sobre esse dinheiro para ninguém, ouviu, mocinha? Você ainda é ingênua, mas saiba que existem muitas pessoas más neste mundo!

— Não, Brigite, não posso aceitar suas economias! O que vai ser de você?

— Como assim, não pode aceitar? Você enlouqueceu? Como pensa que vai viver longe daqui, menina? Pensa que a vida é fácil?

— Arrumarei um trabalho de babá e vou me sustentar!

— E você acha que é simples assim? Por acaso não sabe sobre os perigos e as armadilhas que a vida pode lhe preparar? Com toda essa sua beleza, saiba que pode ser estuprada por um patrão inescrupuloso e, ainda por cima, ficar grávida. Pensa que terão pena de você? Acredita que vão ajudá-la? Por que acha que eu e sua mãe acabamos vindo parar nesta casa de homens, menina? Por acaso não sabe que também sonhei em ser esposa e ter filhos?

— Nossa, Brigite, não imaginava isso, não! Pensei que vieram para cá por opção!

— Há! Opção! Bela opção! Tenho bom-senso, Camile. E sua mãe também tinha! Não tivemos alternativa, isso sim! Fomos ingênuas demais! Não desejo esse destino para você; portanto, pegue essas economias e comece uma vida decente, faça isso em homenagem a mim e a sua mãe. Cuide-se! Aproveite o que a vida está lhe ofertando. Se estou fazendo isso é porque você merece. Aprenda, mocinha, a vida não dá a ninguém aquilo que não for do seu merecimento! Estou fazendo por você o que meu coração deseja, e ele é a expressão do desejo de Deus que mora em mim.

— Brigite, você acredita em Deus! Falando desse jeito deixa-me quase sem opção, faz-me crer que devo aceitar o seu imenso sacrifício. Você é louca! São suas economias! Brigite, e quando não puder mais trabalhar, o que fará? Como vai sobreviver?

— Querida filha, nunca a chamei assim, mas a amo como minha filha. Há anos estou preparando-me para a sua partida. Sempre desejei uma vida decente para você, uma vida completamente diferente da minha e de sua mãe. Fique tranquila. Não se preocupe comigo. O conde é meu anjo da guarda e está providenciando para que eu tenha uma velhice segura. Ele de fato me ama, pois cuida de mim.

Camile, emocionada com tudo o que acabara de ouvir, gritou:

— Muito obrigada, Brigite! É mais do que eu mereço, é mais do que eu podia imaginar. Você é incrível, é maravilhosa! — falou e deu muitos beijos e abraços em Brigite como forma de agradecimento.

Brigite ficou atordoada, nunca vivenciara tamanha expressão de afeto e carinho. Quando a menina se retirou, ela tentou dormir. Rolando na cama, de um lado para o outro, cheia de preocupações, orou muito para que Camile tivesse sucesso na nova vida e que fosse o tempo todo protegida e amparada por Deus.

2

Um mundo de surpresas

*Não há sofrimento moral, físico ou qualquer
tipo de perda material na vida de um mortal
que não seja consequência imediata de
algum pecado de vidas precedentes.*

AUTOR DESCONHECIDO

No dia seguinte, bem cedinho, Camile despediu-se de Brigite e de Abelard, seu adorado amigo. Sem receio algum revelou-lhe seu segredo: naquele momento estava deixando definitivamente a casa de tolerância de madame Bourbon e haveria de se instalar em um bom e rico povoado para encontrar um marido maravilhoso. Teria muitos filhos, constituiria, enfim, a sua tão sonhada família, e seria muito, muito feliz!

Abelard ficou surpreso, para não dizer chocado, com a partida de Camile. Muito preocupado com o seu destino, desejou-lhe bastante sorte. Em seu íntimo já decidira que em breve verificaria de perto a nova vida da menina.

Assim, sentindo-se uma princesa, a pequena Camile, agora de posse do seu dote, partiu em busca da realização de todos os seus sonhos.

O frio era intenso, nevava muito, mas Camile seguia pelas ruas com o coração cheio de esperanças e sonhos. Com pouca roupa e algumas quinquilharias, caminhava alegre e feliz.

Com o coração apertado, lembrou-se da mãe. Gostaria de tê-la ao seu lado. Não sabia o que iria enfrentar. Sentiu muito medo. Mas era determinada o suficiente para não voltar atrás.

Caminhou muito até encontrar um mercador viajante e acertou a viagem. Ajeitou-se na carruagem e dividiu o espaço com mais cinco viajantes. A viagem durou muitos dias. O cansaço tomou conta dela. Aquelas pessoas eram diferentes daquelas com as quais estava acostumada a conviver. Os convidados da casa de madame Bourbon eram gentis, finos e educados; já os homens que estavam na carruagem eram grosseiros e sem modos. Camile nem respirava de tanto medo.

Após cinco dias de viagem, a carruagem parou em um vilarejo maravilhoso. Camile ficou encantada. As ruas eram largas e cheias de árvores. O viajante dirigiu-se a Camile:

— Senhorita, chegamos. Este é o nosso destino. Gostaria de instalar-se?

— Sim, claro. O que o senhor me indica?

— Nesta região não há opções, apenas algumas tabernas e a pensão da sra. Lucy, que é uma boa senhora. Tenho certeza de que, se puder pagá-la, vai ser muito bem recebida e ela vai tratá-la muito bem.

— Vou para a pensão; para mim está ótimo! Vamos então...

O viajante gentilmente encaminhou Camile à pensão de Lucy, na qual foi muito bem recebida. Todos os hóspedes estranharam sua educação e delicadeza. Pensaram se tratar de uma duquesa, mas indagaram o que uma garota tão jovem estaria fazendo naquele lugar tão distante da corte.

— Muito prazer, sou a dona da pensão. O que a senhorita deseja? Como posso ajudá-la?

— Meu nome é Camile. Desejo um quarto para dormir e descansar esta noite. Amanhã bem cedinho vou procurar um bom pedaço de terra para comprar e me instalar neste povoado. A senhora me ajuda?

— Claro! Claro, minha pequena! Camile do quê?

— Ah! Meu sobrenome? — Imediatamente, Camile lembrou-se do sobrenome de alguns clientes de madame Bourbon.

— Sim! Sim!

— Camile Pyrénées Reverbel.

— Que maravilha! É de origem francesa!

— Sim, por parte de papai. Mamãe era inglesa.

— Ah! Pelo que vejo descende de uma família nobre? A propósito, vai comprar um pedaço de terra muito grande?

— Não senhora. Vou comprar um bom pedaço de terra, o melhor que eu conseguir encontrar!

— Muito bem, *mon chéri*. Amanhã a ajudo no que for preciso! Conte comigo para tudo o que precisar!

— Sim, senhora! A senhora é muito gentil!

— Você pode ficar num dos quartos lá em cima. Vejo que poderá me pagar. Pegue a chave e suba as escadas e se instale no segundo quarto à esquerda.

— Muito obrigada, senhora!

— O que uma donzela tão fina faz neste vilarejo? Se vai comprar um pedaço de terra é porque tem muito dinheiro! — indagou Lucy.

— Meus pais faleceram e eu quis sair da casa em que morávamos. Herdei um pequeno dote, não muito alto, mas o suficiente para poder estabelecer-me neste povoado. Preciso esquecer a tragédia da morte deles e encontrar uma forma de superar e seguir em frente. Não é fácil, sinto-me completamente desamparada — disse Camile, quase chorando.

— Fique calma, minha filha, seja muito bem-vinda aqui! Se precisar de algo é só me chamar.

Camile, com ar tristonho, retirou-se e foi para o quarto. Ela era uma excelente atriz. Contudo, mal sabia o que a aguardava. Esquecera-se das palavras de Brigite: *Não fale sobre esse dinheiro para ninguém... existem muitas pessoas más neste mundo!*

Durante a noite, a garota teve terríveis pesadelos. Ouviu várias vezes sua mãe gritar por seu nome e vários homens rirem dela. Em seus pesadelos passou por um corredor com alguns homens maus e apanhou muito. Ouviu vários gritos. Xingamentos e pragas de todo o tipo: desgraçada! Maldita! Vamos lhe tirar tudo! Jamais será feliz! Você vai pagar por tudo o que nos fez! Jamais vai realizar os seus sonhos fedorentos!

No dia seguinte, assustadíssima com os pesadelos, silenciosa e introspectiva, preparou-se para descer até o refeitório, fazer seu desjejum e acertar as contas com Lucy, para, em seguida, conhecer o povoado e procurar terras para comprar. Tal foi a sua surpresa ao descobrir que sua mala estava remexida e que todo o seu dinheiro, como num passe de mágica, havia desaparecido. Ela não acreditou no que estava acontecendo. Procurou e procurou entre os seus pertences, embaixo da cama, em cima do guarda-roupa, nas gavetas, enfim, por todo o quarto, mas não encontrou em lugar algum um único tostão.

Completamente atordoada, pensou: teria sido roubada? Mas quem poderia ter lhe roubado as economias enquanto dormia se havia seguido as instruções de Brigite no sentido de não comentar sobre o dinheiro com ninguém? Quem poderia ter feito tal falcatrua se acabara de chegar e não conhecia ninguém?

Com a vista embaçada, na confusão de seus pensamentos, uma frase ecoou no fundo da sua mente: *Amanhã bem cedinho vou procurar um bom pedaço de terra para comprar e me instalar neste povoado.* Camile, num relance, lembrou-se que havia contado apenas a Lucy suas intenções de comprar um pedaço de terra no povoado. Imediatamente, recusou aqueles pensamentos, deixando-os de lado. Não queria acreditar que a senhora, tão gentil e bondosa, seria capaz de lhe roubar.

Querendo esquecer essa possibilidade voltou a pensar sobre o seu triste destino. E agora, o que iria fazer? Como iria pagar a pensão? Como iria explicar que havia sido roubada? Como iria comprar seu pedaço de terra, como iria se instalar naquele povoado? O que diria para a sua querida Brigite que tanto se sacrificara por ela? Quanto mais pensava, pior ficava.

Num dado momento, entrou em completo pânico. Em seguida, ficou histérica, fora de si, gritou, esperneou, soluçou, ficou roxa de tanto chorar. Chorou até não poder mais, mas de nada adiantou. Após horas de sofrimento, concluiu que não tinha alternativa a não ser conversar com Lucy, e de alguma forma pedir sua ajuda para resolver o problema.

Algumas horas se passaram e bateram à porta do quarto. Era Lucy desejando falar com ela. Camile não respondeu. Em silêncio, permaneceu trancada no quarto, não desceu para almoçar, tampouco para tomar o café da tarde. Não queria ver nem falar com ninguém.

Ao anoitecer, Lucy retornou ao quarto de Camile e ela não teve opção a não ser abrir a porta e relatar o ocorrido. Lucy mostrou-se surpresa com o acontecido e mais que depressa sugeriu chamar a polícia para investigar o roubo, porém Camile, temendo ser reconhecida por um dos policias — ela sabia que alguns deles frequentavam a casa de tolerância de madame Bourbon —, achou melhor não envolver a polícia. Para Lucy foi a melhor opção, assim sua pensão não seria desmoralizada; afinal, um hóspede ser assaltado nunca é bom para os negócios. Lucy compadeceu-se da situação de Camile, mas exigiu que ela pagasse sua estadia e alimentação com todo tipo de serviços. E assim foi. Por muito tempo Camile morou ali, ajudando-a nos afazeres gerais. Lavava, passava, cozinhava, fazia compras, faxina na pensão, limpava os quartos e os banheiros, cuidava das plantações e dos animais, cortava lenha e muito mais.

Algumas vezes, o cansaço era tão intenso que a moça desanimava. Mas voltar para a casa de madame Bourbon e ser uma cortesã não estava em hipótese alguma nos seus planos.

Camile era muito bonita e chamava a atenção dos fregueses, assim, Lucy achava que sua presença era benéfica.

O tempo passou e Camile, agora com dezessete anos, estava muito mais linda que antes. Muitos homens do povoado a cobiçavam, mas ela não se encantou com nenhum deles. Vivia uma vida simples, com muito trabalho, mas sossegada.

Certa manhã, Lucy amanheceu tossindo. Dia após dia a tosse era sua companheira. Não demorou muito e seu estado agravou-se. Camile ficou desesperada, pois havia se afeiçoado a ela, que sempre a tratara bem. Sua tristeza era imensa.

Naquela noite, Camile não conseguiu dormir direito, preocupada com Lucy. Novamente teve muitos pesadelos, e, mergulhada na loucura, ouvia várias vozes em tons roucos e graves, murmúrios terríveis; mas um grito em especial a deixou apavorada...

— Maldita seja entre as mulheres. Um dia vou perdoá-la, depois que você sofrer muito, e aos poucos. Você será estuprada, perderá seus filhos, como perdi os meus. Eu juro! Maldita! Maldita! Eu juro!

Camile acordou tremendo, suando; cansada e apavorada, não conseguia esquecer aquelas palavras tenebrosas. Perguntou para si mesma várias vezes: "O que significa isso? Por que tenho esses pesadelos horrorosos desde a infância? Por quê?".

Aquilo era profundamente desconfortável, perturbador e assustador!

Rolando na cama de um lado para o outro, pensou muito e nada concluiu. Resolveu esquecer. Virou-se a noite toda de um lado para o outro tentando dormir novamente. Após muito tempo, vencida pelo cansaço, caiu no sono.

3

O sonho

*Ações brutais, num meio natural brutal,
têm por finalidade anular os sentimentos
negativos dos brutos.*

SARACENI

Alguns meses depois, a pensão de Lucy já não era mais a mesma. Um sobrinho distante, que tomara conhecimento do seu estado de saúde, veio ajudá-la a administrar a pensão.

René era um homem esbelto, alto, tinha os olhos verdes, cabelos cacheados castanho-claros, e trazia no olhar uma frieza sem tamanho.

Logo que chegou à pensão, encantou-se por Camile e a desejou mais que tudo. Não sabia o que fazer por ela, enchia-a de presentes e agrados de todo o tipo. Galanteou-a o quanto pôde, mas Camile resistiu. Não o amava e isso era o suficiente para mantê-lo longe. René não se conformava em ser rejeitado. A moça ofendera profundamente o seu ego, ferira-lhe o orgulho e fizera mal à sua vaidade. O olhar terno que René dispensava a ela foi substituído por um olhar despeitado, raivoso e vingativo.

Certa manhã primaveril, Camile se dirigiu ao pequeno lago localizado nos fundos da pensão. Sentou-se na grama e ficou observando as flores, os pássaros e suas sombras refletidas na água.

Contemplava o céu azul e o sol brilhante quando de repente sentiu uma mão em seu ombro. Virou-se e viu que era René com um olhar estranho. Camile perguntou o que ele queria e, sem responder, ele a agarrou pelo pescoço. Camile, desesperada, percebendo suas intenções, gritou por socorro, mas ninguém a ouviu. Tentou com todas as suas forças escapar de suas garras, mas não conseguiu. Lutou o máximo que pôde, mas acabou violentada.

Com uma dor que dilacerava seu coração, envergonhada, humilhada, enojada, toda machucada, ficou jogada à beira do lago esperando socorro; mas ninguém apareceu.

Algum tempo depois, sentindo-se a pior espécie do mundo, passando muito mal, vomitando, com muito esforço dirigiu-se para dentro da pensão e trancou-se em seu quarto. Chorou muito, e por alguns dias manteve-se enclausurada.

Nos dias que se seguiram, Lucy notou diferença no comportamento e na personalidade de Camile, mas guardou silêncio. Nada perguntou, fingiu que estava tudo bem, pois desconfiava do que lhe acontecera. Conhecia a fama de seu sobrinho e não era a primeira vez que abusava de uma jovem.

Certa tarde, chamou Camile de lado e explicou que, se ela denunciasse o seu sobrinho para a polícia ou deixasse o que acontecera vir à tona, ela teria de dizer que a culpa fora de Camile, que ela havia dado confiança excessiva para ele, abusado das roupas, da maquiagem, e que havia provocado toda aquela situação usando uma postura leviana. Isso tudo para preservar a sua imagem e a imagem da pensão. Afinal, os negócios vinham em primeiro lugar, e a pensão não sobreviveria com a fama de ter como administrador um estuprador.

No estado em que Lucy se encontrava, doente e enfraquecida, não tinha opção a não ser defender o sobrinho e pedir que Camile fosse imediatamente embora da pensão sem contar nada a ninguém sobre o que havia acontecido; afinal, ela dependia do sobrinho.

Camile, aos prantos, humildemente, quase implorando, pediu para ficar na pensão, pois não tinha para onde ir. Jurou guardar segredo, mas Lucy foi implacável e não permitiu sua presença além dos dias necessários para que se restabelecesse, pois tinha certeza de que o sobrinho voltaria a assediá-la.

Profundamente afetada por esse acontecimento, Camile chegou às raias do desespero. Sentia-se péssima, sem vontade de comer, de trabalhar, sem uma gota de felicidade. Parou de falar e sorrir.

Fechou-se em si mesma. Sua vida resumiu-se na sensação de abandono, desespero, angústia e desolação.

Sentia-se indefesa e frágil. Haviam roubado sua inocência, transformado sua alma em uma ferida ambulante, agora cheia de mágoas, ressentimentos, sem amor-próprio, sem vontade de viver. Sentia-se prisioneira das dores e dos horrores da sua própria história. Sem segurança ou qualquer sentimento de respeito e consideração, depois de tantos anos de trabalho pesado, e após ter sido estuprada, estava sendo jogada ao léu.

O sentimento de medo, desamparo e desejo de vingança tomaram conta de todo o seu ser e misturaram-se com uma profunda revolta contra a vida e, principalmente, contra Deus.

Um ódio muito forte brotou no seu coração ferido e humilhado. Naquele instante, ela gritou aos ventos, jurou vingança, desejou que a pensão, Lucy e René desaparecessem.

A dor moral que sentia não tinha limites. Inocente, pura, ainda virgem, fora acometida por uma injustiça sem tamanho, e o responsável não ficaria sem punição. Não se conformava com tudo o que estava lhe acontecendo. Fora roubada, condenada a uma vida de serviçal, estuprada e agora expulsa, jogada na rua! No auge do desespero, pensou em matar René.

Depois de conversar com Lucy, ciente de que teria de deixar a pensão em poucos dias, recolheu-se em seu quarto e foi dormir.

Durante a noite, em seus sonhos, viu um belo jardim e nele um jovem com uma bíblia na mão. Tinha um sorriso suave e pedia-lhe paciência e a prática da lei do perdão. Com versos poéticos acalmava seu coração, lembrando-a das palavras de Jesus; pedia para que ela continuasse seu caminho sem carregar no coração ervas daninhas como o ódio e a sede de vingança.

Deixou claro que se ela assim procedesse em breve eles poderiam se encontrar e viver o amor puro que sentiam um pelo outro.

Na manhã seguinte, Camile, confusa e aturdida, não conseguia compreender nada do que lhe fora dito durante os sonhos e, mais uma vez, deixou-os de lado, afinal, ela já estava cheia de problemas.

Alguns dias se passaram até que ela se restabelecesse. Nesses dias, ela suportou René agarrando-a pelos cantos da pensão sempre longe de Lucy. Camile fazia de tudo para se livrar dele, suportava tudo em silêncio, chorava muito, pois, por ora, nada podia fazer, mas, aos poucos, foi se esquecendo dos ensinamentos de Abelard e deixou que o ódio crescesse cada vez mais em seu coração. Sua dor era tanta que ela jurou vingança! Não iria descansar até conseguir acabar com a vida de René, assim como ele acabara com a sua.

Parecia estranho: quanto mais sentimento de ódio ela alimentava, mais pesadelos terríveis ela vivenciava durante seu sono. Nunca foi capaz de entendê-los nem teve coragem de falar sobre eles com ninguém.

Acordava sempre muito cansada, enfraquecida, indagando o porquê daquele eterno tormento. Quais seriam as razões de ela, desde pequena, ter sonhos estranhos com

castelos, rainhas, princesas, jardins cheios de rosas vermelhas, homens morrendo, casas pegando fogo, pessoas sendo
queimadas... mulheres chorando... crianças abandonadas nas
ruas, mulheres prostituindo-se... Aquilo era um grande mistério em sua vida.

Mesmo assim, tentava seguir sua vida do jeito que era
possível.

De uma hora para a outra ela começou a passar mal,
vomitar constantemente e desmaiar. Lucy desconfiou que
Camile estivesse grávida e, sem dó nem piedade, tratou de
acelerar sua partida da pensão sem dizer-lhe absolutamente
nada. Colocou-a para fora.

Camile, arrasada, angustiada, esmagada e sem entender aquela atitude brutal e cruel de Lucy, pálida e triste,
arrumou seus poucos pertences numa malinha e partiu.

Sem esperanças, sem ter para onde ir e o que fazer,
andando pelas ruas do povoado que havia se encantado
quando de sua chegada, sentiu medo, pois as ruas estavam
desertas. Era como se a vila ainda estivesse dormindo.

Sentindo-se mal, tonteou, tropeçou, mas continuou caminhando. De repente, ouviu um barulho, quis fugir, respirou fundo e desesperadamente rezou. Pediu a Deus que
a protegesse e a ajudasse a encontrar uma nova morada.
Olhou para o céu, o sol estava chegando devagarzinho. Em
breve a vila acordaria e recomeçaria tudo de novo. Ao longe,
o sino da igreja tocava e rompia o silêncio. Uma carruagem
se aproximou, parou, e dela desceram dois passageiros. Um
homem de largo sorriso, olhos grandes e cabelos brancos

aproximou-se de Camile e entregou-lhe uma rosa vermelha. O coração dela disparou. Era como se a vida, o amor, a estivesse chamando. Sentiu que estava sendo convidada a ser outra pessoa, a abandonar o ódio, a mágoa, o rancor, e a perdoar.

Debruçou-se em lágrimas, mas deixou que as lembranças das suas dores, a sua revolta e o ódio que alimentava fizessem morada em seu peito, e novamente olhou para o céu e jurou vingança. Não tinha noção de que estava entrando num processo destrutivo e irremediável. Que o ódio e a vingança trariam o caos para sua vida e que aquele caminho invalidaria todo o aprendizado que recebera na esfera espiritual antes de reencarnar.

Havia sido alertada no plano espiritual:

Estefânia, "a semeadura é livre, mas a colheita é obrigatória". O que você semeou, colherá. Somente com resignação, perdão, esquecimento e superação você encontrará forças para suportar tudo. Terá de ajustar os efeitos e as causas. Perdoe. Siga sua vida sem o desejo de vingança, sem alimentar o ódio em seu coração. Lembre-se das lições que recebeu, lembre-se da importância do amor e do perdão!

Camile não se lembrava de nenhuma das recomendações de Ismael ou de Charlote no plano espiritual. Sentia-se ultrajada, uma grande vítima da vida, um joguete nas mãos de Deus.

Enquanto se distanciava do povoado, jurou que um dia voltaria àquele lugar em outra situação, vencedora, rica, poderosa, custasse o que custasse, e René e Lucy haveriam de pagar por tudo o que lhe tinham feito. Iriam se arrepender de ter nascido!

A solidão, a dor física e moral eram suas companheiras rumo ao desconhecido. Ouviu novamente o sino e passou diante da igreja. Resolveu entrar, foi até o altar e ajoelhou-se.

Com os olhos arregalados e as mãos no peito, clamou por Deus. Era como se ele estivesse ali, naquele instante, diante ela.

Aos prantos, em profundo desespero, perguntou:

— Senhor meu Deus, fui criada em um lugar estranho e sempre senti a angústia de não ter tido uma família, um lar. Lutei como pude para desviar-me das maldades humanas, mas o senhor estava cego, surdo e mudo. Condenou-me a uma vida maldita, miserável e sem significado. Deus, o que fez comigo? Por que me presenteou com tanta dor, desolação, desilusão e sofrimento? Não tenho mãe, pai, marido, irmãos... Minha vida é um grande martírio. O Senhor me jogou no inferno e deixou que os monstros me devorassem viva. Sua luz se fez escuridão e perdi as forças. Estou sozinha. Aguardo a morte. Nada sou. Feriram-me o orgulho e a honra! O que fizeram de mim? Nada, absolutamente nada! Destruíram-me, remeteram-me à lama suja. Sem terra, dote, família, sem minha inocência... Resta-me o suicídio. Meu sangue será por mim derramado e eu O culparei. Não creio mais no Senhor. Perdi a fé. Acho que nunca existiu. É desculpa dos tolos, dos idiotas, dos fracos, somente eles creem no Senhor. Doravante o ódio será meu companheiro eterno e há de sustentar-me até o fim dos meus dias. Tirou--me os sonhos, a pureza, encheu meu coração de mágoas e dores. Quanto infortúnio... quanta desgraça! Prometeu-me o paraíso e me deu o inferno. Prometeu-me a felicidade e me deu a dor. Em vez da vitória, deu-me a derrota. No lugar do amor, deu-me a humilhação. Responda-me: por quê? Não pode me ajudar? Ah! Não existe? É uma ilusão dos imbecis? A desolação e a melancolia remeteram-me a um profundo abismo, triste e escuro.

Camile, revoltada, com os olhos expressando dor, ódio e rancor, sentia-se muito mal.

Com esforço levantou-se. Pálida, transtornada e aos prantos, retirou-se da igreja. Perambulou pelas ruas durante muitas horas, dias seguidos; desnorteada, perdida, sem rumo, sem destino... Envelheceu. Passou muitas noites chorando, vomitando e com os mesmos pesadelos de sempre — figuras horrendas de homens e mulheres rindo de seus infortúnios, pois não encontrava solução para sua vida.

Camile, depois de dias dormindo em estábulos por caridade de algumas famílias dos vários povoados que conhecia em suas andanças e comendo restos, não tivera coragem de cumprir sua promessa de acabar com a própria vida. E, num ato desesperado, resolveu vender seu corpo e voltar para a casa de madame Bourbon. Decidiu seguir o destino de sua mãe e de Brigite. Pensava que era o melhor a fazer.

Não imaginou o que iria encontrar, mas com certeza esperava encontrar ao menos pousada e comida. E assim foi ela... Em troca de serviços de todo o tipo, inclusive vendendo seus carinhos, conseguiu viajar e retornar à casa de madame Bourbon.

Durante a viagem, Camile passou mal, vomitou, mas suportou tudo. Não tinha a mínima ideia do que estava acontecendo com sua saúde.

4
Amor eterno

O coração de uma mãe é um abismo profundo
em cujo fundo você sempre encontra perdão.
HONORÉ DE BALZAC

— Senhor Ismael, ouça-me! Preciso muito da sua ajuda. Amo minha filha, preciso ajudá-la. Oriente-me! Está iludida! Precisa do meu amor para salvar-se! Ajude-me!

— Calma, Margareth! Ela deixou apodrecer o amor que morava em sua alma! Deixou-o se transformar em veneno e o está servindo em um cálice! Ela está surda! Felipe tentou avisá-la, mas foi em vão! Abelard ensinou-lhe sobre o perdão, o amor. Contudo ela não ouviu ninguém! O que podemos fazer se ela mais uma vez se perdeu de si mesma? Ela foi avisada! Foi orientada! Fechou um compromisso e não o está cumprindo! Assim, fica à mercê dos espíritos malfazejos e obsessores!

— Senhor Ismael, deixe-me ajudá-la. Por favor, dobre o meu trabalho na seara para que eu consiga autorização e possa falar com a minha filha! Quem sabe ela me ouve! Sua vida está carregada de perdas e decepções! Amputaram o seu coração e mesmo assim ela não morreu! Ela é forte! Carrega a marca das suas dores, nega-se a rir, a ver o mundo! Está perto de cometer um crime! Não posso deixar isso acontecer! As dores a que foi submetida são muito fortes! Ela não tem os recursos emocionais e religiosos necessários para elaborá-las, encará-las como oportunidades de aprendizado e evolução! Ela precisa da minha ajuda! Ela precisa do meu amor!

— Querida Margareth, sua filha está colhendo o que plantou. Ela teve uma segunda chance e parece que não a está aproveitando. Ela paga o preço doloroso e inevitável de suas ações precedentes. Você bem sabe que o bem pode ser extraído do mal, depende de como ela lida com a experiência negativa. Em vez de tentar perdoar seus agressores, ela novamente está alimentando o seu coração com o ódio e desejo de vingança. Está deixando que esse sentimento nefasto guie suas ações, repetindo os erros da vida passada e perdendo essa nova existência!

— Sei disso, sr. Ismael, por esse motivo meu desespero! Não questiono a justiça divina. Deus, nosso Pai, é amoroso e misericordioso. Ela sofre porque sonhou ser feliz. Ela não sabe que toda essa dor vai passar; que, se mantiver o coração puro, tudo terá valido a pena! Preciso avisá-la mais uma vez! Sei que ela precisaria se harmonizar, ter ações divinas, independente do que está lhe acontecendo. Ela está recebendo um conjunto de lições para aprender a não julgar, não odiar e não se vingar. Ela tem de procurar o amor e o perdão dentro dela, pois são eles os verdadeiros tributos dos fortes! Preciso impedi-la de abortar a criança! Ela não imagina que quem vai reencarnar é seu adorado pai, que pediu para nascer como seu filho para ajudá-la, ampará-la e derramar sobre ela todo o seu amor! Ela não sabe!

— É, sua filha não imagina como é amada! Como o seu amor e o do pai são fios sustentadores que a impedem de cair ainda mais! Não fique insegura nem preocupada; preciso de uns três dias para lhe dar uma resposta definitiva. Vou reunir-me com espíritos superiores e vamos ver o que é possível fazer para ajudá-la. Vou pedir permissão para que você, acompanhada de guias espirituais, vá até ela. Sozinha você não pode ir, mesmo porque a frequência em que sua filha está vibrando iria perturbá-la. Você correria sérios riscos de se perder na vibração negativa dela! Fique calma que vou ver o que consigo.

— Senhor Ismael, preciso avisar minha filha de que o amor vence qualquer guerra! Que somente com muito amor ela vencerá seus inimigos. Muito obrigada pela ajuda! Muito obrigada, mesmo! Que Deus o abençoe hoje e sempre. Que sua luz brilhe eternamente e que sua benignidade recaia sobre todos os espíritos caídos. Mais uma vez, muito obrigada!

5
O aborto

Entrai pela porta estreita, porque larga
é a porta e espaçoso o caminho que conduz à
perdição e muitos são os que entram por ela.

JESUS CRISTO

Três toques... e o portão se abriu. Um homem alto, moreno, cabelos lisos, olhos castanhos, bem-vestido, perguntou:

— O que deseja?

— Falar com madame Bourbon. Diga que é Camile, uma antiga conhecida, a filha de Brigite.

Madame Bourbon, um pouco mais envelhecida, com cabelos grisalhos, rosto cansado, não acreditou no que acabara de ouvir... Camile em seu portão depois de quatro anos! O que teria acontecido? Imediatamente, mandou-a entrar e a recebeu de braços abertos.

— Camile? É você mesma? Entre... entre... O que aconteceu, bela jovem? Quantos anos sem dar nenhuma notícia... Sua mãe Brigite, antes de partir com o conde para o Novo Mundo há dois anos, procurou-a desesperadamente, mas não conseguiu ter notícias suas. Não conseguiu localizá-la. Queria tê-la levado consigo. Abelard também viajou atrás de você para saber como estava em sua nova vida, mas voltou sem notícias. Antes de morrer, chamou por você várias vezes...

— O sr. Abelard faleceu?

— Sim, minha cara. Faz dois anos!

— Não posso acreditar!

O choque que Camile levou foi muito forte e ela quase desmaiou. Madame Bourbon percebeu e, mais que depressa, disse:

— Entre, acomode-se; sente-se, minha jovem. Descanse.

— Madame, conte-me tudo o que aconteceu com o sr. Abelard. Do que ele morreu?

— Abelard ficou muito triste com sua partida, mas tinha planos de ir atrás de você, de acompanhá-la e apoiá-la caso fosse preciso. Quando voltou de viagem, sem conseguir encontrá-la, entristeceu-se e, um ano depois, pegou uma gripe muito forte e não se recuperou. Morreu com tuberculose.

— Ah! Que triste. Não acredito!

— Pois é, ele faz muita falta na administração. Ele cuidava de tudo para mim!

As duas falaram horas sobre a morte de Abelard.

— E agora, querida, vamos falar de você. Conte-me tudo o que lhe aconteceu nestes últimos quatro anos desde a sua partida...

Após longa conversa, Brigite colocou madame Bourbon a par de tudo. Ela assustou-se com os vômitos, pois com sua experiência sabia o significado deles. Acomodou Camile em seu antigo quarto e, imediatamente, mandou chamar o curador que cuidava de suas meninas.

O curador, um homem de meia-idade, simpático e alegre chamado Pierre, examinou Camile e o diagnóstico foi terrível.

— A senhorita não está doente, está grávida!

Grávida?! Camile se desesperou, e madame Bourbon comprovou sua suspeita. O que fariam com uma criança ali?

— Não! — afirmou Camile. — Não quero essa criança! Deve existir um meio de impedir que ela nasça! Não a quero de jeito nenhum.

"Coitada!", pensou madame Bourbon. "Estuprada e ainda por cima grávida!"

Camile, inconformada, retirou-se. Foi para o seu quarto. Mas não conseguia descansar. A insônia se fez presente. Após muito resistir, acabou dormindo. Durante o sono, mais uma vez Camile sonhou coisas estranhas. Não entendeu o motivo, mas viu um lindo castelo, rosas vermelhas, um lindo príncipe, um mosteiro e, em seguida, belas imagens. Viu alguns mortos no chão que a fizeram lembrar-se de um massacre. No emaranhado de suas lembranças, via a imagem e ouvia a voz de uma bela rainha que afirmava ser sua mãe, gritando em desespero...

— Minha filha, não faça isso... suporte tudo... limpe o seu coração do ódio; volte-se para Deus; busque compreender as palavras do seu amado filho Jesus Cristo; deixe essa criança nascer... Não beba o chá... Camile, não aborte essa criança! Não se vingue! Não deixe o ódio ser novamente o motivo de sua queda, não deixe o aborto ser motivo de sua queda. Filha, tenha essa criança. Ela precisa nascer, precisa de você. É alguém muito especial que vai trazer-lhe muitas alegrias e muito amor! É a forma que a vida encontrou de ajudá-la, de fortalecê-la rumo a sua evolução espiritual. Com o seu amor, essa criança vai ajudá-la a liberar todo o amor que está reprimido nos confins da sua alma. Ela será sua redenção! Fará de você uma pessoa melhor! Dela receberá muito amor também! Não aborte, Camile! Ouça-me! Aceite Deus em seu coração. Aceite que existe um plano maior sobre o qual você não tem controle. Liberte-se da revolta, do ódio, do rancor, das mágoas, dos ressentimentos; aceite tudo com resignação e perdoe o que lhe aconteceu. Não se desespere. Sempre há uma saída, uma porta vai se abrir... Confie em Deus, tenha fé... Tenha essa criança e arrume um trabalho honesto. Crie-a com simplicidade, mas com muito amor e dedicação! Se seguir esse caminho seus dias serão venturosos. Você encontrará paz e muito amor! Hoje você sofre porque gerou sofrimento ontem. O que cada um de nós gera, cria, semeia, retorna a nós próprios. A vontade lhe foi dada para que a exerça. Você tem um mundo para governar: seu mundo interno! Preencha-o com a perfeição de Deus, Camile! Molde sua vontade para o bem.

Perdoe todos os que lhe infligiram dor! Ame essa criança! É um presente de Deus! Não aborte... Lembre-se: *bem-aventurados aqueles que têm o coração puro; bem-aventurados aqueles que são mansos e pacíficos; bem-aventurados aqueles que são misericordiosos; amai ao vosso próximo como a vós mesmos; fazei aos outros o que gostaríeis que vos fizessem; amai aos vossos inimigos; perdoai as ofensas, se quiserdes ser perdoados; fazei o bem com discrição; julgai a vós mesmos antes de julgardes os outros. Humildade e caridade,* eis o que Jesus não cessa de recomendar-nos. Abandone para sempre o orgulho e o egoísmo. Combata o mal com o bem!

No dia seguinte, Camile acordou fora de si, totalmente atordoada. Manteve-se na cama por alguns minutos para lembrar-se de seus sonhos. Sabia que havia sonhado com uma mulher vestida de rainha que se dizia sua mãe. Lembrou-se de alguns de seus conselhos, perdão, amor, principalmente quanto a evitar o aborto — isso sua mente gravou bem. Após refletir um pouco sobre os sonhos, levantou-se rapidamente da cama e foi procurar madame Bourbon. Iria fazer o aborto de qualquer jeito e não seria um sonho tolo que a impediria.

Amor? Perdão? Ser mansa e pacífica? Combater o orgulho, o ódio? Quanta tolice! Ela estava disposta a ser a melhor cortesã de madame. Seria muito rica e iria se vingar de René e de Lucy. Eles não perderiam por esperar; para ela a vingança era doce e não iria deixar de revidar jamais.

— Madame Bourbon, estou pronta! Vamos logo com isso!

Madame Bourbon conhecia um meio eficaz, capaz de evitar o nascimento da criança. Ela, com o curador, providenciou para que Camile tomasse um chá muito especial... No mesmo dia, em questão de algumas horas, a criança foi abortada.

Num passe de mágica, Camile estava livre de uma gravidez indesejada. Agora, poderia aceitar seu destino, ignorar os seus sonhos... Investir tempo e dedicação para ser a melhor, a mais bela, a mais cobiçada de todas as cortesãs que já se ouvira falar; sua intenção era seduzir um grande nobre, enriquecer e voltar àquele povoado para se vingar de René e de Lucy. Não pensava em outra coisa a não ser em acabar com eles!

A imagem de uma mulher era refletida nas águas de um rio, o qual recebia em silêncio suas lágrimas, que se derramavam ininterruptamente. Um toque em seu ombro a fez enxugar o rosto.

— Querida mãe, não sofra. Estefânia não ouviu suas orientações. Vamos continuar orando por ela e pela criança que agora precisa ser bem recebida no plano para o qual está retornando. Bem sabe que essa criança, o papai, precisará de muitas preces para aceitar seu retorno e perdoar a atitude de Camile.

— Filho amado, sei que tentou ajudar sua irmã nessa vida. Sei que foi um grande amigo dela em sua infância. E agora, no plano espiritual novamente, continua tentando ajudá-la. Mas ela não ouve ninguém. Estou triste, mais uma vez sua irmã não quis abrir os olhos para as verdades espirituais. Não posso fazer isso à força, uma vez que lhe convém mantê-los fechados. Sei que a vez dela chegará, mas lamento saber que, até que chegue seu momento, vai sentir novamente todas as angústias das trevas, até que reconheça Deus e abandone todo o seu orgulho, que é como um véu que obstrui sua visão. A jornada dela será árdua... ela se esqueceu de todas as lições que recebeu no plano espiritual; dos compromissos espirituais que assumiu; da necessidade de se libertar do desejo de vingança, do ódio; da necessidade de servir a Deus por meio de sua mediunidade... Está repetindo os mesmos erros, não se lembra da importância de ser generosa e caridosa, da importância de fazer o bem com humildade.

— Mãe, Estefânia perdeu a razão por causa da cólera. O estupro foi muito violento! O roubo que a condenou a ser escrava da faxina novamente, tal qual na casa de tolerância, ela suportou com dignidade, mas não aguentou o estupro!

— Eu sei, meu filho; mas, em razão de seus débitos, teria de viver essas situações a fim de resgatá-los. Ela sabia que seria um desafio imenso essa existência, e não está atenta às premissas do nosso amado Jesus: *Bem-aventurados aqueles que são mansos, porque possuirão a Terra, bem-aventurados os pacíficos, porque serão chamados filhos de Deus.*[7] Ela se esqueceu de que algumas provas e sacrifícios seriam muito importantes para a sua evolução; oportunidades de exercitar

---

7. Mateus, 5:4, 9 (N.M.).

o perdão, a paciência, a resignação e a fé para o resgate dos seus graves débitos. Se ela tivesse suportado o estupro com resignação, tivesse a criança e trabalhasse, seus sofrimentos seriam mínimos e ela teria ultrapassado uma prova imensa. Conheceria alguns momentos de amor e paz!

— Mãe, o que por ora podemos fazer por ela é orar e pedir que Deus, nosso Pai, e seu amado filho Jesus, a iluminem e a libertem da escravidão do seu próprio orgulho! Vamos orar.

Estefânia agora estudava nos mínimos detalhes a postura da cortesã ideal. Lia livros, conversava horas com madame Bourbon, nem se lembrava de que acabara de fazer um aborto.

Madame Bourbon, feliz com a sua pupila, não poupava esforços. Comprou tecidos finos importados, veludo, rendas, pedrarias, joias, perfumes, óleos, tudo do bom e do melhor. Com dezoito anos, olhos azuis, cabelos dourados e cacheados até a cintura, rosto delicado e fino, Camile tinha tudo para ser a cortesã mais cobiçada da região.

Em seus devaneios, ela almejava ser a cortesã mais cobiçada da nação... perdão e amor nem passavam pela sua cabeça!

Depois de alguns meses de preparo e treinamento, desde a forma de andar até como se colocar em público, Camile estava pronta para ser apresentada aos ricos e finos clientes de madame Bourbon.

6
Noite mágica

A vingança nunca solucionou problemas.
Somente abre novas feridas e causa novas tristezas.
HUGO SCHLESINGER

Nessa noite, a casa de tolerância resplandecia. Mil bocas comentavam o evento. Afinal, madame Bourbon era conhecida pelo requinte com que escolhia suas cortesãs. E toda a região comentava, mesmo sem jamais ter visto a beleza da prenda a ser leiloada em algumas horas.

Três dezenas das mais requintadas carruagens pararam na porta da casa levando os mais ricos e ilustres nobres da região.

No interior da casa, a agitação já era grande e todos especulavam qual surpresa estava preparada para eles. Madame Bourbon circulava pelo salão, soltando um comentário aqui e outro ali, causando um *frenesi* na mente de cada homem. Quando sentiu que o momento era o mais adequado, ao som de trombetas, anunciou a prenda única da noite. O lance maior teria a inaudita felicidade de passar a noite com aquela que agora elegantemente caminhava até o centro do salão. Vestida de azul diáfano, Camile parecia uma deusa. O vestido transparente permitia a todos um olhar estarrecido.

Os lances começaram em valores que madame Bourbon jamais imaginara. Foi quando Dom Manuel Alvarez, o mais rico e poderoso nobre da região, pediu a palavra. Todos silenciaram.

— Não me basta apenas uma noite de prazer com Camile. Madame Bourbon, ponha um preço e eu a compro. Toda essa beleza não merece ser uma cortesã. Merece reinar absoluta na casa de um cavalheiro. Repito, ponha um preço e eu vou comprá-la, não como escrava, mas para ser minha esposa.

Todos se assustaram, e Camile dirigiu seu olhar para aquele homem. Gostou do que viu e, mais do que isso, percebeu estar ali a oportunidade de sua vida.

Madame Bourbon debatia-se entre o inédito de uma pequena fortuna e a tristeza de perder Camile, em quem depositara esperanças de tornar seu bordel o mais importante do país.

Demorou para responder, mas os olhos aflitos de Camile fizeram com que ela tomasse a decisão. Duplicou o preço que havia imaginado, esperando no fundo que o homem recusasse. Mas não houve titubeio e o negócio foi fechado naquele instante. Diante do lamento geral, o marquês apressou-se em tomar Camile pelas mãos e sair daquele lugar. Seu secretário incumbiu-se de concluir o negócio. Surpresa, Camile não ofereceu a menor resistência. No trajeto até a carruagem, a bonita menina resolveu sonhar mais alto. Estava ali a oportunidade da grande desforra. Foi o suficiente para que ela aderisse definitivamente àquela situação.

O sorriso que estampou no rosto era o prenúncio da tragédia que se avizinhava. As noites de amor que Dom Manuel Alvarez viveu com Camile foram inesquecíveis, pois ela conhecia a fundo os mais profundos desejos de um homem — madame Bourbon a preparara muito bem. Assim, Dom Manuel Alvarez apaixonou-se definitivamente e fez dela sua marquesa. Enlouquecido, perdidamente apaixonado, ele atendia a todos os caprichos de sua amada. Cobria-a de joias, tecidos raros, viagens, festas, o que ela desejasse. Atendendo a mais um de seus caprichos, comprou uma pensão que estava com sérios problemas em um vilarejo distante e mandou que se contratassem os donos da pensão, Lucy e René, com uma oferta de riqueza irrecusável para trabalharem em suas terras. A ambição fez com que aceitassem a oferta. Lucy e René não imaginavam nem de longe quem estava envolvida em tal contratação...

7
Corajosa missão

Ao anoitecer pode vir o choro,
mas a alegria vem pela manhã.
Rei David

Felipe aproximou-se do atendimento de emergência e perguntou pela assistente Ofélia. Fora orientado para procurá-la na Ala de Reajustamento Mental assim que chegasse.

Sentiu um toque nas costas, virou-se e com alegria viu Ofélia, que o cumprimentou radiante.

— Felipe! Há quanto tempo não o vejo! Que bom tê-lo conosco. Acompanhei seu processo de aprendizado na Casa da Luz e fiquei eufórica ao saber que estava sendo transferido para a Ala de Recuperação Mental.

— Solicitei contribuir nesta ala, pois preciso aprender sobre dores, culpas, traumas humanos que desvirtuam a personalidade com ódios exagerados, para auxiliar minha amada Estefânia que, por ora, como Camile, está em missão na Terra, mas precisando de muita ajuda.

— Que ótimo, Felipe. Fique à vontade, as criaturas daqui são maravilhosas e, apesar de estarem completamente fora da realidade, não são violentas e apresentam alguns raros momentos de lucidez. Com o tempo, você vai perceber que a maioria delas guarda em seu peito, em sua alma, dores imensas, traumas profundos, referentes a perdas, estupros, assassinatos, culpas, rejeições, medos, inseguranças e todo tipo de sentimento negativo.

— Pelo que vejo o trabalho aqui é árduo!

— E como! Não é fácil conduzi-los por meio de toda essa escuridão! Mas o trabalho é gratificante.

— Espero poder ajudá-los a libertá-los do cárcere, da prisão a que se submeteram, ou seja, de suas próprias consciências!

— Felipe, toda ajuda é bem-vinda. Para muitos deles, o tratamento é lento, a vida não passa de um cenário cinzento, nebuloso, vazio, sombrio e sem sentido. Alguns negam a dor, as emoções negativas, as atitudes destrutivas, os bloqueios e as frustrações, o sentimento de rejeição e o abandono, e assim criam uma realidade paralela e vivem o tempo todo nela, perdendo a capacidade de enxergar a própria vida, tornando a tarefa muito difícil.

— É... eu imagino. Muitos carregam por várias encarnações os padrões destrutivos e negativos que se enraízam, repetindo-se constantemente. Não acreditam em si mesmos, não gostam de si mesmos, não conseguem perdoar-se nem aos outros, não assumem responsabilidades por suas escolhas, pensamentos e sentimentos, transferindo tudo para os outros. São adultos, mas com o emocional de uma criança indefesa e imatura. Não amadureceram suas emoções e seus sentimentos, não os controlam; pelo contrário, são totalmente controlados por eles.

— É isso mesmo! Nossa! Já apreendeu todas essas verdades!

— Sim, Ofélia. Tenho estudado muito. E em meus estudos ficou muito claro que a evolução espiritual exige maturidade emocional e psicológica, ou seja, exige a busca, o encontro com nosso verdadeiro eu. E você bem sabe, minha amiga, que esse é o nosso maior desafio, a grande jornada dentro de nós mesmos!

— Claro! Claro! E aqui não pretendemos curar doença mental ou emocional, mas sim ajudá-los a enfrentar a dor; conhecer suas negatividades, aprendendo a aceitá-las, a lidar com elas, enfim, a encarar o que mora dentro da alma de cada um. Felipe, antes de começar o seu trabalho, vá dar uma volta e conhecer o lugar — sugeriu Ofélia.

— Acho uma ótima ideia! Vou mesmo!

Caminhando pelo pronto-socorro espiritual, Felipe assustou-se. Todos corriam de um lado para o outro sem parar. Centenas de almas chegavam a todo instante, era uma loucura.

O pronto-socorro era enorme e suas alas comportavam todo tipo de desencarnados. A ala central era o atendimento de emergência. A ala direita era reservada aos que desencarnaram por morte natural, resultado de doenças difíceis como o câncer e a aids. A ala da esquerda era reservada aos que apresentavam mortes não naturais, acidentes, assassinatos etc.

Depois de atravessar todo o pronto-socorro, ele chegou a um enorme quarto, onde presenciou muitos leitos que acolhiam centenas de almas que se haviam perdido pelo caminho. Estavam ali pela misericórdia divina. A maioria estava em tratamento e deixava transparecer em seu semblante a dor e o desespero.

Caminhando pelos corredores do quarto, Felipe notou uma jovem calada que, com os olhos, acompanhava seus passos. Aproximou-se dela, sentou-se ao lado de sua cama e pediu para que lhe contasse a sua história.

A jovem começou a cantar baixinho:

— Como pode um peixe vivo viver fora da água fria? Como poderei viver...

Ele perguntou o nome dela, mas não obteve resposta. A jovem continuou cantando como se estivesse em um mundo só dela. Nada nem ninguém podia alcançá-la. Felipe observou e fez algumas anotações. Mas notou que seria um aprendizado doloroso.

Durante muito tempo, ele retornou todas as manhãs e todas as tardes à Ala de Recuperação Mental. Com o passar do tempo, conheceu todos os internos, suas reações, e foi se aproximando deles.

Conheceu um homem robusto, forte, aparentemente amável, chamado Clóvis. Ele era um erudito. Seu conhecimento sobre o pensamento humano era assustador. Citava

Platão, Sócrates, Aristóteles, São Tomás de Aquino, Santo Agostinho, Voltaire e muitos outros pensadores. Apesar de todo o seu conhecimento, na juventude fora vítima de um assassinato e estupro, o que lhe deixara sequelas profundas. Sofria de um tipo de esquizofrenia. Sentia-se em perigo constante, achava-se perseguido e faltavam-lhe condições de aceitar sua vida e suas perdas. Tal foi a surpresa de Felipe ao descobrir que se tratava do antigo Dom Ricardo, aquele que fora o mandante do massacre e responsável pela sua morte.

Naquele instante, ele respirou fundo e lembrou-se das premissas de Jesus: *Perdoai os inimigos*. Olhou para ele com certa compaixão, pois tudo o que fizera fora em vão. Agora estava jogado às traças, sem memória, sem sonhos, sem valores, sem nada, preso ao seu passado, vítima de perseguições espirituais e da sua própria loucura.

Felipe lembrou-se da amada Estefânia... Não tinha notícias dela havia muito tempo. Como será que ela estava em sua missão no planeta Terra? Teria seu coração a alertado para seguir na trilha do amor, do perdão e da luz? Teria Camile conseguido vencer seus inimigos interiores, seu emocional infantil, o ódio, o desejo de vingança, o rancor, o orgulho e a vaidade? Teria confiado verdadeiramente sua vida a Deus? Teria se libertado do apego ao ego? Teria reunido conhecimentos e forças suficientes para eliminar seus inimigos internos e ajustar a sua personalidade para o cumprimento da sua missão? Como estaria? Será que ainda estava mergulhada no ódio, nos apegos, na vingança rumo às trevas, ao desequilíbrio, à loucura, assim como Dom Ricardo?

"Ah! Se Estefânia soubesse...", pensou Felipe, com os olhos cheios de lágrimas.

Assim ele orou fervorosamente, pedindo ajuda à amada Estefânia. Em seguida, voltou ao trabalho. Em breve pediria autorização para visitá-la na Terra.

Felipe nem imaginava o que ela estava aprontando.

8
Viagem ao Novo Mundo

Se perdoardes aos homens as faltas que
cometem contra vós, vosso Pai celeste também
perdoará vossos pecados; mas, se não perdoardes
aos homens quando vos ofendem, vosso Pai
também não perdoará vossos pecados.

MATEUS, 6:14-15

Em seu camarote, Camile não parecia estar radiante apesar das joias, dos perfumes e dos tecidos finos. Sua solidão e tristeza eram imensas. No coração havia apenas ódio, rancor e mágoas. Parecia uma morta-viva. A vida parecia ter perdido o sabor. Não pensava em outra coisa a não ser em como se vingar de René e de Lucy, que estavam a bordo. Por vários dias pensou no assunto até que pareceu estar resolvida e certa de suas atitudes. Chamou um dos marujos, murmurou algumas palavras, dirigiu-se à sua caixa de joias e retirou algumas. Sem pestanejar, entregou-lhe e retornou feliz.

Durante a noite, gritos horríveis foram ouvidos no navio, mas ninguém teve coragem de ver o que estava acontecendo. Todos se aquietaram e foram dormir.

Na pálida luz da lua, era possível ver a face de Camile com lágrimas, mas em seus lábios havia um sorriso profundo que satisfazia o âmago de sua alma. Estava vingada.

No dia seguinte, na proa do navio, foi encontrado um homem todo machucado, semimorto e sem roupa. Com os olhos esbugalhados, trazia no rosto o desespero.

— Tragam-no rápido! Precisamos socorrê-lo, ou vai morrer!

O homem foi socorrido e salvo. Seu nome era René e quem estava ao seu lado era Lucy, que, desesperada, não imaginava o que estava acontecendo e o que ainda estava por acontecer...

A humilhação e o ódio tomaram conta de René. Ele gritava que descobriria os responsáveis por tamanha desgraça em sua vida. Ao longo da viagem ele foi motivo de chacotas e risadas. Perguntavam se ele queria mais um pouco...

Ao longe, no camarote, Camile sentia-se aliviada e feliz, e tratava seu conde como um verdadeiro rei. Enchia-o de carinhos, e ele, por sua vez, não sabia o que fazer para agradar tão bela, amada, desejada e doce mulher.

Na calada da noite, Camile transitava pelo navio até as acomodações de René e Lucy, para checar o que estava acontecendo. Certa noite ouviu...

— Pare de reclamar tanto, não se lembra do que fez a Camile? Então, vai ver é castigo de Deus. Precisou passar por isso para saber o quanto é doloroso. Chega de tanta lamentação... Não aguento mais!

— Cale a boca, sua velha! O que está falando? Por acaso fui eu quem roubou todo o dinheiro dela quando ela chegou no vilarejo, e ainda por cima fez com que ela trabalhasse de graça para você por todos aqueles anos? Você não é melhor que eu! Pelo menos eu a desejei muito, ela que não entendeu meus sentimentos e me rejeitou! E, se você não a tivesse expulsado da pensão, eu teria me casado com ela e assumido a criança! Sua velha nojenta!

— Seu trapo! Fique quieto; quando chegarmos ao Novo Mundo me livro de você, seu verme! Cale sua boca!

Camile ficou aturdida, não podia acreditar no que acabara de ouvir... Lucy a roubara! Não podia ser verdade, só podia estar tendo pesadelos de novo...

"Lucy me roubou e me fez trabalhar todos aqueles anos..."

A viagem durou ainda alguns meses, mas nunca René ou Lucy foram capazes de desconfiar de que Camile estava a bordo do mesmo navio.

Após mais de cento e oitenta dias no mar, enfrentando todas as dificuldades imagináveis, apenas um pouco mais de cinquenta por cento da tripulação expandia-se em imensa alegria ao ouvir o vigia da gávea gritar:

— Terra à vista!

No seu camarote, Camile, a bela e vingativa cortesã, preparava-se para subir ao convés. Na sua mente, a segunda parte da vingança começaria a partir dali.

As terras adquiridas no Novo Mundo pelo marquês Dom Manuel propiciariam a Camile completar definitivamente seus planos de vingança.

A ferida que fora aberta no coração não estava cicatrizada, e tudo indicava que jamais seria curada. A cabeça de Camile fervilhava e a febre que tomava conta do seu corpo poderia ser resultado da longa travessia ou da ansiedade em concluir seus planos.

Apressadamente, ela subiu ao convés e perguntou ao marquês quanto tempo mais levaria para desembarcar. A resposta a satisfez. Com ventos favoráveis, em mais algumas horas estariam atracando no porto de Salvador.

A excitação tomou conta dela. Já se imaginava na casa-grande dominando seus empregados e escravos. Contudo, uma sombra de tristeza turvou os olhos da bela cortesã. Lembranças de sua pureza e castidade, roubadas tão violentamente, fizeram com que por um átimo de tempo ela duvidasse da validade de suas intenções futuras. Mas só por um momento. Ato contínuo, todas as dores da crueldade sofrida nas mãos de René e Lucy levaram-na à convicção de que os dois mereciam sentir as mesmas aflições que ela sentira anteriormente.

Finalmente, a caravela aportou. O lufa-lufa do porto assustou Camile. Da caravela até o pequeno barco que a levaria à praia, ela abraçou-se fortemente ao marquês.

Temia que as cordas do balancim arrebentassem e ela morresse afogada.

Era apenas a sua consciência pesada pelo que pretendia praticar.

Nada aconteceu, e logo ela e seu rico marido chegaram à praia. Mal conseguia manter-se em pé. O sacolejar do navio durante tanto tempo ainda produzia efeitos. Demoraria mais um pouco a acostumar-se com terra firme. Mas isso não a preocupava. A enorme quantidade de malas e fardos representavam a riqueza que propiciariam a consumação de seus planos.

Do porto até as imensas terras do marquês, o trajeto foi feito em uma confortável carruagem, enquanto os empregados sofriam horas a pé ou em sacolejantes carros de boi.

O marquês sabia que teria de administrar muitas terras cultiváveis. Para que fosse bem-sucedido, uma série de medidas precisavam ser tomadas.

René e Lucy amaldiçoavam o dia em que, atraídos pela ganância, aceitaram a oferta do marquês. Empoeirados e cansados, lamentavam a má sorte.

Enquanto isso, Camile chegava à casa-grande que o marido, previamente, havia mandado construir. Assustou-se. A propriedade não poderia ser comparada a nenhum dos castelos em que Camile imaginara ter vivido. O marquês também estava surpreso. Um desconsolo tomou conta dela. Apavorada, ela se abraçou ao marquês e chorou copiosamente. Pareceu-lhe ser o castigo de Deus por suas más ações. Quatro paredes, sem nenhum requinte, mal cobertas por algo que lhe pareceu ser capim. Esse seria seu lar.

Recuperou-se logo. Guerreira, já instigava o marquês a providenciar reformas. Haveria de transformar aquela casa simples e aquelas terras improdutivas em um reino onde seria a senhora absoluta, uma verdadeira rainha.

Ansiosa, pois-se a olhar o horizonte, querendo, com sua força de vontade, agilizar a chegada dos escravos, de seus empregados e utensílios. Não havia tempo a perder.

René, Lucy e os demais empregados aproximavam-se das terras que seriam o seu fardo pelo resto da vida.

Finalmente chegaram. Nada havia que os abrigasse. Teriam durante muito tempo de viver ao relento e construir com suas próprias mãos os abrigos.

Após algumas semanas, centenas de escravos chegaram ao Novo Mundo e Dom Manuel não podia ficar para trás; haveria de escolher os melhores escravos e escravas para trabalharem em suas terras.

A partir daí, Camile tornou-se implacável. Não dava ouvidos a ninguém, principalmente ao marquês. Obrigava todos a trabalharem de sol a sol. A comida era pouca. Viviam basicamente do que coletavam e caçavam, sendo que a melhor parte era destinada à casa-grande. Não tinham tempo sequer de se lastimarem; trabalhavam sete dias por semana, trinta dias por mês, sem nenhum descanso.

Camile tinha urgência de que tudo estivesse de acordo no menor tempo possível.

Não dava ordens diretas, o marquês era o seu porta-voz. Mal saía de casa, pois temia o sol e os insetos. Ainda assim, era incansável em emitir ordens.

Na medida em que o tempo passava, sua ansiedade tornava-a cada vez mais fria e cruel. Não poupava ninguém. Até os doentes eram obrigados a trabalhar com sol ou chuva.

Nesse regime de trabalho, logo as terras do marquês começaram a produzir e a casa-grande foi reformada e transformada num palacete. Foi o momento em que Camile escolheu para causar a grande surpresa em René e Lucy, que, maltrapilhos, esfalfados, mal se mantinham em pé. Roçavam com instrumentos rudimentares uma área terrível quando Camile, debaixo de um guarda-sol carregado por dois negros, aproximou-se.

Aos gritos dirigiu-se a René e Lucy:

— Imprestáveis, preguiçosos, vagabundos! Há quinze dias lidam nesta terra e ainda não a deixaram pronta para o plantio? Vou expulsá-los de minhas terras.

Com assombro, René e Lucy reconheceram sua voz. Todas as agruras sofridas até então perderam a importância diante do terror daquela revelação. Estavam frente a frente com o algoz no passado, no presente e para sempre.

De tão terrível a surpresa, Lucy desfaleceu e René mal se mantinha sobre as pernas.

Camile sorriu sardonicamente. A René pareceu-lhe a imagem da filha do próprio diabo por ele cruelmente ofendida, que vinha vingar-se e cobrar satisfações. Aquela visão fez René urinar pernas abaixo e não conter as fezes.

A cena, Lucy desfalecida e René malcheiroso, foi como um bálsamo para a alma de Camile, que gargalhou histericamente.

O princípio de sua vingança tinha sido melhor do que sonhara. No seu íntimo desejava mais, e iria realizá-lo.

René, acovardado, amedrontado, aterrorizado, teve ímpetos de ajoelhar-se aos pés de Camile e lhe pedir perdão. Mas conteve-se, pois o olhar da moça revelava uma crueldade que não se deteria diante de uma cena tão insólita.

Chorou, o que completou a satisfação da filha do diabo ofendida. Dando as costas, ela gritou que queria a tarefa cumprida em três dias ou iria expulsá-los.

René assustou-se ainda mais. Para onde ir naquela terra desconhecida, infestada de bichos horríveis e índios canibais atrás de cada árvore? Apressou-se em acordar Lucy, esbofeteando-a violentamente.

— Velha megera. Acorde!

Lucy, voltando à vida, encontrou o sobrinho molhado e malcheiroso, transpirando medo por todos os poros.

— O que houve? Era Camile mesmo? O que vamos fazer? René, você poderia ao menos de vez em quando tomar um banho no ribeirão.

— Velha despudorada. Você sabe o que nos aguarda? Se não tivesse desmaiado estaria nas mesmas condições que eu. Camile retornará e quer ver o serviço pronto o quanto antes. Ameaçou-nos de expulsão. Para onde vamos?

Num rasgo de consciência, Lucy exclamou:

— Acalme-se! Ela jamais vai nos expulsar. Tenho certeza de que nos reserva sofrimentos ainda maiores.

Imediatamente, os dois retornaram ao trabalho sem descanso. Apesar de Camile ser implacável e exigir trabalho de sol a sol de todos, ela não aprovava a "senzala", onde os escravos viviam amontoados e sem condições de higiene. Penalizava-se com a vida deles. Questionava o marido, mas este não a ouvia. Isso era motivo de muitas brigas entre os dois. Após diversas discussões, Camile finalmente o convenceu a melhorar a morada e as condições de vida dos escravos. A moça ficou radiante e imediatamente providenciou a construção de quartinhos para cada família de escravos, dando ordem para que recebessem uma boa alimentação.

Com o passar dos anos no Novo Mundo, Dom Manuel praticamente vivia para o engenho e assim abandonou Camile. Ela, aos poucos, foi conhecendo um homem que até então lhe era desconhecido. Um homem que destruiu o romantismo, a paixão, o carinho, a dedicação que ela conhecera logo que se unira a ele, após ter deixado a casa de tolerância. Ele tornou-se um homem frio, calculista, mesquinho, arrogante, prepotente, rude e estúpido. Muitas foram as vezes que, em discussões banais, ele a humilhou, referindo-se à casa de madame Bourbon, em tom de desprezo e pouco-caso. Suas colocações eram grosseiras, as atitudes distantes e, muitas vezes, quase agredia fisicamente a esposa, que nada podia fazer a não ser suportar tudo calada.

O tempo foi passando e Camile foi se adaptando à nova vida e ao novo marido. Administrava a fazenda, tratando muito bem os escravos, e quase não sentia falta do marido, que, apesar de distante, não deixava de cumprir com suas obrigações.

Certa manhã, Camile acordou vomitando, passando mal, e as escravas deduziram que ela estava grávida. E estavam certas: oito meses depois, Camile deu à luz um lindo menino.

— Vai se chamar Pedro, como meu pai — afirmou Dom Manuel.

— Pedro? — indagou Camile. — Eu gostaria que se chamasse Felipe.

— De jeito nenhum. Será Pedro Manuel Alvarez.

— Está bem — concordou Camile.

Após o nascimento do fidalgo, Camile conheceu alguns anos de paz e felicidade ao lado do marido. Seu filho crescia saudavelmente. Um garoto bonito, esbelto e inteligente. Com a chegada do filho, Dom Manuel havia se acalmado bastante e tratava Camile melhor, tamanha era sua felicidade em ter um herdeiro.

Os anos foram se passando e Pedro Manuel crescendo...

Enquanto isso, René e Lucy trabalhavam sem cessar nas terras de Camile. Continuavam a viver em péssimas condições e eram tratados com menos regalias que os escravos. Mas Camile já não se ocupava com eles como antes. Pedro Manuel Alvarez, seu amado filho, era dono de todas as suas atenções e preocupações.

Certa manhã, Pedro, com cinco anos, foi cavalgar com um dos escravos e demorou mais que o tempo de costume para voltar. Camile ficou preocupada e colocou os escravos à sua procura.

Durante a noite, cachorros, soldados e toda a fazenda já estava em polvorosa, tentando localizá-los. Três dias se passaram e nada. Ninguém sabia do paradeiro dele.

No quarto dia de buscas, uma escrava encontrou o menino no meio do canavial, mas ele estava morto. Seus gritos foram terríveis.

— Meu Deus! — gritou uma escrava, depois de muito chorar. — O menino está morto! Mataram o filho da sinhá! Chamem a sinhá, chamem a sinhá...

Camile não acreditou no que lhe contaram. Sem esperar o marido, debaixo do sol quente, correu até o meio do canavial e penetrou nos arbustos. Aproximou-se do menino e o reconheceu. Estava morto. O choque foi imenso. Aos prantos, em total desespero, sem acreditar no que estava vendo, lentamente Camile se aproximou dele. Tocou-lhe as mãos, beijou-lhe o rosto, acariciou sua face. Desejou morrer ali com ele. Naquele instante, tudo era escuridão. A vida parecia ter acabado.

Os sinos da torre da igreja pareciam ter adivinhado a imensa tragédia e tocavam com tristeza, enquanto Camile, desesperada, tomava o filho morto nos braços e conversava com ele como se ainda estivesse vivo, fazendo-lhe mil perguntas:

— Por que me deixou? O que lhe fiz de errado? Onde foi que eu errei? Você pode reviver em meus braços e não me abandonar, juro que vou lhe dar todo o amor! Só tenho você no mundo, nada me resta! Viva, filho amado! Viva, filho meu!

O menino nada pôde responder. Estava morto, mudo, frio e calado. Naquele momento Camile sentiu um imenso vazio, uma enorme solidão, uma sensação de fim. Era como se algo dentro dela estivesse quebrado, partido.

Transtornada, desfigurada, ela caminhou pelo canavial sozinha, em prantos, com o filho nos braços rumo à casa--grande. No meio do caminho sentou-se no chão e olhou para o céu. Depois de muitos anos se lembrou de Deus e perguntou onde Ele e Sua bondade estavam. Se ele existia, por que levara seu filho? Sem respostas, levantou-se e seguiu seu caminho. Finalmente chegou à casa-grande. O menino foi colocado em cima de uma mesa e todos foram avisados. Ele foi velado a noite toda. No dia seguinte, providenciaram um padre e o enterro do menino. Camile, sem controle, fora de si, chorava, gritava, esbravejava. Desfaleceu várias vezes. Dom Manuel Alvarez só queria saber quem fora o safado que dera cabo da vida de seu filho. Jurou descobrir e se vingar.

No fim de uma manhã de sol, o feitor Tião disse-lhe ter sido Anastácio o último escravo a ver o menino. Isso foi suficiente para que ele mandasse matá-lo. E a fazenda nunca mais foi a mesma!

Passado um tempo, Dom Manuel mandou buscar um homem da lei para investigar a morte do filho. As investigações tiveram início. Descobriram que o assassino fora um forasteiro, e não o escravo Anastácio. O pai do menino ofereceu uma enorme recompensa para quem encontrasse o forasteiro e o trouxesse morto.

Enquanto isso, Camile apresentava um quadro dramático.

Inconformada com a morte do filho, chorava dia e noite. Não comia, não dormia e falava sozinha pelos quatro cantos da casa-grande. Não conversava com ninguém. Seu estado era lastimável. Entregou-se ao desespero. Aos poucos, foi deixando de reconhecer Dom Alvarez, as aias e os escravos, isolou-se de todos. Não sabiam o que ela tinha nem como ajudá-la. Ela gritava o nome do filho e se jogava no chão, chegando a se machucar. Dez escravos não tinham força para segurá-la. Foi preciso amarrá-la na cama. Chamaram um padre. Ele rezou a noite inteira e disse que ela estava possuída. O marido não acreditou no padre e o mandou embora.

As empregadas e as escravas tentavam cuidar de Camile, mas era tudo em vão. Àquela altura, ela já não falava coisa com coisa e não se aguentava em pé. Uma febre muito alta tomou conta dela. Passou vários dias delirando. Em seus delírios gritava e xingava quem se aproximasse. Debatia-se o tempo todo.

A raiva e o ódio eram seus únicos companheiros. Não havia o que ou quem a acalmasse. Todos comentavam que ela enlouquecera. Como uma criança, ora cantarolava pela casa, ora conversava com pessoas imaginárias. Em outros momentos, corria apavorada de monstros. Perdia-se entre a realidade e a fantasia.

Inventava perseguidores e situações de pavor; com o rosto desfigurado e a voz grossa, parecia mesmo uma louca.

Uma velha escrava que trabalhava na fazenda, conhecida como Mãe Maria Imaculada, que dominava a arte da magia, pois era curandeira e falava com os espíritos, foi ver Camile a pedido dos escravos da casa, que estavam muito preocupados. Muitos deles nutriam sentimentos de carinho e gratidão pela sinhá. Após vê-la, Mãe Maria não teve a menor dúvida: ela estava possuída e seria necessário muito trabalho com seus Orixás para trazer sua sinhá de volta do mundo das trevas. Era como se sua alma tivesse sido raptada e fosse necessário um imenso exército para recuperá-la.

A escrava, desesperada, correu para sua habitação, reuniu seus irmãos em grande ritual, preparou oferendas e rezas e, em silêncio, sem contar para ninguém, iniciou os trabalhos espirituais para salvar sua sinhá. Passou com seu grupo a noite inteira cantando pontos e rezando. No dia seguinte, Mãe Maria se dirigiu ao quarto de Camile com uma beberagem à base de alho, e a fez beber. A reação foi tão violenta que quase a matou. Ela passou muito mal, ficou tonta, tremeu dos pés à cabeça, vomitou, desmaiou, gritou horrores durante muitas horas. Ficou irreconhecível.

Mãe Maria Imaculada, depois de ter dado início aos trabalhos, mandou chamar Dom Manuel e relatou a situação de Camile.

— Sinhô, a situação é grave, a sinhá perdeu a razão e será preciso muita reza para trazer *ela* de volta. Sabemos que nossa religião é proibida nestas terras, mas é a única maneira de salvar a sua sinhá. Vou precisar reunir os escravos e fazer um trabalho com muita cantoria, bem pesado. O senhor não precisa assistir, mas precisa autorizar. Vai demorar e a sinhá não vai ficar curada, mas vai melhorar bastante. Ela deve ter cometido erros terríveis no passado e, no momento de dor, da perda do filho, abriu as portas da sua mente para que seus inimigos espirituais tomassem conta dela. Precisamos mandá-los embora. Tem cerca de quarenta deles com ela. Querem vingança. Isso é coisa do passado, senhor. Acredita em mim?

— Você está louca! Se descobrirem, se eu for denunciado, serei preso pela Santa Inquisição. Ademais não acredito nessas besteiras. O que aconteceu é que Camile não se conformou com a morte do filho, e, em vez de ficar ao meu lado, de me apoiar, de me ajudar a encontrar esse forasteiro maldito, preferiu sair da realidade e ter ataques de criança mimada. Não vou autorizar nada. Pegue suas coisas fedorentas e volte para seu quartinho, que lá é o seu lugar.

— Sinhô... com um pouco de reza e ajuda dos Orixás, ela ficará boa, sinhô... isso é obsessão. A dor que ela está sentindo abriu as portas para as entidades trevosas inferiores, sinhô, eles se aproveitaram da fragilidade dela e entraram com tudo...

— Cale-se, sua velha! Suma daqui antes que a coloque no tronco.

Mãe Maria Imaculada, inconformada e desiludida, acatou as ordens de Dom Manuel Alvarez e se retirou com muita tristeza no coração. Sabia que a situação da sinhá Camile era grave e que ela estava sendo vítima de obsessão por uma falange enorme de espíritos, por conta de débitos do passado. Sabia que era a Lei de Ação e Reação, o ajuste dos efeitos às causas. Seria preciso muita oração para clamar por misericórdia e livrar Camile da obsessão coletiva, que no fundo era uma possibilidade de redenção, reajuste, crescimento, evolução e aprendizado...

Alguns dias se passaram e o quadro se agravou. Dom Manuel Alvarez mandou chamar um médico para cuidar dela.

Após examiná-la, o médico não titubeou:

— Trata-se de um quadro grave de loucura. Lamento, mas sua esposa não suportou a perda do filho e enlouqueceu. O senhor precisa interná-la em um manicômio em Portugal, uma vez que por aqui não existe local adequado e tratamento que resolva.

— Como posso interná-la? O senhor é quem está louco! Minha esposa não tem nada grave! Isso vai passar, tenho certeza!

— O senhor pode não querer aceitar nem acreditar, mas Camile enlouqueceu e precisa ser internada com urgência. Não posso fazer nada. O caso é grave e não tem cura. Ela precisa ir para um hospital, não pode continuar amarrada na cama desse jeito, sem comer, sem beber, sem dormir e machucando-se, jogando-se no chão, contra a parede, arranhando-se inteira. Ela já perdeu uns dez quilos e está a cada dia mais magra; de um lado alienada, distante, e de outro violenta. Ela tem vários tipos de ataques, de surtos, e o senhor insiste em achar que ela não tem nada! Acho que não quer ver a realidade! Acorde! Pense bem, encare que a situação da sua esposa é muito grave! Não se iluda! Ela enlouqueceu e apenas um tratamento de choque poderá aliviar sua situação.

— Está bem, vou pensar. Se resolver interná-la, entro em contato com o senhor. Por ora pegue o seu pagamento e vá embora, suma da minha frente, desapareça daqui, agora!

O homem estava inconformado, perdera o filho e agora perderia a esposa? Apesar de ter se distanciado de Camile, no fundo a amava e não saberia viver sem ela.

No dia seguinte, nervoso e inseguro, ele mandou chamar Mãe Maria Imaculada.

— Negra, o médico disse que minha mulher enlouqueceu, quer que eu a interne, disse que o caso dela não tem jeito. Pensei bem e decidi ouvir o que você tem a me dizer; não tenho nada a perder. O que é preciso fazer para curar minha esposa com essas suas rezas, ainda que eu não acredite em nada?

— O senhor não precisa acreditar em nada. Eu acredito pelo senhor. Preciso que compre umas coisas e autorize que na calada noite eu e os escravos façamos nossos rituais para invocar os Orixás e Vodus para libertarem a sinhá dos espíritos malfazejos e dos inimigos do passado, cujos malefícios ela e o senhor ignoram. Tudo isso é vingança, sinhô! Preciso fazer um trabalho pesado com oferendas!

— Como assim, vingança? Rituais? Orixás, Vodus, oferendas? Que diabo é tudo isso?

— Sinhô, é com o diabo mesmo que vamos mexer, o senhor acertou. Vou reunir os escravos, preparar as oferendas, cantar pontos de evocação aos Orixás e Vodus para libertar a sinhá espiritualmente de espíritos trevosos, vindos do seu passado. Com a força dos Orixás vou trabalhar com eles a noite inteira. O senhor só precisa autorizar e comprar o que eu preciso, o resto é comigo. Não se preocupe. Pode confiar, quero o bem da sinhá e sei que ela será curada. Já vi gente pior, bem pior.

— Não entendo nada disso, nem quero entender. Só não quero perder a minha esposa. Veja lá o que vai aprontar! Camile é tudo o que me restou nesta terra!

— Confie, sinhô, vou libertá-la!

— Está bem, pode fazer tudo o que quiser. Amanhã tenho de viajar a negócios. Vou para Portugal. Aproveite minha ausência e faça o que for necessário. Vou deixar dinheiro para você comprar o que for preciso. Espero que na volta encontre Camile curada.

— Pode deixar, sinhô. Farei o possível para salvar a nossa querida sinhá. Sei que vou conseguir! O senhor terá uma boa surpresa quando voltar. Viaje sossegado que vamos cuidar dela direitinho. Faremos trabalhos espirituais com oferendas e assentamentos. A Sinhá vai recuperar o domínio sobre si mesma! Começará a andar e a se alimentar. O sinhô vai ver!

— Assim espero! Caso cure minha esposa, não terei como pagá-la, o que lhe der não será jamais suficiente, mas garanto-lhe uma coisa: se quando eu voltar Camile estiver curada, você e toda sua gente ganharão liberdade! Serão livres, entendeu?

— Nossa! Não estou fazendo isso para ter nada em troca, não. A sinhá Camile sempre nos tratou com muito carinho e respeito. Estou vendo que o sinhô ama mesmo a sinhá!

— Chega de conversa mole, preciso tomar as providências para a viagem. Não se esqueça de pegar o dinheiro, vou deixá-lo em cima da mesa. Compre o que for preciso, não economize, compre tudo do bom e do melhor. Faça tudo direito, entendeu?

— Sim, sinhô! Pode deixar! Vou fazer tudo direitinho! Quando o senhor voltar, vai encontrar sua esposa curada!

— Quero ver!

— Vai ver... tenho certeza!

9
O grande milagre

*(...) Eu rogarei a meu Pai, e Ele vos dará
outro Consolador, para que fique eternamente
convosco, o Espírito de Verdade, a quem o
mundo não pode receber, porque não o vê, nem
o conhece. Mas vós o conhecereis, porque
ele ficará convosco e estará em vós.*
João, 14:16-17

No dia seguinte, após a viagem de Manuel, Mãe Maria Imaculada providenciou tudo de que precisava para suas oferendas aos Orixás e Vodus. Em seguida, reuniu alguns dos seus filhos num barracão — os outros continuaram a trabalhar na fazenda — e improvisou um terreiro para realizar seus trabalhos espirituais. Em incansável labuta, preparou o lugar de acordo com as necessidades do trabalho espiritual que iria realizar, bem como as comidas e as ervas para os banhos. Quando tudo estivesse pronto, ela cuidaria de Camile como havia prometido.

Mãe Maria desinfetou o campo magnético do lugar, lavou o chão do barracão com ervas e bebidas fortes, forrou-o com ervas especiais, enfeitou tudo com flores e amuletos variados, colocando vários potes de barro em lugares estratégicos com água, bebidas, farinhas, pimentas, grãos e chás especiais. Riscou alguns símbolos no chão e colocou algumas comidas no altar que montou no barracão. Fez oferendas do lado de fora do barracão também, com carnes cruas, farofas e bebidas quentes.

Após tudo estar pronto, Mãe Maria mandou buscar Camile. Quando chegou, desequilibrada, trêmula, enfraquecida e pálida, ela foi colocada no meio de uma grande roda e todos, ao som dos tambores, começaram as preces cantadas. Era o início da realização da comunicação entre o divino e o profano, a invocação da presença dos Orixás e dos Vodus para tratar da doença espiritual de Camile, fortalecer sua alma, retirar as feitiçarias e afastar os inimigos espirituais.

Vários pontos foram cantados para Oxalá, Ogum, Oxossi, Xangô, Obaluaiê, Iemanjá, Lança, Oxum, Nana, Oxumaré e Exu, mas Camile assistia a tudo completamente apática, desligada, indiferente. Distante, era como se não estivesse ali presente e não ouvisse os pontos cantados. Apenas o seu corpo estava ali. Num dado momento, um ponto cantado a Elegbara (Exu) causou em Camile uma reação frenética e brutal. Enquanto o ponto era entoado,

PELA ESTRADA DO PERDÃO

Mãe Maria fumegava seu pito e batia o pé ao redor de Camile, que tremia inteira e se jogava no chão. Quando conseguia ficar em pé, titubeava de um lado para o outro sem parar. Foram necessários vários filhos de santo para segurá-la. Depois que Mãe Maria fumegou bastante seu pito e bateu o pé e as mãos em volta dela, ela se soltou e se jogou violentamente no chão. Em seguida, começou a estrebuchar, a vomitar, a espumar pela boca, balançando a cabeça de um lado para o outro feito uma louca. Nessa hora, a face, os lábios e as unhas ficaram completamente azulados e ela apresentou certa dificuldade respiratória. Mãe Maria não se assustou, sabia que o processo era esse.

Quanto mais ela estrebuchava, mais Mãe Maria fumegava seu pito e mandava seus filhos cantarem os pontos com mais força e cada vez mais alto. Ela enxergava os trevosos grudados no corpo de Camile e outros ao redor. O canto tinha o objetivo de fortalecer os Elegbaras invocados para o trabalho para libertarem a moça. Um dos filhos no terreiro ficou muito preocupado com o que estava ocorrendo com Camile e, desesperado, foi em seu socorro, mas Mãe Maria, imediatamente, deu ordem para ele se afastar, explicando a todos que aquilo era normal, que logo o ataque passaria e em breve todos teriam explicações detalhadas sobre a doença espiritual dela.

Mãe Maria sabia que todo o seu desequilíbrio estava relacionado às suas vidas passadas, perdas, frustrações, insatisfações, lutas, conflitos, culpas, ódios, ressentimentos, que carregara durante esta encarnação. Sabia ainda que a dor e a revolta pela morte do seu amado filho havia agravado sua doença espiritual, desencadeando um processo obsessivo incontrolável e insuportável, que a estava levando ao estado de loucura. Cheia de mágoas, insatisfações e revoltas, a morte do filho abriu as portas para todos os seus sentimentos negativos e assim entrou em consonância com todos os sentimentos dos seus inimigos espirituais do passado, permitindo a eles entrarem no universo da sua psique.

Mãe Maria, firme, cantava os pontos no ouvido de Camile e batia seu pé no terreiro, ao mesmo tempo em que supria seu cachimbo de fumo. Não demorou muito e Camile parou de espumar e de se jogar no chão. Contorceu-se até ficar de joelhos no chão com as duas mãos em forma de garras nas costas; o rosto todo deformado; a voz grossa, rouca e a cabeça abaixada. De súbito, começou a esbravejar palavrões, num idioma que só Mãe Maria entendia, pois ela sabia que os Elegbaras haviam chegado para tomar posse da mente de Camile e dominar os trevosos, afastando-os com o intuito de encaminhá-los para o lugar que era do merecimento deles, de acordo com os sagrados Orixás, os senhores Regentes, os guardiões da Lei Maior e da Justiça Divina e o sagrado Orixá Exu.

O fato de ela se jogar no chão, estrebuchar, vomitar, para Mãe Maria significava uma grande vitória e mostrava que os Elegbaras invocados, ainda que sem falar nada, em total silêncio, estavam lutando no astral contra os espíritos malfeitores pela posse da mente e do corpo energético de Camile. Lutavam pela liberdade da sua alma.

PELA ESTRADA DO PERDÃO

Camile começou a se contorcer e a esbravejar quando os Elegbaras de Mãe Maria venceram a primeira de muitas batalhas espirituais que iriam travar dali em diante até a cura total dela. A luta no astral seria imensa, mas valeria a pena, com certeza. A sinhá seria curada com a ajuda de todos os Orixás e Vodus. Sua mente e seu corpo energético seriam libertados daquelas influências trevosas, negativas, paralisantes, cerceadoras, bloqueadoras e limitadoras.

Após mais ou menos seis horas de trabalho, Camile parou de esbravejar. Os Elegbaras se afastaram e sob o comando de Mãe Maria dominaram o espírito trevoso e permitiram que ele se manifestasse. Camile, inconsciente, com o corpo todo retorcido e a feição disforme, começou a gritar:

— Vocês pensam que dão conta de mim? Não dão não! Sou forte, poderoso! Sabe com quem estão mexendo? Não imaginam? Com Lúcifer! Velha maldita, pare de se intrometer! Esta aqui já está condenada! Perdeu o filho, está quase louca, e isso é pouco pelo que fez a alguns amigos meus, que encomendaram a sua alma! Pare de se intrometer! Vou pegá-la!

Rapidamente, Mãe Maria acendeu algumas velas pretas, pegou várias comidas, ervas, grãos e começou a jogar no corpo todo de Camile, enquanto realizava algumas orações. A moça gritava com uma voz que não era sua. Parecia estar totalmente possuída. Mãe Maria deu ordens para que os negros cantassem novamente os pontos dos Elegbaras. Assim, ao som dos tambores, passaram toda a madrugada, cantando e rezando.

Durante a madrugada, Mãe Maria acompanhou os acontecimentos no astral. Viu uma falange de espíritos totalmente desfigurados, que gargalhavam sem parar. Eles exalavam um cheiro horrível.

Na presença de todos, ao som das preces cantadas, os espíritos trevosos manifestavam-se um a um, mas somente Mãe Maria podia vê-los e ouvi-los. Vários deles exprimiam ódio e revolta:

— Maldita seja entre as mulheres, vadia! Vai pagar por tudo o que fez para mim e minha família. Vou deixá-la cada vez mais louca; morrerá num manicômio, sozinha e abandonada. Vou enlouquecê-la a ponto de fazer com que coloque fogo em si mesma! Provoquei a morte do seu filho! Gostou? Foi bom o que sentiu? Pois saiba que não foi nem a metade do que senti quando queimou os meus filhos! Maldita! Vadia! Vai pagar por tudo! Vai perder seu marido e ficará pobre! Maldita!

— Ordinária, merece ser punida, matou meu filho! Meu amado e adorado filho! Bem feito, agora perdeu o seu!

— Nojenta, mandou matar meu marido! Pensa que vai escapar da minha vingança? Espere e verá.

Mãe Maria ouvia a tudo atentamente e assim que o último se pronunciou ela invocou os Exus e o Orixá Ogum para atuarem e afastarem aqueles espíritos de Camile.

Mãe Maria era a única que ouvia as gargalhadas e via os Exus ajudando Camile. Sabia que os inimigos da jovem haviam sido presos no astral. Assim, continuou seus trabalhos, cantando outros pontos, chamando outras entidades com a intenção de higienizar o local e fortalecer ainda mais o corpo energético dela.

Quase no fim dos trabalhos, Camile recebeu vários banhos com ervas especiais, grãos e perfumes. Depois, colocaram-na deitada na esteira, num quartinho todo fechado e cheio de oferendas. Todos permaneceram quarenta e oito horas em vigília.

Foram seis dias de trabalhos ininterruptos e Camile começou a dar indícios de uma pequena melhora. Um dia acordou com os olhos brilhando e reconheceu quase todos os que estavam no barracão. Vagarosamente, levantou-se da cama e foi em direção a Mãe Maria. Pela primeira vez, desde a morte do filho, conseguiu reconhecê-la e lhe deu um profundo abraço.

— Mãe Maria, a senhora pode explicar-me o que aconteceu comigo? Há quanto tempo estou aqui? O que é tudo isso?

— Calma, minha filha. Vou lhe explicar em detalhes, mas primeiro vamos encerrar os trabalhos. Amanhã, neste mesmo horário, faremos tudo novamente.

Mãe Maria entoou os pontos cantados de agradecimento e despedida aos Orixás e aos Vodus, encerrando os trabalhos.

Todos exaustos e cansados retiraram-se. Mãe Maria acompanhou Camile até a casa-grande, acomodou-a em seu quarto e explicou-lhe detalhadamente tudo o que fizera e vira durante os trabalhos espirituais.

— Saravá, *zi fia*! Como você está? Assustada?

— Estou com medo, muito medo! Nossa, Mãe Maria, nunca imaginei uma coisa dessas! Eu estava possuída por uma falange de espíritos trevosos? Que horror! E eles fizeram parte de minhas vidas passadas?

A preta velha e bondosa falou sorrindo:

— É, *zi fia*, seu carma é grande. Você semeou muito ódio por onde andou, e os espíritos que ainda estão infelizes, que não se encontram em condições de perdoá-la e de recomeçarem sua vida rumo à evolução na luz, com as verdades do nosso Pai maior no coração, e que ainda não descobriram o bálsamo do perdão, presos nos cárceres de sua memória, do seu passado, alimentam profundo desejo de vingança e estão cobrando a *fia*, tentando deixar a *fia* quase louca, para se satisfazerem. Mas não tem nada, não. Nosso Pai maior vence qualquer batalha e por meio dos Orixás vai dar uma segunda chance para a *fia* e para esses *fios* perseguidores que precisam do seu perdão e das suas orações. Vou matar dois coelhos de uma só vez... eh, eh... vou curar a *fia* e ajudar esses *fios* perdidos... Você vai ficar curada disso tudo e depois, se o seu coração mandar, vai servir ao Criador, pagando com amor e caridade as dádivas que está recebendo. Se desejar vai aprender comigo a curar almas com ervas, fazer orações, cantar e fazer partos. Vai acumular infinitas riquezas e diminuir o carma que herdou das vidas passadas, eh... eh... *Eta, zi fia* que dá *trabaio*!

— Mãe Maria, depois de tudo isso por que passei, vou aprender tudinho com a senhora e ajudá-la no que for preciso! Quero ajustar minhas contas com o Criador pelo amor! Chega de dor!

Apesar de muito fraca e assustada, Camile compreendeu tudo e pediu uma deliciosa sopa antes de dormir.

Mãe Maria abriu um sorriso de felicidade. Sua menina estava melhorando. Apesar de exausta, ela ganhou a primeira de muitas batalhas, mas estava disposta a vencer aquela guerra, custasse o que custasse. Em seu coração caridoso, Mãe Maria trazia uma certeza: sem caridade, não há salvação! E ela salvaria Camile, ninguém iria impedi-la.

No dia seguinte, no mesmo horário, outro ritual foi realizado, e assim foi por dez dias consecutivos.

Em cada trabalho, Camile descobria um pouco mais sobre seus débitos passados e sobre si mesma. Quanto ódio guardado, quanto rancor e revolta, quanta dor, mágoa e ressentimento!

A preta velha, após os trabalhos, amorosamente, segurando as mãos de Camile, explicava com muita paciência:

— Sei que você está com o coração em pedaços, que aceitar a morte de seu *fio*, o estupro, o aborto, o roubo da sua pequena fortuna dada por sua mãe adotiva, e tudo o que teve de fazer para chegar aonde chegou, não é fácil! Pelo contrário, exige muita abnegação, força e fé.

— Como a senhora sabe do estupro e do roubo?

— Enquanto realizo os *trabaios, fia*, leio a história que está impressa na grande tela universal, por bondade de nosso Pai maior. Ele permite que eu veja alguns fatos da vida da *fia* para poder orientá-la melhor. Assim, posso regar seu coraçãozinho com compreensão, amor e perdão, pois somente isso fortalecerá seu coração e vai curá-la de vez.

Lágrimas rolaram pelo rosto de Camile, que disse:

— Mãe Maria, quando olho para o meu passado e me lembro da dor de ter servido de empregada por tantos anos a sra. Lucy, de ter sido estuprada pelo seu sobrinho, de ter sido colocada para fora da casa dela sem eira nem beira, grávida, desesperada, sinto muito ódio. Apesar do estupro, se ela tivesse me amparado, talvez tivesse forças para ter meu filho, um inocente que pagou caro pelos meus erros. Por tudo isso, o ódio me alimentou por todos esses anos. Desde menina sonhei em formar uma família e sei que meu filho teria sido uma grande alegria em minha vida. Mas sem casa, trabalho, comida, como iria sustentá-lo?

— Como qualquer mãe pobre desta terra, minha *fia*. Na época, lhe faltou fé em Deus. Ele a teria ajudado a sustentar seu *fio*. Mas não adianta chorar pelo que já aconteceu. Você precisa tirar esse ódio do coração, que é igual ao que vem alimentando os seus inimigos de outras vidas. Se você perdoar seus inimigos também será perdoada. Quem carrega o ódio no coração fica ruminando, recriminando e sonhando com revanche, e tudo isso faz as almas ficarem presas no passado. O ódio não leva a lugar nenhum, só gera sofrimento. Não estou pedindo para fingir que nada aconteceu, só peço que se desapegue dos danos que lhe causaram. Só vai curar o passado, aqui e agora, no presente: planejando, sonhando com uma vida melhor, sonhando em refazer sua vida e ser feliz com Dom Manuel.

— Como assim, refazer minha vida, Mãe Maria?

— *Fia*, apesar dos pesares, você precisa sonhar em ter outros *fios* e para isso terá de perdoar, escolher ter de volta a própria força e não deixar que fatos e pessoas do passado detenham sua força. Remoer o passado, os fatos, as situações e as pessoas é ficar apegada aos danos que lhe causaram, é ficar apegada à raiva, ao ódio e à culpa.

— Culpa, Mãe Maria? Não entendi.

— *Oia*, o desejo de revanche e de vingança geram culpa e mais culpa, deixando-a apegada à culpa também. Entendeu? No fundo, você sabe que sentir ódio não é bom. Quem sente ódio acaba se sentindo culpada. E quem aguenta um coração desse jeito? A culpa e o ódio corroem qualquer alma.

— Mãe Maria, nunca pensei assim, que a culpa me corroía também...

— Preste atenção: sei que não vai esquecer tudo o que lhe aconteceu, pois foi muito grave! Mas dá para não se apegar tanto e seguir em frente. Tem de aceitar e enfrentar os danos com coragem. O tempo que você perde sentindo ódio por ter sido roubada, estuprada, por ter praticado um aborto, por quem matou seu *fio*, é inútil, é perdido. Não dá para voltar ao passado e evitar tudo isso. Seu *fio* não vai voltar, seu dinheiro não será devolvido, sua pureza não voltará. Mas dá para superar, ou seja, perdoar tudo isso, aumentar a fé, encher o coração de esperança e de amor, confiar em Deus Pai, nos Orixás, acreditando que dias melhores virão.

— O que a senhora está me pedindo não é fácil... mas prometo que vou tentar mudar minha forma de pensar.

— Faça isso, pois com o coração cheio de amor e perdão você devolve a si mesma a pureza que tem dentro da alma e que ninguém pode tirar, a vontade de viver e a fé no nosso Pai maior. Logo abrirá o coração para coisas novas e assim vai descobrir que é maravilhoso continuar vivendo. O novo só vem se o velho for embora. Entendeu?

— Sim, eu já perdoei, mas esquecer está difícil. A vontade de vingança corre em minhas veias toda as vezes que essas imagens passam por minha mente.

— Você precisa perdoar e seguir em frente! Você acha certo que quem a roubou, estuprou-a, matou seu *fio* sejam os personagens principais da sua vida inteira? Que ocupem todo o espaço da sua mente? Percebe por que estava louca? Deixou a mente e o coração cheios de gente que não vale a pena. Ficou apegada a eles. O que adiantou? Nada. Acabou doente. Podia ter ido parar num manicômio e até ter morrido. E eles? Na condição espiritual em que se encontram iam morrer de rir.

— Então, Mãe Maria, perdoar não é esquecer o que nos fizeram, tampouco desculpar o que fizeram, mas é simplesmente recusar que ocupem a nossa mente e o nosso tempo?

— Isso, *fia*! Perdoar não é desculpar, mas sim esquecer os danos que lhe fizeram; é não deixar esses danos e perdas ficarem presos na sua mente o tempo todo. Não deixar o passado devorar o presente e acabar com o seu futuro! Se perdoar o assassino que tirou o seu *fio*, vai recuperar suas forças e sua energia e terá outros planos de vida. Você ainda é nova! Você vai sentir a dor da perda durante toda sua vida, mas não pode se destruir! Precisa aprender a carregar sua dor com força, sem se desestruturar, sem enlouquecer, sem destruir a vida que Deus lhe deu e a vida dos que estão a sua volta! Tem de aprender a amadurecer as emoções; enfrentar a realidade, mesmo sendo muito dura, e não fugir dela. Isso é amadurecer. Aprender a aceitar o imutável, sem pensar em desistir de viver, em morrer ou enlouquecer, pois a loucura é uma forma de fugir da realidade. Já pensou nisso? Você tem de aprender a se entregar a Deus.

— Acho que entendi, Mãe Maria! Vou tentar perdoar, esquecer, mas vou continuar desejando justiça.

— Isso você pode fazer, pois Deus Pai e os Orixás são muito justos. A cada um de nós é dado de acordo com nossas obras, disso não precisa duvidar nem por um minuto. Ao longo desta sua vida e de outras, você verá muita coisa...

— Mãe Maria, entendi tudo... Então devo parar de remoer o passado, aceitar o roubo, o estupro, a morte do meu filho, entregar para Deus tudo isso e confiar na Bondade Divina! Vou tentar.

— Isso mesmo, *zi fia*! Graças aos sagrados Orixás, você está começando a pensar com a razão, sem emoção desregrada. Mas vai chegar o dia em que aprenderá a pensar, a falar e a agir de acordo com o coração! Agora, chega de conversa. Você precisa se alimentar bastante, dormir bem e pedir para Deus, nosso Pai, proteger seu sono. Com o pensamento elevado, peça proteção e se perdoe pelos erros cometidos. Terá uma linda vida ainda nesta existência! Essa *nega* vai fazer de tudo para levá-la ao caminho do nosso Pai, que é o amor. Você ainda será muito feliz...

— Obrigada, Mãe Maria — respondeu Camile, quase dormindo.

Mãe Maria sempre lhe falava sobre a causa das aflições; as várias moradas da casa do nosso Pai maior; os pobres de espíritos; a importância da afabilidade, da doçura, da paciência, da resignação, do amor, da caridade, da fé, da esperança, do perdão e da compaixão, sempre com a intenção de fazer Camile vibrar em outra frequência e se libertar dos seus obsessores.

Na medida em que Camile mudou sua vibração, começou a sentir a energia do amor e do perdão, impedindo que os inimigos se aproximassem dela. Dessa forma, eles não tinham como dominá-la. Durante horas Camile conversava com Mãe Maria Imaculada e aprendia muito.

— *Zi fia*, aproveite esta oportunidade que Deus está lhe dando e reflita profundamente sobre sua postura diante dos acontecimentos. Sei que sofreu várias perdas e passou por traumas terríveis, mas deve confiar em Deus e acreditar que tudo lhe foi dado na medida das suas necessidades de aprendizagem e evolução. A vida a desafiou de várias formas, tudo isso para que pudesse aprender a adotar uma postura de amor, serenidade e equilíbrio diante dela. Para que pudesse render-se a Deus, mudasse sua postura e ajustasse sua personalidade.

— Como assim, Mãe Maria?

— A vida a colocou diante de várias emoções e sentimentos negativos para que pudesse conhecê-los e transformá-los. Toda vez que a vida a contraria ou você perde algo que ama, sua postura é recorrer ao desânimo, ao ódio e, principalmente, ao desejo de vingança. Ou seja, você deixa a criança mimada e malcriada que mora dentro da sua alma dominá-la completamente. Assim, regida pelo ódio, vinga-se e espalha dor por onde passa, e depois, inconformada, pois a vingança não alivia sua dor, desiste de viver.

— Mãe Maria, não tinha parado para pensar...

— Saiba que essa sua postura é infantil, você precisa aprender a perder. Nem sempre é possível ganhar da vida. A vingança fornece uma falsa sensação de vitória. Para o seu emocional infantil, vencer, não ser derrotado, é o que importa, custe o que custar, doa a quem doer. Você vem repetindo essa postura vida após vida, e esse tem sido o motivo da sua queda, dos infortúnios, das amarguras e infelicidades. É hora de aceitar a vida, levantar-se, conformar-se com as perdas, os fatos, e seguir adiante com uma postura mais madura.

— Sentir uma profunda dor, um desespero pelo que nos fazem, desejar e fazer justiça é ser infantil, Mãe Maria?

— É, *zi fia*. Deus nos dá tudo de acordo com nossas obras. Se acreditar em Deus, Pai de verdade, conseguirá despertar sua força interior e seguir em frente, apesar dos pesares, pois não cabe a ninguém fazer justiça com as próprias mãos. Isso é coisa Dele, afinal, os filhos são Dele. E pode deixar que Ele educa, um por um...

— A senhora acha que é fácil perdoar o assassino de meu filho? Um roubo que me condenou a trabalhos pesados por anos a fio? Um abandono?

— Não, *fia*, não é fácil. Mas você não consegue mudar a vida, não manda nas ações dos outros, mas pode escolher as suas. É lamentável o assassinato do seu *fio*, mas nem por isso você precisa assassinar também. A lei olho por olho, dente por dente foi revogada por Jesus por meio da lei do amor. Você precisa aprender a viver a vida em paz, guiada pelo amor, que dissolve as sombras, leva à saúde e gera felicidade e harmonia!

— Aprender a amar os que me destruíram? A senhora está vendo o que está me pedindo?

— Não, *zi fia*, não precisa aprender a amar os que a destruíram. Tem de aprender a amar a si mesma, a aceitar o que não pode mudar e seguir com equilíbrio. O ódio, o desejo de vingança, as emoções descontroladas prejudicam-na! Seus inimigos riem de você, da sua infelicidade, das suas amarguras. Entregue-os com o coração puro para Deus, peça a Ele para iluminá-los. Precisa aprender a confiar em Deus, entendeu, *fia*?

— Mais ou menos. Se aceito a tragédia que aconteceu comigo e não perco tempo com vinganças entregando minha vida e a dos que me feriram a Deus, terei forças para recomeçar? É isso?

— Isso! Terá forças para seguir sua vida, sem sair do foco, dos objetivos, e sem perder seus sonhos. Agora, por exemplo, está na hora de se perguntar o que deseja, o que quer, o que busca daqui para a frente. A tempestade já passou, o sol está raiando no horizonte. E agora? O que quer para a sua vida? A tempestade já destruiu tudo o que tinha de destruir. O que sobrou? Quem sobrou? Como vai seguir daqui para a frente? O que quer da vida? Quais são seus sonhos? Qual o sentido, o significado da sua vida? Será que você tem uma missão? Será que com suas dores pode consolar os que estão passando pela mesma dor?

— Nunca pensei em nada disso!

— É hora de pensar, de sonhar, de superar, de ajustar o que precisa, de perdoar e esquecer tudo o que precisa ser perdoado e esquecido. É hora de jogar fora todo esse lixo! É hora de encontrar um objetivo mais divino para sua vida! Já pensou como é importante para todos os seus escravos? Você nos trata bem, nos respeita, enquanto outros senhores de engenho tratam seus negros com chicotadas e os colocam no tronco! Nunca nenhum negro da sua fazenda foi torturado nem vendido. Os casamentos são duradouros e você não vende os *fios* dos negros para lucrar. Sabe o quanto é amada por todos e o quanto é importante para nós?

— Não, Mãe Maria. Nunca imaginei que a senhora e os escravos da fazenda pensassem tudo isso de mim. O que faço é minha obrigação, vocês merecem respeito, comida e um bom lugar para morar.

— Viu? Acha que esta fazenda seria a mesma se você ficasse louca? Aprender a viver no amor é ter a capacidade de perceber sua importância para os outros. É se poupar de tragédias maiores, infortúnios, doenças, apesar dos acontecimentos que não estão sob o nosso controle. É aprender a ter uma vida saudável, que faça a diferença para os outros. Isso é aprender a viver no amor. A *fia* não pode ser egoísta, ficar trancada na própria dor a vida inteira, ficar doente, ser internada e abandonar toda essa gente à deriva, deixados à própria sorte. Isso seria egoísmo! Enquanto respirar, todos os *fios* desta fazenda vão comer, beber, trabalhar, dormir, casar, ter *fios*, apesar de serem escravos, e ter uma vida com um mínimo de dignidade! A *fia* tem de descobrir o sentido da sua vida, a sua importância para todos os que estão à sua volta, e buscar força dentro do próprio coração para suportar as dores do mundo! Entendeu?

— Entendi. A partir de hoje vou refletir sobre tudo isso e descobrir o que desejo da vida daqui para a frente. Vou tentar corrigir minha postura, eliminar o ódio, o desejo de vingança; cuidarei da menina mimada e malcriada que mora dentro de mim. Vou fazê-la crescer e amadurecer. Prometo! Vou tentar mudar meu comportamento.

— A *fia* precisa curar a miopia do coração!

— Agora a senhora caprichou. O que significa isso?

— Miopia do coração é quase igual à miopia dos olhos: a pessoa quase não enxerga, quase não ama. O coração está seco, sem amor. É um coração míope. A pessoa distorce tudo. Segundo os Orixás é ter pouco amor para dar e ter uma visão parcial e distorcida da realidade. *Fia*, a vida é um presente de Deus e precisa ser bem vivida! Aprenda a enxergar e a amar!

— Nossa, Mãe Maria, onde a senhora aprendeu tudo isso?

— Com os meus Orixás, compreendendo as energias de cada um e comparando com a nossa. Nós estamos muito longe deles...

Camile pediu um chá e foi dormir. Antes, porém, refletiu sobre o que a senhora sábia lhe falara.

Alguns dias se passaram e Camile já estava bem mais calma, equilibrada e alimentando-se bem. Assim, Mãe Maria começou a realizar os rituais a cada três dias, depois uma vez por semana. Com quase três meses de tratamento espiritual, Camile estava praticamente curada. De vez em quando, tinha terríveis pesadelos, mas já tinha total domínio sobre si mesma e sobre as suas emoções.

Durante os meses de tratamento, Camile foi informada sobre tudo o que Mãe Maria via durante e depois dos trabalhos, e elas conversavam muito. Assim, compreendeu as causas da sua loucura, ou seja, a Lei de Ação e Reação, o ajuste dos efeitos às causas e a Lei do Crescimento.

Com os trabalhos espirituais de Mãe Maria, Camile teve novas chances: descobrir sua sensibilidade, o valor da vida, o valor de aceitá-la tal como é, de recriar sua vida, de aprender a enfrentar a dura realidade, de se libertar dos sentimentos e emoções infantis negativos e de superar seu triste passado. Assim, amadureceu seu emocional totalmente míope e infantil.

Nas várias seções de cura que Mãe Maria realizou, entidades trevosas se apresentaram como verdadeiros inimigos, e deixaram claro o que queriam. O líder deles, que se apresentava como Lúcifer, era aquele que tivera a família assassinada por um incêndio, mas havia outros. Mãe Maria ouvia a tudo e percebia de quantos dogmas Camile teria de se livrar, quanto teria de ensiná-la sobre a verdadeira espiritualidade e as forças dos Orixás e Exus.

Entretanto, Mãe Maria sabia que nem tudo o que parece o mal realmente o é. Por meio dessas entidades trevosas, Camile foi chamada para servir ao Criador. Dessa forma, descobriria as verdades sobre si mesma, as necessidades sobre a mudança da sua postura diante dos acontecimentos, conheceria a espiritualidade e iria desenvolver sua mediunidade.

Mãe Maria lhe esclareceu que o tratamento com os Orixás curariam sua alma temporariamente, mas a cura definitiva seria obra dela e se daria por meio da reforma íntima, do cultivo de bons sentimentos e pensamentos, e da prática da caridade. Somente por meio da caridade ela teria condições de expandir o amor em seu coração e servir aos seus irmãos, ajudando-os, inspirando-os e ajustando pelo amor parte de seus carmas. Orientou-a de que ela teria sua mediunidade manifestada e que deveria colocá-la a serviço do Criador.

Apesar da profunda e dolorosa crise a que Camile estava submetida, da sensação que carregava de ter sido traída pela vida em razão de tudo o que passara, se propôs a lutar internamente para aceitar a morte do filho e perdoar o assassino, absolver Lucy e René, esquecer os tormentos do seu passado e ajudar mais pessoas, de todas as formas possíveis, para iniciar o processo de regeneração de sua alma.

Camile apresentou muitas dúvidas e algumas dificuldades no início para aceitar as verdades espirituais, mas tornou-se uma aluna fiel de Mãe Maria e com ela aprendeu tudo o que pôde sobre suas crenças de vida além da morte;

cura com ervas, banhos e força da natureza; orações cantadas e reforma íntima.

Nesse ínterim, Camile desenvolveu a clarividência e clariaudiência. No começo estranhou, mas com o tempo acostumou-se com os novos sentidos e acabou gostando de possuí-los. Aprendeu a ler o oráculo africano, o oráculo de Ifa. Aproximava-se o momento da chegada de Dom Manuel, e ele, com certeza, teria grande surpresa ao encontrar a amada saudável e livre da loucura.

Numa tarde ensolarada, quando ele chegou de Portugal e viu a amada esposa completamente curada, concedeu a liberdade aos seus escravos como prometido, mas eles recusaram e pediram para permanecer na fazenda, servindo-os. Em troca, queriam apenas praticar a religião sem censura.

Sem alarde, em segredo, aquele barracão que fora o palco da cura de Camile se tornaria o palco que curaria as dores de muitas almas da região.

E assim, apesar de a prática da religião dos escravos ser proibida pelos clérigos, Mãe Maria Imaculada realizava seus cultos e a leitura dos búzios com a permissão e ajuda de sua sinhá e do seu sinhô.

Camile libertou Lucy e René. Eles não entenderam a generosidade dela, que os deixou livres e os indenizou. Receberam dinheiro suficiente para recomeçar a vida bem longe dali.

O tempo passou e Camile mostrou-se cada vez mais dedicada ao aprendizado da religião de Mãe Maria Imaculada. Os rituais aconteciam uma vez por semana. Os escravos, os empregados da casa, os parentes, os comerciantes, os forasteiros, os amigos e até alguns vizinhos que souberam da capacidade de cura de Mãe Maria e Camile começaram a frequentar os rituais e consultavam o oráculo, sentindo-se melhores a cada dia. Todos, ao saírem dali, sentiam-se aliviados; era como se tivessem lhes tirado um peso enorme das costas. Com o tempo, Mãe Maria fez adaptações em seus ritos e algumas entidades ancestrais de pretos velhos começaram a se manifestar e a atender individualmente os frequentadores do barracão. Muitos chegavam ali por indicação de outros e, em pouco mais de um ano, o local tornou-se pequeno. Chegavam pessoas de todos os vilarejos para participar, e o barracão foi batizado de Barracão da Luz da Mãe Maria Imaculada de Oxum. A princípio, tudo se desenrolava sem problemas, até que a fama do barracão alcançou o bispo da região, que, sem o menor pudor, deu ordem para que o desativassem e para que os trabalhos de atendimento fossem suspensos imediatamente. Camile e Dom Manuel receberam a visita dos mensageiros do bispo com ordens expressas para que todas as atividades fossem encerradas com pena de o bispo levar o caso para o governador-geral, que, fatalmente, expulsaria Dom Manuel de suas próprias terras.

Diante das graves ameaças, Dom Manuel, com o coração dilacerado, deu ordens para que o barracão fosse demolido e suas atividades encerradas. Apesar das providências, eles ficaram muito tempo sob vigilância cerrada das autoridades locais.

Camile e Mãe Maria Imaculada ficaram inconformadas, mas sabiam que se insistissem as consequências seriam desastrosas para todos. Com o passar do tempo, apesar da profunda tristeza, elas começaram a realizar partos e curas com ervas apenas no vilarejo; com o tempo expandiram o atendimento a toda a região. Quando o parto era complicado, as duas eram chamadas e sempre eram bem-sucedidas. Salvaram a vida de inúmeras mães e crianças. Quando iam até as fazendas ou até as roças para realizarem os partos, conheciam todo o tipo de pessoas e doenças. Dessa forma, além dos partos começaram a atender em domicílio fazendo preces, receitando ervas e banhos para qualquer tipo de enfermidade. Como a maioria das pessoas era curada, as duas eram muito respeitadas e ninguém ousava falar sobre o assunto com outras pessoas, principalmente com os padres, pois temiam colocar em risco a segurança delas junto à Igreja, que abominava aquele tipo de atividade.

Com o objetivo de resgatar a paz em sua fazenda, Camile frequentava as missas todos os domingos com Dom Manuel, o que os livrou da vigilância cerrada. Em pouco tempo, os dois resgataram a confiança dos religiosos.

Camile fez amizade com algumas beatas e descobriu que elas operavam curas com a presença do Espírito Santo e com a erva chamada arruda. Quando soube disso ficou muito feliz, pois encontrou a saída que precisava para realizar, sem risco de perseguição, os partos e as curas em nome de Deus, em nome do Espírito Santo, em nome dos Orixás e Vodus. Elas trabalhariam com os Orixás de forma oculta, mesclando-os com os santos católicos.

Assim, em pouco tempo, Camile construiu uma capela em sua fazenda com imagens de santos católicos, que ocultavam os deuses africanos. Dessa forma, as duas voltaram a realizar orações em grupo e a operar as curas em reuniões semanais na capela. Com o passar dos anos, Camile tornou-se uma verdadeira curandeira, e não se separava de Mãe Maria.

Certa tarde, Camile começou a passar mal e Mãe Maria ficou desesperada, com medo de que as perturbações do passado estivessem voltando. Mas qual não foi sua surpresa quando, ao preparar um chá, enquanto orava cantando, viu uma mulher muito formosa, parecida com uma rainha, segurando uma rosa vermelha na mão, que lhe sussurrou aos ouvidos:

— Camile não está doente, está grávida e dará à luz gêmeos. Dois lindos meninos!

Mãe Maria quase desmaiou de alegria e felicidade. Sua menina teria dois filhos. Aquilo era um presente de Deus e dos sagrados Orixás. Por suas ações generosas dos últimos anos, Deus e os sagrados Orixás haviam curado a menina e a abençoado com a luz da maternidade. Finalmente, ela teria sua família tão sonhada, tão desejada por tantos anos. Dom Manuel ficaria muito feliz com a notícia, afinal, seria pai de dois varões. Em pouco tempo, a gravidez se confirmou e Camile parecia a mulher mais feliz do mundo, bem como seu esposo, que àquela altura satisfazia todos os seus desejos e a cobria de cuidados. Afinal, ela daria à luz dois herdeiros.

PELA ESTRADA DO PERDÃO

⚜

— Chamem Mãe Maria urgente, Camile vai dar à luz — gritou uma escrava da casa-grande.

Imediatamente, Mãe Maria chegou e, com muita calma, realizou o parto de Camile, que foi muito tranquilo. Os meninos nasceram fortes e saudáveis. O primeiro recebeu o nome de Felipe e o segundo de Eduardo. Camile não sabia a razão de gostar tanto desses nomes, e Dom Manuel concordou sem o menor problema.

Após o parto, a mãe experimentou a paz de um doce lar.

Os anos foram passando, os meninos já estavam com cinco anos e cresciam fortes e saudáveis. Mas, inesperadamente, Dom Manuel adoeceu. Camile fez de tudo para curar o marido, mas não conseguiu. A tosse, cada vez mais grave, tirou-lhe a vida.

A rotina de Camile se alterou profundamente. Ela sofreu muito, pois aprendera a amar Dom Manuel. Após sua morte, sem ânimo para cuidar dos negócios da fazenda, ela passou toda a responsabilidade para o mais antigo trabalhador, chamado de Mulato. Ele era forte, simpático, mas de poucas palavras. Muito competente, gostava do seu trabalho e parecia cuidar da fazenda com muito zelo. Com o passar dos anos, acabou seduzindo Camile, que se sentia muito só. Mãe Maria e as curas que realizavam já não lhe bastavam. Camile estava frágil e carente.

Felipe e Eduardo, agora com doze anos, não compreendiam o que se passava com Mulato e a mãe, mas viviam felizes: brincavam, corriam, andavam a cavalo e faziam pequenas tarefas na fazenda.

Cresceram num ambiente tranquilo e com certa paz, até o dia em que o Mulato foi morar na casa-grande com Camile. Dentro de casa, ele olhava os meninos com um jeito muito esquisito e não gostava das brincadeiras de Camile com eles. Com o tempo, o ambiente ficou pesado, pois bastava Camile se aproximar dos filhos para ele ter crises de ciúmes. Mãe Maria já estava velha e adoentada, e não aprovava a união. Vivia alertando Camile sobre os maus hábitos de Mulato, os perigos que estava correndo, mas ela não conseguia enxergar, estava fascinada.

Certa tarde, Felipe comentou com Mãe Maria e com o irmão Eduardo:

— Éramos bem mais felizes antes de esse tal Mulato entrar em nossa vida!

— É, *fio*, bem que tenho tentado alertar sua mãe, mas parece que está surda! Não me escuta! E sinto coisas não muito boas lá na frente.

— Com certeza; todos os domingos íamos à cidade, almoçávamos com os amigos da mamãe, podíamos ver as meninas... — respondeu Eduardo com um sorriso.

— Éramos mais unidos, mas ele proibiu nossas saídas e passamos a ficar o tempo todo nesta fazenda, sem amigos. Totalmente abandonados. Apenas mamãe não percebe o que ele está fazendo — disse Felipe com tristeza.

— É, meu irmão Felipe, você eu não sei, mas eu, em breve, vou para Portugal estudar e serei um grande advogado! Doutor Eduardo! Já vejo a placa na minha imensa sala, cheia de clientes e donzelas!

— Meu caro, vai sonhando, pois sonhar faz bem. Sonhe; quero ver se o Mulato vai deixar você ir para Portugal!

— Como assim, ele não é nosso pai! Não manda em nós, muito menos na nossa vida — esbravejou Eduardo.

— Pode não ser nosso pai e não mandar na nossa vida, mas controla todo o dinheiro da mamãe. Vamos ver!

— Não, a mamãe não vai deixar ele se meter na nossa vida!

— Veremos, meu querido irmão, veremos!

— De jeito nenhum, meninos! Enquanto eu for viva, ninguém se intromete na vida de vocês, só sob o meu cadáver! Você vai ser um ótimo advogado, vai estudar na melhor escola de Portugal, e o Mulato não vai impedir, de jeito nenhum! Nem pensar numa coisas dessas! Só se ele me matar! E você, Felipe, vai estudar o que quiser também. Ninguém vai atrapalhar a vida de vocês, entenderam? Ninguém! Ora essa! — Dizendo isso, Mãe Maria retirou-se, inconformada com a situação.

O tempo foi passando e os meninos cresceram. Eduardo alimentava seu sonho de ser um grande advogado e Felipe começou a sonhar em ser um grande médico.

Mãe Maria era a guardiã deles, não deixava ninguém perturbá-los. Quando ela percebia que Mulato começava a cismar, ela os defendia feito uma leoa. E Camile acatava tudo o que ela dizia.

Eduardo foi estudar Direito em Portugal e Felipe, Medicina. Camile ficou muito triste com a partida deles, mas sabia que isso seria bom para o futuro dos filhos. Acompanhada de Mãe Maria continuou realizando partos e curas.

Durante os anos que os meninos permaneceram estudando, de uma hora para outra, sem que esperassem, souberam do desencarne de Mãe Maria. Para eles foi um choque tremendo, uma perda imensurável. Os meninos a amavam. Voltaram imediatamente ao Brasil para o enterro.

Durante o enterro, Camile chorava convulsivamente, ainda chocada pela morte de Mãe Maria, e mostrava-se inconformada.

— Meu Deus, por que tirou Mãe Maria de mim? O que será da minha vida sem ela? — Camile soluçava, agarrada aos filhos.

— Calma, mamãe, ela foi para um bom lugar, está bem — disse Eduardo.

Camile colocou as mãos na cabeça e curvou-se para a frente, desesperada. Vendo a cena, Felipe começou a entrar em pânico:

— Nós não podemos ficar aqui. Vamos embora antes que aconteça algo pior. Vamos para casa, mamãe.

— Não, de jeito nenhum, vou ficar até o fim. Não me tirem daqui. Deixem-me ficar com ela até o último momento.

Camile se acalmou. Sabia que se ficasse histérica de nada ia adiantar, Mãe Maria não voltaria. Como se estivesse assistindo a um filme da sua vida, lembrou-se de todo o bem que aquela mulher maravilhosa operara em sua existência. Lembrou-se de todos os seus ensinamentos e de como sua vida se acalmou, e agradeceu a Deus por ter-lhe emprestado alma tão venturosa. O enterro prosseguiu cheio de gente da região, eram pessoas de muitos lugares. Foram muitos os anos em que Mãe Maria dedicou-se a ler o oráculo, a fazer partos e a curar com ervas. Muitas eram as pessoas que a respeitavam e amavam.

Os meninos ficaram com Camile alguns dias e depois retornaram a Portugal para concluir os estudos.

10
Ḥora da redenção

Os espinhos que me feriram foram
produzidos pelo arbusto que plantei.
LORDE BYRON

Seis anos depois da morte de Mãe Maria, bateram à porta e Camile foi atender.

— Senhora, meu patrão, Dom Fernando, mandou vir receber.

— Boa tarde! Entre, sente-se. Creio que não entendi direito o que o senhor acabou de me dizer. Como assim, veio receber?

— É isso mesmo, meu patrão pediu que viesse cobrá-la. Ele mandou avisá-la de que a senhora está atrasada com o pagamento do empréstimo que lhe pediu no fim do ano passado para continuar a manter sua fazenda.

— Nossa! Deve haver algum engano. Não fiz empréstimo nenhum. Quem cuida dos meus negócios é o Mulato e pelo que sei está tudo indo bem na fazenda. As plantações de cana-de-açúcar e algodão estão dando muito certo! Está tudo bem; deve ser um tremendo engano!

— Olhe, dona, vim cobrar o que meu patrão mandou cobrar. Ele disse que a senhora tem dois dias para efetuar o pagamento, caso não o faça ele vai tomar sua fazenda. Só vim lhe dar o recado.

— Um momento, por favor, aguarde aqui. Vou chamar meu capataz e tudo será esclarecido. Acho que o senhor se enganou de fazenda, só isso.

Camile, sem ter noção do que estava acontecendo, mandou chamar Mulato para os devidos esclarecimentos. Tal foi sua surpresa quando não o encontrou na fazenda. Procuraram-no por toda a região, mas nem sinal dele.

Camile não imaginou, mas ele já estava muito longe. Sem graça, totalmente atordoada com a notícia da dívida e do desaparecimento de Mulato, garantiu ao moço que procuraria Dom Fernando no dia seguinte para saber o que estava acontecendo e que quitaria as dívidas com suas joias.

O rapaz retirou-se e transmitiu o recado a Dom Fernando, que ficou satisfeito com a resposta, no aguardo da visita de Camile.

No dia seguinte, logo pela manhã, ela foi se inteirar dos acontecimentos.

— Bom dia, minha cara Camile, pena que tenha vindo me visitar em situação tão desconfortável. Não é delicado de minha parte cobrar uma senhora tão distinta, mas, como o prazo do pagamento já se esgotou há mais de quarenta dias, não tive alternativa a não ser cobrá-la. Queira perdoar-me.

— Não fique constrangido, gostaria de saber que dívida é essa. Estou assustada, pois o canavial rendeu muito bem nesses últimos anos. Nunca tive e não tenho problemas financeiros.

— Minha senhora, creio que está equivocada. Nos últimos dois anos tenho feito empréstimos atrás de empréstimos para o Mulato, que tem plenos poderes para fazer o que quiser em seu nome. A senhora lhe conferiu plenos direitos!

— Sim. O senhor está certo, mas ele não comentou comigo sobre empréstimo nenhum, não estou entendendo.

— Veja as duplicadas assinadas por ele.

— Nossa! O valor é muito alto! Tudo isso? Vou para casa verificar o que tenho em joias e ouro e volto a falar com o senhor daqui a alguns dias.

— Está certo, aguardarei suas providências, a senhora me parece uma mulher honesta.

Camile voltou para a fazenda perplexa com o tamanho da dívida que Mulato havia feito em seu nome.

Aguardou por dois dias Mulato aparecer, mas nem sinal dele. Procurou em todos os lugares. Na cidade, foi informada de que ele havia comprado uma carruagem e partido. Ninguém sabia informar para onde.

Depois de uma semana, ela finalmente compreendeu que ele havia lhe dado um tremendo golpe. Além de se apropriar de todo o dinheiro da venda da cana-de-açúcar e do algodão dos últimos anos, fizera empréstimos com Dom Fernando.

Ficou ainda mais surpreendida ao procurar suas joias e não encontrar nenhuma. Em suma, estava endividada até o pescoço: sem joias nem ouro, e não lhe restara nada além da própria fazenda.

Procurou por Dom Fernando, colocou-o a par da sua realidade financeira, solicitou paciência e ajuda, mas ele se recusou a auxiliá-la. Alegou que sentia muito, mas não poderia esperar para receber o que ela lhe devia. As colheitas do próximo ano cobririam apenas três duplicatas. Camile levaria no mínimo sete anos para pagar suas dívidas, isso se as colheitas dessem o lucro esperado.

Camile ficou desesperada, entrou em pânico. Chorou por dias seguidos, mas, com o passar do tempo, não teve opção a não ser entregar a fazenda. E assim aconteceu: ela perdeu tudo! De uma hora para outra, ficou sem eira nem beira! E agora, o que faria? Não tinha para onde ir. O que seria dos seus queridos escravos? Como seriam tratados?

Dom Fernando prometeu-lhe tratá-los com respeito, seguindo seu exemplo, pois ele também era contra os maus-tratos. A fazenda entrou em luto. Com certeza, não seria mais a mesma. Todos ficaram preocupados com o destino de Camile. Para onde iria? Como sobreviveria?

Dom Fernando, que tinha um bom coração, compadeceu-se da situação dela e lhe ofereceu uma das casas dos empregados para que se acomodasse até encontrar alguma solução melhor para seu sério problema de sobrevivência.

Quando os filhos voltassem de Portugal, com certeza iriam ajudá-la a encontrar saída para tamanha dificuldade. Camile, agradecida, aceitou a oferta e instalou-se na casa dos empregados sem delongas.

Suportou toda a perda que sofrera sozinha. Não contou aos filhos sobre o golpe, pois não queria que eles retornassem de Portugal sem estarem formados; afinal, por ter seguido as orientações de Mãe Maria, eles estavam resguardados. Seus estudos já haviam sido totalmente pagos, a casa em que moravam lhes pertencia, e eles ainda possuíam alguns rendimentos advindos de certos investimentos. Quando retornassem ao Brasil, teriam condições de se estabelecer tranquilamente com os bens de Portugal. Com os meninos, Camile não precisava se preocupar! O golpe não os tinha afetado.

Surpreendentemente, pela primeira vez em sua vida, Camile não sentiu ódio, não desejou vingança; aceitou com equilíbrio a dura realidade dos fatos, apesar de chorar muito, o que era natural. Mas lembrou-se de tudo o que aprendera com Mãe Maria.

Antes de dormir, muitas noites tomada pela preocupação e insônia, recordava algumas de suas palavras: "A vida a colocou diante de várias emoções e sentimentos negativos para que pudesse conhecê-los e transformá-los. Toda vez que a vida a contraria ou você perde algo que ama, sua postura é recorrer ao desânimo, ao ódio e, principalmente, ao desejo de vingança. Ou seja, você deixa a criança mimada e malcriada que mora dentro da sua alma dominá-la completamente. Assim, regida pelo ódio, vinga-se e espalha dor por onde passa, e depois, inconformada, pois a vingança não alivia sua dor, desiste de viver. Sua postura é infantil, você precisa aprender a perder. Nem sempre é possível ganhar da vida".

Era como se Camile estivesse com Mãe Maria ao seu lado. Suas palavras ecoavam fortemente em sua mente, e nelas Camile encontrava forças para enfrentar o imutável, entregar-se a Deus e pensar numa solução para sua vida.

Alguns meses depois, de uma hora para outra, num relance, Camile teve uma ideia para superar tamanha crise. Pensou em começar a produzir remédios com ervas e vendê-los na cidade e em toda a região; afinal, se tinha alguém que entendia de ervas, esse alguém era ela. Pela primeira vez ouviu a voz do coração e iniciou um estudo profundo sobre as qualidades medicinais, as propriedades de cada erva e o uso na cura das inúmeras doenças e produtos derivados, como perfumes. Teve ideia de produzir banhos especiais para diversos males.

Em pouco tempo, tornou-se uma especialista em ervas e começou a produzir remédios, perfumes e banhos, vendendo-os para todos da região. Usava o alecrim para banhos de proteção, purificação, e para devolver o ânimo às pessoas. O açafrão e a camomila para atrair prosperidade. O alho para proteger. A canela como afrodisíaco, e assim por diante.

Estudou as flores e passou a produzir perfumes e banhos maravilhosos, que encantavam a todas as donzelas!

Em pouco tempo, Camile se recuperou e conseguiu juntar dinheiro suficiente para comprar um bom pedaço de terra, construir uma linda casa, criar alguns animais, plantar frutas, legumes, verduras e, finalmente, conseguiu sair da fazenda de Dom Fernando.

Numa bela tarde ensolarada, os filhos, vindos de Portugal, enfrentavam a estrada de terra. Retornavam, após longos anos, com os estudos e estágios concluídos e com certa experiência profissional. Na última carta, Eduardo dissera estar atuando como advogado e afirmara estar muito feliz. Felipe estava fazendo estágio em um hospital; estava apaixonado pela Medicina. Nem de longe os meninos imaginavam a dura realidade que a mãe havia enfrentado nos últimos anos, enquanto eles estudavam.

Naquele dia, Camile despertou angustiada, inquieta. Estava nervosa; afinal, depois de tanto tempo, os filhos estavam voltando. O que iriam pensar ao vê-la naquela casa tão simples?

Não demorou muito e bateram à porta. Camile foi atender e era o mensageiro da fazenda avisando que os filhos haviam chegado e estavam se dirigindo à sua casa.

Seu coração bateu forte. Duas lágrimas rolaram em sua face, porém ela respirou fundo e se preparou para recebê-los e responder a todas as perguntas que fatalmente fariam.

Atordoados, eles chegaram à nova casa da mãe. Na fazenda, Dom Fernando os colocara a par do ocorrido.

Ao abrir a porta, Camile percebeu que eles olhavam de alto a baixo o lugar. Durante um bom tempo o silêncio disse tudo. Camile sustentou o olhar dos filhos, que, indignados, começaram a falar.

— Como isso foi acontecer? Por que a senhora não nos avisou para que pudéssemos socorrê-la? O que pensa da vida? Como nos escondeu uma coisa dessas por tanto tempo? A senhora perdeu tudo, a fazenda, as joias, ficou enterrada em dívidas e morando de favor, e nós vivendo como barões em Portugal? — falou com tom áspero e indignado seu filho Eduardo, o advogado.

— Mãe, é inaceitável. Não acredito que a senhora fez isso conosco. Não somos crianças! Poderíamos tê-la ajudado! — Felipe retrucou.

— Meus filhos, perdoem-me. Não quis preocupá-los e, principalmente, atrapalhar o estudo de vocês; afinal, a culpa do que aconteceu foi toda minha; eu confiei em quem não devia, fui descuidada com os bens que herdei. Não dei valor suficiente. Precisei perder tudo para descobrir o quanto fui abençoada por Deus nesta vida e o quanto fui desatenta e inconsciente também. Mas, como podem ver, recuperei-me o suficiente para garantir uma velhice tranquila. Esta casa é simples, mas aqui as terras são férteis. Cultivo minhas ervas, minhas flores e toco meus negócios, que, com a graça divina, estão indo muito bem. Vocês não precisam se preocupar; acalmem-se, relaxem, tomem um chá, desfaçam as malas, acomodem-se em seus quartos. Um deles acabei de construir. Deixem o resto para lá. Estou bem, gosto daqui, pois é um lugar simples, sem luxo, mas muito tranquilo.

— Mãe, não é certo o que a senhora fez. Não precisava passar por tudo isso sozinha; perdoe-me a rudeza, sei que tem passado por experiências sofridas, mas confesso que fiquei assustado. A senhora perdeu tudo, mas pelo que vejo ganhou maturidade e sabedoria. Não sinto em seus olhos desejo de vingança, tampouco revolta. Isso é muito bom para a sua saúde — falou Eduardo em tom suave.

— É, meu filho, com certeza com Mãe Maria aprendi muito, e, desta vez, em vez de me sentir uma vítima da sorte, assumi minhas escolhas erradas, e sei que bebi do veneno que eu mesma preparei. Sendo assim, não pude reclamar; o que fiz foi lutar para acertar minha vida. E consegui! Venci! — falou Camile sorrindo.

— Bom, mãe, agora nos conte tudo nos mínimos detalhes. Serei seu advogado e irei atrás de Mulato. Vou fazê-lo pagar pelo que fez à senhora, pode acreditar! Não descansarei até localizá-lo e indiciá-lo por fraude e roubo.

— Não, meu filho. Deixe para lá, quero ficar em paz!

— A senhora vai ficar em paz com o bolso cheio de dinheiro. Ele a roubou e vai ter de devolver tudo!

Camile tentou de todas as maneiras convencer o filho a deixar Mulato em paz, mas foi em vão. Ele estava determinado a encontrá-lo para reaver parte da fortuna da mãe.

Após se acalmarem, eles se instalaram e, depois da toalete e de um pequeno lanche, aceitaram o convite de Dom Fernando para jantar em sua casa. Camile preferiu ficar em casa lidando com suas ervas e flores.

O jantar foi maravilhoso. Dom Fernando tinha muito bom gosto e seus convidados eram muito agradáveis. Com toda a sua pompa, proporcionou a eles imediata integração na cidade. Durante o jantar, eles foram apresentados a alguns políticos, aos mais importantes fazendeiros da cidade, que se orgulhavam por terem como vizinhos um médico e um advogado. Enfim, ambos foram muito bem recebidos e indicados para vários trabalhos. Felipe foi convidado para trabalhar no hospital da região e Eduardo foi consultado por vários fazendeiros e políticos. O jantar foi muito proveitoso. E, o mais importante, ali eles conheceram donzelas encantadoras. Voltaram para casa muito animados com as novas perspectivas de trabalho e namoro. A adaptação no Brasil se faria com muita tranquilidade.

No dia seguinte, detalharam para a mãe todo o ocorrido no jantar e disseram não entender por que Camile não correspondia aos encantos de Dom Fernando, um viúvo sem filhos, alegre e rico. Ambos acharam que ele admirava Camile além do normal.

Ela corou com as colocações dos filhos e disse nunca ter percebido o interesse do senhor por ela, que sempre fora muito respeitador e discreto.

Alguns dias se passaram e todos compareceram ao sarau dançante com minueto e valsa, organizado na casa de Dom Fernando. O inverno rigoroso permitia a todos muita elegância. Felipe encantou-se com a beleza, delicadeza, gentileza e inteligência de Ana Carolina, filha caçula do Barão Abelardo Albuquerque. Os dois enamoraram-se à primeira vista e, a partir desse sarau, Felipe começou a lhe fazer a corte, com a permissão do Barão, que estava orgulhoso de seu provável futuro genro ser um brilhante médico.

Eduardo apaixonou-se por Cibele, filha do rico fazendeiro Adolfo Teixeira, que ficou muito feliz com o pretendente da filha; afinal, seria o primeiro advogado da família.

Camile, em um canto da sala, observava tudo e todos. Estava muito feliz por ver os filhos encaminharem-se afetivamente. Ela aprovou, sem demora, as futuras noras, pois tratava-se de moças prendadas, muito delicadas e finas.

Dom Fernando, durante o sarau, contemplou o rosto de Camile, seus olhos, seu sorriso, mas manteve certa distância e discrição. Ela, pela primeira vez, após o alerta dos filhos, de fato percebeu o interesse dele. No fim do sarau, Dom Fernando aproximou-se e a convidou para um chá no dia seguinte. Imediatamente, ela aceitou o convite, pois ele lhe era muito simpático e agradável.

Durante o chá, ambos conversaram e deram muitas risadas. Dom Fernando era um homem bastante bem-humorado.

— Camile, há muito tempo cultivo profunda estima e admiração por você, mas nunca consegui me aproximar antes da chegada de seus filhos.

— Dom Fernando, o passado não importa. Passei um período muito difícil, no qual minha preocupação foi vencer minha própria estupidez e derrota, e não tinha como pensar em outras coisas.

— Assisti de longe sua luta, sua garra e determinação, muitas vezes pensei em ajudá-la, mas temia ser rejeitado.

— O senhor me ajudou muito, instalando-me em sua fazenda. Ou já se esqueceu? Se não fosse sua bondade e altruísmo, onde eu teria ido morar? Sou-lhe eternamente grata. Se venci, com minhas ervas e perfumes, devo ao senhor, sem dúvida alguma. Além de conceder-me morada, permitiu que cultivasse em suas terras por muito tempo minhas ervas e flores.

Os dois conversaram horas a fio e passaram a se encontrar regularmente. Camile, aos poucos, encantou-se com Dom Fernando, que cada vez mais admirava sua beleza e firmeza.

Não demorou e Camile foi pedida em casamento por ele. Os filhos marcaram a data do casamento deles também.

Camile casou-se com Dom Fernando e foi passar a lua de mel na Europa. A viagem lhe fez muito bem. Recordou-se do passado, reviu lugares, pessoas, e entendeu toda a trajetória da sua vida e as lições que precisava aprender para sua evolução. Na Europa, teve alguns sonhos interessantes. Sonhou com madame Bourbon lhe sorrindo e avisando-a de que em breve ela teria uma linda neta. No sonho, madame lhe pediu que cuidasse da menina com muito amor, pois se tratava de uma alma que lhe era muito querida. Camile não imaginava que a neta seria sua mãe adotiva Brigite, pois isso madame não lhe revelou.

Em sonho, René disse:

— Camile, fique tranquila, eu a perdoei. Você devolveu-me a liberdade e longe pude refletir, encarar meus erros e escolher o caminho do perdão, da luz. Hoje venho lhe pedir perdão por tudo o que lhe fiz. Seus trabalhos espirituais me ajudaram muito após minha morte acidental. Recebi ajuda e fui bem encaminhado.

Camile acordou assustada. Os sonhos haviam sido muito reais. Decidiu que assim que voltasse da lua de mel continuaria seu trabalho espiritual de cura. O casamento não iria impedi-la.

Durante um dos jantares com Dom Fernando, ela resolveu tocar no assunto e lhe comunicou que não tinha intenção de abandonar seu trabalho espiritual. Ele respondeu:

— Camile, acho maravilhoso o trabalho que realiza. Estive pensando que, ao voltarmos ao Brasil, poderemos construir um local para você realizar seus cultos. Acho que devemos retomar esse trabalho, que é muito importante, e que valorizo muito.

— Fernando, meu querido esposo, não posso acreditar no apoio que estou recebendo. Fico muito feliz por compreender a necessidade que tenho em servir a espiritualidade. Isso me deixa muito tranquila.

— Querida, não entendo muito sobre espiritualidade. A propósito, você poderia me ensinar muita coisa, não é?

— Claro, será uma alegria para o meu coração.

A lua de mel transcorreu muito bem. De volta ao Brasil, Dom Fernando cumpriu com sua promessa. Construiu para Camile um espaço no qual ela pôde voltar a realizar os cultos com os ex-escravos, de forma discreta, com o sincretismo religioso, ou seja, a cultura africana dissimulada pela católica, de modo a não sofrer perseguição da Igreja local.

Dom Fernando aproximou-se dos cultos e passou a ajudar Camile em suas realizações. Seis meses se passaram e seus filhos casaram-se numa única cerimônia. O casamento dos dois foi maravilhoso!

Foi uma das festas mais lindas que se ouvira falar. Eduardo e Felipe casaram-se com toda pompa, e pareciam os homens mais felizes da terra ao lado de suas adoráveis esposas.

Um ano após o casamento, Felipe anunciou que sua esposa estava grávida, e Camile, muito feliz, lembrou-se do sonho com madame Bourbon e suas recomendações. Uma frase lhe veio à mente: *Trata-se de uma alma que lhe é muito querida*. Todos ficaram radiantes, pois uma criança na família lhes traria muitas alegrias.

Enquanto isso, na surdina, muito discretamente, Eduardo procurava de todas as formas encontrar Mulato.

Sem que Camile soubesse, contratara um detetive particular que seguira todos os rastros dele, por todo o Brasil. Depois de um ano, Eduardo encontrou o paradeiro de Mulato. Imediatamente, tomou todas as medidas legais cabíveis ao caso, com o apoio da polícia local e de seus amigos políticos.

Soube que Mulato residia no sul do Brasil, numa enorme fazenda. Em algumas semanas, dirigiu-se para lá com um mandato de prisão e apreensão de bens. Mulato ficou surpreso ao ser encontrado, nunca imaginou que seria capturado.

Desesperado, reagiu à prisão, e os policiais, sem alternativa, mediante fuga, atiraram nele, o que o levou a desencarnar na porta de entrada da casa da sua fazenda. Deixou seis filhos e uma esposa.

Após algum tempo de sua morte, o juiz apreendeu seus bens e os devolveu para Camile.

Eduardo, excelente advogado, sem que a mãe soubesse, coletou provas do estelionato, roubo, falsificação de assinaturas, testemunhas etc. E, assim, o caso foi ganho com muita facilidade.

Camile ficou chocada com tudo o que acontecera; não esperava que Mulato desencarnasse daquela forma, tampouco acreditava que pudesse reaver boa parte de seus bens. Contudo, ela não abandonou a esposa de Mulato e seus seis filhos. Deixou uma casa e alguns animais para que eles pudessem se sustentar e recomeçar a vida.

Eduardo ficou muito feliz em poder ajudar a mãe e muito mais feliz quando recebeu a notícia de que em breve seria pai.

Camile, finalmente, encontrava-se em paz consigo mesma e com sua adorada família.

Com cinco netos, três de Felipe e dois de Eduardo, mantinha a casa sempre cheia e alegre, ao lado do seu querido marido.

Ela não descuidava dos trabalhos espirituais e tinha a alegria e felicidade de ter os filhos no mesmo caminho. Eduardo, muito bem-sucedido, seguindo os passos de Mãe Maria, optou por praticar os cultos africanos e não deixava de atender mensalmente alguns clientes sem posses financeiras. Ajudava-os sem cobrar. Felipe, da mesma forma, atendia, no hospital e na cidade, muitos pacientes que não tinham condições de pagar a consulta, mas optou por estudar a espiritualidade a partir da filosofia, pois não gostava de rituais.

Assim, Camile terminou seus dias com relativa paz. Aos oitenta e dois anos desencarnou, deixando descendentes altruístas, que, seguindo o seu exemplo de vida, serviam a Deus e a seu amado filho, Jesus, bem como aos sagrados Orixás africanos.

Ambos os filhos de Camile assumiram a espiritualidade, cada um a seu modo, sem abrir mão da caridade, a exemplo dela.

Eduardo, após o desenlace da mãe, sem abandonar a advocacia, que era sua vida, nas horas de folga assumiu o trabalho que ela realizava com as ervas, tendo a ajuda da esposa.

Os dois irmãos, unidos, deram continuidade ao trabalho espiritual que a mãe iniciara no espaço espiritual construído por Dom Fernando, local no qual Camile realizava seus cultos.

Talvez esse tenha sido o maior legado de Camile: ela, sem saber, por meio dos trabalhos espirituais realizados com Mãe Maria e continuados por seus filhos, disseminara as sementes do espiritismo.

Camile nem imaginou que os filhos, após o seu desenlace, encontrariam suas memórias registradas e publicariam um livro.

O sonho de escrever um livro quando ainda era menina na casa de madame Bourbon se realizara.

Após ler as memórias da mãe, Felipe disse para Eduardo:

— Publicaremos estas memórias e todos conhecerão a história de nossa amada mãe. Acredito que vai ajudar muitas pessoas que sofrem todo o tipo de abusos e dores, mas que podem seguir o exemplo dela e descobrir que Deus nunca desiste de nós, pois, de várias formas, Ele está sempre nos ofertando oportunidades de cura, crescimento, perdão, amadurecimento, aprendizado e regeneração, assim como aconteceu com nossa mãe. Ela errou muito, mas num dado momento, com a ajuda de Mãe Maria, um anjo colocado em seu caminho, encontrou dentro de si mesma o amor divino e se regenerou. Não importa o que pensamos, o que fazemos, o que sentimos, sempre podemos mudar o curso da nossa história, do nosso destino. Sempre podemos escolher a luz em vez das trevas. Podemos escolher a fé, o perdão, a caridade, a paz, a aceitação, o amor, e resgatar as virtudes. Tudo isso depende da nossa vontade, da capacidade de descobrir o amor em tudo e em todos, e de nunca desistir de nós mesmos. Escolher e recomeçar...

Camile foi recebida do outro lado da vida por seus mentores espirituais. Todos estavam muito orgulhosos de suas conquistas.

Ela continuou por muito tempo com os estudos espirituais e sabia que muitas vidas ainda estariam por vir até completar sua saga e, finalmente, libertar-se de seus débitos e reencontrar o verdadeiro amor de sua vida, seu amado príncipe Felipe. Sentia-se em paz e feliz por ter começado a vencer a si mesma, por ter superado o ódio e o desejo de vingança, por ter encontrado o amor de Deus na figura de uma preta velha querida, que lhe transmitira toda a sabedoria milenar dos seus ancestrais, dos seus sagrados Orixás. Assim, com o amor e o apoio deles, ela foi capaz de deixar um legado indelével aos filhos.

 Depois de certo tempo, ainda do outro lado da vida...
 — Camile, prepare-se. Está quase na hora. Você vai reencarnar em breve e viverá como uma cigana — falou a rainha Margareth, agora uma trabalhadora árdua da seara espiritual.
 — Serei uma cigana? — indagou Camile, admirada.
 — Sim. E será uma escritora também...
 — Escritora?
 — Claro! Por seus méritos, nessa última existência, está sendo chamada para desenhar algumas das suas próximas experiências. Sua audiência será amanhã. Prepare-se!
 — Nossa! Vou voltar assim tão rápido? Queria ficar aqui mais um pouco...
 — Filha, o seu aprendizado é intenso! — falou o rei Eduardo I. — Na próxima existência você será convidada a encarar as consequências das suas escolhas, dos seus atos

e das vidas precedentes. Terá de rever os próprios valores e desenvolver o poder pessoal para comandar a própria vida. Aprender a lidar com a dor, as perdas, as frustrações e a desestruturação emocional. E terá de viver espalhando a caridade; vai ajudar a curar as almas doentes do mundo, com seu dom natural de cura, ferramenta concedida pela misericórdia divina para o reparo das suas transgressões.

— Pai, mãe, aprendi que Deus me ama e por essa razão tenho certeza de que mais uma vez terei sucesso! Sei que vou encontrar muitas dificuldades, mas também sei que conseguirei achar, em algum lugar de mim mesma, o amor de vocês a me iluminar e me guiar para o caminho do amor.

— Filha, o meu amor vai acompanhá-la pela eternidade... Plantei no jardim do seu coração uma linda rosa vermelha e sempre que a tristeza, a dor, a desilusão, o desânimo, a falta de fé e de esperança a rodearem, num passe de mágica essa rosa desabrochará dentro do seu coração, exalando todo o meu amor, fortalecendo a sua alma, vitalizando-a, inspirando-a a vencer todos os desafios da vida com confiança em Deus Pai e, principalmente, em si mesma. Isso durará por toda a eternidade... eu a amo.

— Nossa, mamãe! Que lindo!

Ponha-te de acordo, sem demora, com teu
adversário, enquanto estás com ele a caminho,
para que não suceda que te entregue ao juiz, e o juiz
te entregue ao seu ministro e seja posto no cárcere.
Em verdade te digo que dali não sairás antes
de teres pago o último centavo.

JESUS CRISTO

Leia os romances de Schellida!
Emoção e ensinamento em cada página!
Psicografia de **Eliana Machado Coelho**

Corações sem Destino – Amor ou ilusão? Rubens, Humberto e Lívia tiveram que descobrir a resposta por intermédio de resgates sofridos, mas felizes ao final.

O Brilho da Verdade – Samara viveu meio século no Umbral passando por experiências terríveis. Esgotada, consegue elevar o pensamento a Deus e ser recolhida por abnegados benfeitores, começando uma fase de novos aprendizados na espiritualidade. Depois de muito estudo, com planos de trabalho abençoado na caridade e em obras assistenciais, Samara acredita-se preparada para reencarnar.

Um Diário no Tempo – A ditadura militar não manchou apenas a História do Brasil. Ela interferiu no destino de corações apaixonados.

Despertar para a Vida – Um acidente acontece e Márcia, uma moça bonita, inteligente e decidida, passa a ser envolvida pelo espírito Jonas, um desafeto que inicia um processo de obsessão contra ela.

O Direito de Ser Feliz – Fernando e Regina apaixonam-se. Ele, de família rica, bem posicionada. Ela, de classe média, jovem sensível e espírita. Mas o destino começa a pregar suas peças...

Sem Regras para Amar – Gilda é uma mulher rica, casada com o empresário Adalberto. Arrogante, prepotente e orgulhosa, sempre consegue o que quer graças ao poder de sua posição social. Mas a vida dá muitas voltas.

Um Motivo para Viver – O drama de Raquel começa aos nove anos, quando então passou a sofrer os assédios de Ladislau, um homem sem escrúpulos, mas dissimulado e gozando de boa reputação na cidade.

O Retorno – Uma história de amor começa em 1888, na Inglaterra. Mas é no Brasil atual que esse sentimento puro irá se concretizar para a harmonização de todos aqueles que necessitam resgatar suas dívidas.

Força para Recomeçar – Sérgio e Débora se conhecem e nasce um grande amor entre eles. Mas encarnados e obsessores desaprovam essa união.

Lições que a Vida Oferece – Rafael é um jovem engenheiro e possui dois irmãos: Caio e Jorge. Filhos do milionário Paulo, dono de uma grande construtora, e de dona Augusta, os três sofrem de um mesmo mal: a indiferença e o descaso dos pais, apesar da riqueza e da vida abastada.

Ponte das Lembranças – Ricos, felizes e desfrutando de alta posição social, duas grandes amigas, Belinda e Maria Cândida, reencontram-se e revigoram a amizade que parecia perdida no tempo.

Mais Forte do que Nunca – A vida ensina uma família a ser mais tolerante com a diversidade.

Impressão e acabamento:

tel.: 25226368